国家社科基金青年项目"基于主体互动的信息变化逻辑研究"
（项目批准号09CZX032）结项成果

基于主体互动的
信息变化逻辑研究

郭佳宏 等◎著

科学出版社

北　京

图书在版编目（CIP）数据

基于主体互动的信息变化逻辑研究 / 郭佳宏等著. —北京：科学出版社.
2017.3
ISBN 978-7-03-052563-5

Ⅰ.①基…　Ⅱ.①郭…　Ⅲ.①逻辑-研究　Ⅳ.①B81

中国版本图书馆CIP数据核字（2017）第067446号

责任编辑：邹　聪　刘　溪 / 责任校对：王晓茜
责任印制：张欣秀 / 封面设计：有道文化
联系电话：010-64035853
E-mail：houjunlin@mail.sciencep.com

科学出版社 出版
北京东黄城根北街 16 号
邮政编码：100717
http://www.sciencep.com
北京建宏印刷有限公司 印刷
科学出版社发行　各地新华书店经销

*

2017年 3 月第　一　版　开本：720×1000　B5
2019年 1 月第三次印刷　印张：13 7/8
字数：241 000
定价：68.00元
（如有印装质量问题，我社负责调换）

本书写作分工

"基于主体互动的信息变化逻辑研究"这一主题很荣幸获得了国家社科基金青年项目的立项（项目批准号 09CZX032），本书由该项目的结项成果修改而成。参与本书写作的主要是项目负责人——北京师范大学哲学学院逻辑与认知科学研究所的郭佳宏副教授，以及他所指导的研究生。根据项目的整体研究计划，参与项目撰写的一些研究生选择其中的内容作为学位论文主题并完成学业。

具体的写作分工如下：

第 1 章：俞春香

第 2 章：张朝霞

第 3 章：俞春香、郭佳宏

第 4 章：郭佳宏、王雪君

第 5 章：郭佳宏、高东平

第 6 章：付清远、郭佳宏

第 7 章：杨召富

第 8 章：张朝霞、郭佳宏

专业术语和人名对照表：杨召富

部分作者简介：

郭佳宏，哲学博士，北京师范大学哲学学院副教授，逻辑与认知科学研究所所长。

高东平，哲学博士，计算机科学博士后，中国医学科学院医学信息研究所副研究员。

杨召富，哲学硕士，吕梁学院教师，北京师范大学哲学学院逻辑与认知科学研究所在读博士生。

郭佳宏、杨召富、高东平对全书的字体、术语等格式进行了统一并对全书的语言进行了润色。

郭佳宏

2016 年 9 月 20 日

序

前几日，佳宏把《基于主体互动的信息变化逻辑研究》书稿给我，希望我能作序。他 1996 年入中山大学哲学系本科学习，随后硕博连读，直至 2006 年以优异的成绩获得博士学位；近十年来，他都在我的指导下进行逻辑学及相关领域的学习与研究。攻读博士期间，他的研究兴趣就集中在认知逻辑方向。毕业后，得熊立文教授赏识入职北京师范大学哲学学院。工作十年，不改初心，历经打磨，终有所获。作为其导师，能为他的书作序，心里只有两个字：高兴！

自人类文明形成以来，获取和使用知识与信念就是最重要的社会活动，也理所当然地成为人类研究的对象。伴随着认识论和数理逻辑的发展，20 世纪中叶，人们便开始使用形式化方法刻画知识和信念的基本特性，出现了认知逻辑或知识逻辑这一崭新的逻辑学研究领域。众所周知，知识与信念是一种社会现象，它们在复杂的人际交往及文化背景中形成和发展，人们对它们的认知本身也是逐渐深入的。20 世纪 60 年代初，经典的认知逻辑系统已经初步构建完成，取得了基础性理论的成果。在此之后，认知逻辑经历了一个从单主体到多主体、从单模态到多模态、从静态到动态的发展过程。通过这一过程，上述复杂社会现象逐渐以严格的形式公理化的方式展现出来，成为人们理解和模拟人类智能的重要手段。佳宏及其合作者所要研究的正是这一过程中沉淀下来的主要成果。

《基于主体互动的信息变化逻辑研究》分为上、下两篇。

上篇主要研究"知识逻辑"。首先，从经典认知逻辑的基本理论着手，结合动态逻辑的发展，重点阐述了动态认知逻辑的理论和相关系统；用动态认知逻辑理论中的部分思想和形式化方法去解释和处理泥孩谜题、纸牌游戏、和积之谜、意外考试悖论等认知谜题，为一些典型的认知谜题的解析奠定理论基础。然后，转换研究知识的方式，从传统陈述性知识的研究转到对程序性知识的关注，尝试从一阶认知逻辑的角度对知道行动及其性质进行一种初步的界定和表述。

下篇的核心由"知识"转向"信念"，探索了信念改变的某种规范性描述和完全理性自省主体的信念修正问题。由于经典的信念修正理论（包括 AGM 传统）对于理性人的预设太过理想，一些"合理"的法则并未真正描述人们实际的信念改变情况。在批判继承经典理论的基础上，佳宏等作者考察了由坦南特（N. Tennant）提出的一种哲学上可靠、数学上严密、计算上可实现的信念修正理论。后者提出的信念修正理论也是一种规范性理论，它并不描述人类的实际信念修正行为，而是试图给出信念修正应该如何进行的合理说明。这本书展示了坦南特的新信念修正模型的核心思想和方法，同时对他的信念修正理论做了简评。通过系统、深入地了解并与其他理论比较发现，有穷依赖网络确实可以区分经典理论所不能区分的不同的信念变化过程。

最后，人们生活在一个充满竞争与合作的社会中，知识与信念正是嵌入在社会成员间的互动博弈行为之中的。该书的一个特点是：将信念变化研究融入到广阔的社会背景中，充分研究主体间的互动。该书把博弈论和逻辑联系起来，用逻辑的形式化方法分析这些社会程序问题，突出博弈论工具和多主体认知逻辑在分析和解释社会互动中的作用，对在特殊情境中社会变化过程的结构进行细致的分析，展现逻辑方法描述复杂社会过程的巨大潜力。

常言道：文如其人。该书确实体现出佳宏等作者作为学者的风格——目标如一，治学严谨，富有想象力。众所周知，我国学术发展已经从潜心跟踪学习跨越到力图创新引领的新阶段。希望佳宏一如既往，攀登新高峰！

鞠实儿

2017 年 2 月

目 录

上篇 逻辑、认知与信息流动

下篇　信念、博弈与社会互动

逻辑、认知与信息流动

　　自从人类文明诞生，知识这个概念就与我们息息相关。古希腊哲学家苏格拉底认为"美德即知识，无知即罪恶"，将知识与美德画等号；要想做一个有德性的人，就要主动学习知识。在近代哲学中，哲学由本体论转向认识论（知识论），知识这个词渐渐地成为学术界的高频词汇。纵观近代哲学的发展历程，我们可以发现，英国经验派和欧洲大陆唯理派关注的焦点问题就是知识的来源问题。经验派主张知识来源于经验，以洛克、贝克莱、休谟等为主要代表；唯理派反对经验派的观点，认为知识来源于理性，以笛卡儿、斯宾诺莎、莱布尼茨等为主要代表。德国著名哲学家康德在他的三大批判《纯粹理性批判》《实践理性批判》和《判断力批判》中进行了批判哲学的工作。与此相应，涉及了三个基本的哲学问题，其中第一个问题就是"我们能知道什么"，可见康德的哲学也是密切关注认识论这个主题的。哲学的知识论转向主要指哲学开始研究有关知识的起源、知识的可靠性和知识的适用范围等一系列问题。

　　逻辑与哲学的发展总体上是高度相关的。伴随着认识论的发展，20 世纪中叶，现代逻辑就开始涉足知识领域，出现了一种崭新的逻辑研究课题——认知逻辑（知识逻辑）。认知逻辑是用逻辑的方法来刻画知识，用形式化的方法构建"某种理想"的知识推理系统，为知识的推理提供一套形式化的处理办法。一般的做法是首先需要对知识这一哲学概念进行直观分析，即分析知识的内在性质，这项工作可以借鉴哲学家对知识这一概念的相关研究成果，然后再运用现代逻辑的工具来形式刻画知识的某些核心性质。

　　20 世纪 60 年代初，经典的认知逻辑系统已经初步构建完成，逻辑学家已可以用一些逻辑工具对知识这个概念进行静态的逻辑刻画，取得了基础性理论的成果。"相比较而言，认知逻辑近来的很多工作都集中在对动态机制的研究，诸如言语行动、交流、观察、学习或更为激进的信念修正。这样的机制可以生成或更改知识以及相关的认知态度，譬如信念。"①荷兰逻辑学家范本特姆（J. van Benthem）等著的《行动中的逻辑》（*Logic in Action*）②这一开放教材中提到人们获取信息的三种主要方式，分别是观察、推理和交流。其中交流是主体通过与其

① 范本特姆. 2013. 逻辑、认识论和方法论. 郭佳宏，刘奋荣，等译. 北京：科学出版社：95.

② van Benthem J, van Ditmarsch H, van Eijck J, Jaspars J. 2015-6-4. Logic in action. http://www.logicinaction.org/.

他主体互动，通过语言交流、肢体行为交流等方式获得客观知识以及他人所知的知识等，这在生活中占据着十分重要的地位。

一般来说，在单主体认知情境中主体的某个合理决策，很多情况下取决于主体自身是否知道某些事实。对于多主体的认知情境，情况就会变得相对比较复杂。因为在多主体的情况下不仅涉及大于两个或以上的主体，还应考虑在任一主体的思考对象中，不仅需要考虑自己所知道的，还需要把其他主体的认知内容作为自己的认知对象。所以多主体认知过程中主体欲作出某个合理决策，通常既需要自己已经知道的某些事实，又需要尽可能多地知道其他主体的知识。在多主体系统中关于知识的推理，实质上是涉及主体间互知的推理。但是主体的认知状态从来就不会是静止的，从来就不是一成不变的；随着认知主体间的互动，获得知识的过程是一个不断发生变化的过程。伴随着新信息的不断出现，主体的知识和信念相应地也是发展变化的。这就有必要对信息与交流的互动这样的过程进行刻画，信息通过交流可以改变主体的认知范围，从而改变主体的行为，认知状态与行为之间是一个相互作用的微妙过程。

本篇的主要内容首先从经典认知逻辑的基本理论着手（第 1 章），结合动态逻辑的发展（第 2 章），重点概述动态认知逻辑的理论和相关系统，接下来为一些典型的认知谜题的解析奠定理论基础，着重点是用动态认知逻辑理论中的部分思想和形式化方法去解释和处理泥孩谜题、纸牌游戏、和积之谜、意外考试悖论等认知谜题（第 3 章）。然后笔者转换研究知识的方式，从传统陈述性知识的研究转到对程序性知识的关注，尝试从一阶认知逻辑的角度对知道行动及其性质进行初步的界定和表述（第 4 章）。

1

经典认知逻辑

1.1 当知识遇上推理

在日常生活中，"知识"扮演着重要的角色，很难想象主体（agents）在交流和决策的过程中不涉及知识和信念。拥有更多的知识往往有利于主体更好地做出判断和决策，人们能够根据已有的知识作出相应的推论，从而获得更多的确定性信息。

文明伊始，人类就开始了对知识及其相关概念的关注和研究，即使在遥远的战国时期，也不乏学者研究"知道"相关的问题，尽管他们的出发点和想要解决的问题可能并不在此。其中，最著名的或许是"濠梁之辩"。

例 1.1　濠梁之辩：

> 庄子与惠子游于濠梁之上。庄子曰："鯈鱼出游从容，是鱼乐也。"惠子曰："子非鱼，安知鱼之乐？"庄子曰："子非我，安知我不知鱼之乐？"惠子曰："我非子，固不知子矣，子固非鱼也，子不知鱼之乐，全矣。"庄子曰："请循其本。子曰'汝安知鱼乐'云者，既已知吾知之而问我，我知之濠上也。"[①]

庄子和惠子（惠斯）的辩论涉及主体能否知道其他主体相关认知状态（包括情感）的问题，这包含了现代意义上所说的多主体认知逻辑的萌芽。虽然他们的辩论仍不能严格证明主体可以拥有其他主体的知识，但在某些特殊的背景（例1.2）下我们还是能够很好地理解个体知道他人知识的情况。

例 1.2　三位逻辑学家走进一家酒吧：

> 这里首先预设了逻辑学家足够聪明，他们对自己需要还是不需要什么非常清楚，对信息的把握足够敏感并且推理能力足够强；而且故事中

---

① 出自《庄子·秋水》。

的每一角色都知道别人有这样的能力，且知道别人知道自己知道……故事的大致情节是这样的：酒吧服务员上来招呼三位坐好的逻辑学家，问他们三人是否都来一杯啤酒；第一位逻辑学家回答"我不知道"，第二位逻辑学家也回答"我不知道"，第三位逻辑学家则回答"是的，我们三人每人都来一杯"。①

这样我们就不难解释其中的交流过程：服务员上来问三位逻辑学家，是否每人来一杯啤酒？这是一个含有全称量词的一般疑问句，对它通常的回答是"是"或"否"；在无法断定的情况下，回答"不知道"。回答"是"的前提是"每人都来一杯啤酒"；只要能断定三人中有一人不需要啤酒，就可回答"否"。第一位逻辑学家回答"我不知道"，这意味着他想要来一杯啤酒（如果他不要，他自己又很清楚自己的需求，就应该直接回答"否"）；他之所以回答"我不知道"是因为他不能确定另外两位是否也需要来一杯啤酒。既然我们预设了逻辑学家足够聪明、推理能力足够强，第一位逻辑学家回答"我不知道"等于告诉其他两位"他想要来一杯啤酒"（当然也包括自己）。然后是第二位逻辑学家也回答"我不知道"，同样也意味着他想要来一杯啤酒（他虽然已经知道第一位想要来一杯啤酒，但如果他自己不要的话，应直接回答"否"）。这个回答所蕴含的信息如同第一位逻辑学家的回答，都传递给了另外的两位聪明的逻辑学家。于是到第三位逻辑学家回答时，他就能对服务员的问题作出明确的判断，因为他清楚地知道自己是需要一杯啤酒还是不需要。如果他需要，就回答"是"；如果他不需要，就回答"否"。故事剧情中的回答是肯定的，表明他也需要来一杯啤酒。服务员可以根据第三位逻辑学家的回答，给他们每人上一杯啤酒。当然，如果服务员也足够聪明的话，他能明白整个交流过程的来龙去脉，而不仅仅知道"每人都要一杯啤酒"这样的答案。

上述问题看似简单，但它涉及了很多方面，包括多主体"知道"的概念、交流中的公开宣告、主体强理性预设等。经典的认知逻辑只是处理主体"知道"的概念和关于知识的推理，把理性预设和公开宣告的某些直观的性质默认为背景。类似这样的问题不少，也很有趣，不妨展示著名的"泥孩谜题"的一般性版本：

例1.3 泥孩谜题（the muddy children puzzle）：

设想有n个孩子在一起玩泥巴，孩子的父亲走过来，对他们说"你

---

① Ent. 2015-6-4. [译漫画]三个逻辑学家走进酒吧. http://www.guokr.com/post/64742/.

们中间至少有一个孩子额头上有泥巴"，然后父亲问"有谁知道自己额头上有泥巴？"现在假定有$k(k \leq n)$个孩子额头上有泥巴，其中每个孩子都能看到其他孩子的额头但是不能感觉到自己额头上是否有泥巴。假设每个孩子都是推理高手，并且他们被要求同时如实回答父亲的问题。

　　问题：父亲问多少遍之后，这k个孩子能同时知道自己额头上有泥巴？[①]

这个问题已经为大众所熟知，许多学者对它进行过研究；最早的版本可以追溯到19世纪30年代，笔者在这里转引的是范本特姆等合著的公开课教材《行动中的逻辑》[②]中的相关内容。泥孩谜题类似于"三位逻辑学家走进一家酒吧"，只是这里涉及的是有n个孩子并且k个孩子额头上有泥巴的一般情况。笔者先做一个基于自然语言的直观解释，在第3章中将介绍它的形式化表述。

首先假设$k=1$，即有一个孩子的额头上泥巴，那么当父亲说"你们中间至少有一个孩子额头上有泥巴"之后，额头上有泥巴的孩子看看其他小伙伴，如果发现小伙伴的额头上都没有泥巴，就能知道额头上有泥巴的是自己。当父亲问第一遍后，他马上就会回答他知道自己额头上有泥巴，其他孩子则回答不知道。

假设$k=2$，即有两个孩子的额头上有泥巴，记作孩子a和b。当父亲第一遍问的时候，他们都回答自己不知道，就在这之后，他们马上能从对方的回答中推出自己额头上有泥巴。因为a会这样思考：假设自己额头上没有泥巴，他可以看到b额头上有泥巴，其他孩子的额头上没有泥巴，那么b在第一遍提问时的回答应该是"知道"；但是b回答不知道，所以"他（a）额头上没有泥巴"的假设不成立，故a推出自己额头上有泥巴。同理，b也可推出自己额头上有泥巴。因此，当父亲问第二遍时，a和b都已能断定自己额头上有泥巴。

假设$k=3$，即a、b和c的额头上有泥巴。a是这样设想的，假设我额头上没有泥巴，当我看到b和c的额头上有泥巴，其他孩子没有泥巴，那么在父亲第二次提问时，他们两个都应该回答知道，但是他们却回答不知道，所以假设不能成立。所以a能推断出自己额头上有泥巴。同理，b和c也可以推断出自己额头上有泥巴。当父亲问第三遍时，他们三个都回答知道自己额头上有泥巴……

于是，我们这里类似数学归纳地得出结论，当父亲恰好问第k遍时，这k个孩子同时回答知道自己额头上有泥巴。

---

①② van Benthem J, van Ditmarsch H, van Eijck J, Jaspars J. 2015-6-4. Logic in action. http://www.logicinaction.org/.

1.2 认知逻辑的背景介绍

通常说的认知逻辑，是来自对英文术语 epistemic logic 的翻译。严格来说，这样的翻译有一定的误导性，容易与另一个概念——认知（cognition）相混淆，在有些中文文献中通常会作说明。"认知逻辑，亦作认识逻辑，但与认识论逻辑颇有大小之别，主要是研究知识和信念的形式化问题的逻辑分支。"①认知逻辑是借鉴比较成熟的模态逻辑的基本理论，通过引入"知道""相信"等模态词刻画有关知识与信念的性质和推理问题。它是关于构造知识的推理和信念的推理的逻辑体系，从而描述主体的知识分布情况。"认知逻辑的典型特征就是将'知道''相信'等表达认知关系的特殊语词作为逻辑算子处理，以分析处理一般逻辑无法描述的认知推演关系，建立与人们的认知行为相符合的推理模型。"②

这样的认知逻辑是从 20 世纪 50 年代开始发展起来的。1951 年，冯·赖特（G. H. von Wright）在《模态逻辑导论》③中首次提出了有关认知逻辑的想法，他开始尝试用公理化的方法来刻画知识和信念的性质，但他没有提出用可能世界语义学来建构认知逻辑模型的思想。后来的逻辑学家关于认知逻辑的研究，基本上都是以冯·赖特关于知识和信念的性质公理为蓝本进行研究的。真正涉及认知逻辑的第一本书，应该是辛提卡（J. Hintikka）1962 年出版的《知识与信念》一书④。在该书中，他首次为知识和信念提供清晰明确的语义解释，并用可能世界语义学为认知逻辑构造模型。"他以模态逻辑来表示那些某人知道或相信一个命题的概念，并且根据'认知不可区分性'的可通达关系来建立标准的可能世界语义学。"⑤自这本书问世以来，认知逻辑开始走上历史舞台，并且引起了越来越多的逻辑学家与相关学者的关注和研究。

20 世纪 80 年代开始，认知逻辑开始广泛应用于各学科领域中，尤其是哲学、计算机科学、人工智能、语言学和经济学等学科和研究领域，关于知道、相信、怀疑、偏好等认知相关模态词的研究如火如荼地开展着。"认知逻辑就是用逻辑演算的方法来研究含有诸如知道、相信、断定、认为、怀疑等认识模态词的认识

---

① 周昌乐. 2001. 认知逻辑导论. 北京：清华大学出版社，南宁：广西科学技术出版社：Ⅶ.

② 唐晓嘉. 2003. 认知的逻辑分析. 重庆：西南师范大学出版社：6.

③ von Wright G. 1951. An Assay in Modal Logic. Dutch: North-Holland Publishing Company.

④ Hintikka J. 1962. Knowledge and Belief. New York: Cornell University Press

⑤ 范本特姆. 2013. 逻辑、认识论和方法论. 郭佳宏，刘奋荣，等译. 北京：科学出版社：77.

模态命题形式的一门学科。"①认知逻辑的迅速发展，与计算机科学、人工智能等领域的发展需求密不可分；某种意义上说，推动知识推理研究的主要动力来自这些热门学科领域对逻辑实用性的要求，这些学科在发展过程面临着揭示人的认知过程以及认知规律的任务，认知逻辑成为其必然选择之一。"特别地，由 IBM 小组（R. Fagin, J. Halpern, Y. Moses & M. Vardi 1995）撰写的专著《关于知识的推理》（*Reasoning about Knowledge*），以及由他们发起的 TARK②会议使得认知逻辑成为介于哲学和计算机科学之间的一个研究主题。"③

1.3 认知逻辑的语言

认知逻辑是通过在命题逻辑的语言基础上添加认知算子K_i扩充得到的，认知算子用于表达"主体i知道φ"，其中φ是表示一个命题。例如，$K_i\varphi \to \varphi$的含义是：如果i知道φ，则φ是真的。其表达的含义是被广泛接受的"真"公理：命题的真是成为主体知识的必要条件，这在一定程度上继承了古希腊传统中的知识观。

令 At 是原子命题集，主体$i \in A$（A是主体集），多主体认知逻辑的语言$\mathcal{LK}$用 BNF（Backus – Naur Form）方式表示为：

$$\varphi := p \mid \neg\varphi \mid \varphi \wedge \varphi \mid K_i\varphi$$

其中$p \in$At 是原子命题，$\bot$用来表示$p \wedge \neg p$。布尔连接词$\vee$、$\to$和$\leftrightarrow$按惯例定义。K_i的对偶用$\langle K_i \rangle$表示，即$\neg K_i \neg \varphi \leftrightarrow \langle K_i \rangle \varphi$。$\langle K_i \rangle \varphi$的直观含义是：对主体$i$而言，$\varphi$是可知的。这样，可以用命题公式表述涉及各种知识现象的情况，比如$\varphi \wedge \neg K_i\varphi$表示命题$\varphi$是真的但主体$i$并不知道这一点（$\varphi$是真的）。

1.4 认知逻辑的语义

接下来讨论认知逻辑的语义。其主要观点在于：公式$K_i\varphi$为真当且仅当φ在主体i认为可能的所有他所不能区分的情境或状态中均为真。这个定义最早由莱布尼茨提出，并由辛提卡在其著作《知识和信念》④中详细阐释。这种语义解释

---

① 李志才. 1998. 方法论全书（Ⅱ）. 南京：南京大学出版社：171.

② TARK 即 Theoretical Aspects of Rationality and Knowledge。

③ 范本特姆. 2006. 认知逻辑与认识论研究现状. 刘奋荣译. 世界哲学，（6）：71-72.

④ Hintikka J. 1962. Knowledge and Belief. New York: Cornell University Press.

可用克里普克（S. Kripke）结构来阐释。

定义 1.1 一个克里普克模型是一个三元组$\langle W,\{R_i\mid i\in\mathcal{A}\},V\rangle$，其中，$W$是一个非空集合，对任意主体$i\in\mathcal{A}$，$R_i\subseteq W\times W$，$V$：At$\to 2^w$是一个赋值函数。

W的元素称为状态或可能世界。$(w,v)\in R_i$，记作wR_iv。一种直观的理解是，关系R_i是主体i对"实际状态"的认知不确定性。如果wR_iv并且实际状态是w，那么表明主体i分不清状态w和v，对其而言，她认为真实状态也可能是v。可见，关系R_i是对主体认知不确定性的一种描述：即在主体i看来，状态w与v不可区分。当然，R_i并未解决哪个基本事实在相应状态为真的问题，因此需要一个赋值V，$w\in V(p)$可直观地理解为：p在状态w上为真。公式φ在模型M的状态w上为真，记作M，$w\vDash\varphi$。令$M=\langle W,\{R_i\mid i\in\mathcal{A}\},V\rangle$是一个认知模型，$w\in W$是任意状态，一个认知公式在模型的一个状态上的真（可满足性）可通过递归定义如下：

$M,w\vDash p$ 当且仅当 $w\in V(p)$

$M,w\vDash\varphi\vee\psi$ 当且仅当 $M,w\vDash\varphi$或$M,w\vDash\psi$

$M,w\vDash\neg\varphi$ 当且仅当 $M,w\nvDash\varphi$

$M,w\vDash K_i\varphi$ 当且仅当 对任意$v\in W$，若wR_iv，则$M,v\vDash\varphi$

如果对W上的所有状态w，都有$M,w\vDash\varphi$，则称φ在M上为真，记作$M\vDash\varphi$。

1.5　认知逻辑的公理系统

认知逻辑的公理化已被不同的学术团体研究过。由于笔者的重点在于主体互动和信息变化，这里只列举与知识性质相关的几条公理（建立在基本命题逻辑基础上）。令φ和ψ是$\mathcal{LK}$中的任意公式，以下公式是公理：

K	$K_i(\varphi\to\psi)\to(K_i\varphi\to K_i\psi)$	克里普克公理
T	$K_i\varphi\to\varphi$	真公理
4	$K_i\varphi\to K_iK_i\varphi$	正内省公理
5	$\neg K_i\varphi\to K_i\neg K_i\varphi$	负内省公理
D	$\neg K_i\bot$	一致性公理

通常，具体的经典命题模态逻辑系统由以下方式构建而成。

公理模式：

（1）$\mathcal{LK}$语言中的命题逻辑重言式

（2）**K**公理

推理规则：

（1）分离规则：如果⊢φ，⊢$\varphi\rightarrow\psi$，那么⊢ψ。

（2）必然化规则：如果⊢φ，那么⊢$K_i\varphi$。

至此，建立在关系语义学上的极小正规模态逻辑系统建构完成。为了刻画知识的性质，学界一种普遍采用的做法是在上述极小系统的基础上还需要加上前面提到的 T、4、5 等公理。如果从古典哲学的知识观角度分析"知道"这个概念，第一个重要性质是主体所知道的都是事实，即知识必须是真的，T 公理也被称为"真"公理。"知道"概念的另一个重要性质是内省性，就是说，认知主体知道自己知道或者不知道什么，分别用正内省公理和负内省公理表示。显然，上述认知逻辑公理与模态逻辑公理之间存在对应关系：知道公理相当于 T 公理，正内省公理相当于 4 公理，负内省公理相当于 5 公理。如果认知逻辑系统在上述极小模态系统的基础上只加上真公理和正内省公理，那么它们是多模态逻辑 S4；如果在此基础上还增加负内省公理，则是多模态逻辑 S5。

这是刻画知识的逻辑系统，刻画信念的逻辑系统有所不同，通常的一种做法是用 D 公理¬$K_i\bot$代替上述的 T 公理（信念算子B替代知道算子K），产生比较适合描述信念性质的逻辑系统 **KD4** 和 **KD45**。

1.6 群体性知识的引入

上述例子"三位逻辑学家走进一家酒吧"和"泥孩谜题"中都涉及群体相关的知识，比如一些大家都足够聪明（并且说真话）的公共约定。这样的知识被直观地称为"公共知识"，但笔者给出的认知逻辑系统还未对此类知识进行严格定义。

刘易斯（D. Lewis）最早研究公共知识，在他的著作《约定：一个哲学研究》①中，他给出了公共知识的定义。这里笔者需要引入新的模态算子：E_A和C_A。其中，E_A表示群体A的普遍知识，C_A表示群体A的公共知识。

从直观上来说，一个命题是某个群体的普遍知识，是指该群体中的每一主体都知道这个命题。如果 φ 是群体B的普遍知识，可记作$E_B\varphi$。普遍知识可以用群体中的每个个体知识表达出来，即$E_B\varphi=\bigwedge_{i\in B}K_i\varphi$；这个表述直观表达了某个命题是某个群体的普遍知识当且仅当指该群体中的每一主体都知道这个命题。

公共知识（common knowledge）是通过"每一主体都知道"算子E来定

---

① Lewis D. 2002. Convention: A Philosophical Study. Hoboken: John Wiley & Sons.

义的。令 $E_A\varphi = K_1\varphi \wedge K_2\varphi \cdots \wedge K_n\varphi$，其中 $A=\{1,\cdots,n\}$ 是主体集。则 $E_A\varphi$ 表达的含义是所有 A 中的 n 个主体都知道 φ。φ 是群体 A 的公共知识（C_A）于是可表示为 $\varphi \wedge E_A\varphi \wedge E_A^2\varphi \wedge \cdots$ 的无穷合取，这里的 $E_A^k\varphi$ 是指 E_A 算子在 φ 前的 k 次叠加。

群体隐含知识（distributed knowledge，也称为分布式知识）是指把一个群体中的每一主体的知识汇总在一起，经推理而获得的知识（但每一单个主体都没有这样的导出知识），通常用 $D_B\varphi$ 表示 φ 是群体 B 的隐含知识。比如，某个群体只有主体 a 和 b，主体 a 知道 $p \rightarrow q$ 但不知道 p，主体 b 知道 p 但不知道 $p \rightarrow q$，但把主体 a 和 b 的知识合在一起，就可以得到信息 q。这种情况下，我们可以把 q 称为群体 $\{a, b\}$ 的隐含知识。

2

动 态 逻 辑

2.1 动态逻辑的基本思想

20 世纪 70 年代开始，动态逻辑开始兴起。动态逻辑，又称为关于程序的模态逻辑，它将模态逻辑与计算机中的程序结合起来，最早提出这种思想的是普拉特（V. Pratt）[①]，1976 年他首次提出这一理论。动态逻辑就是对程序的输入和输出行为进行推理的形式系统，把一个输入和输出命令的完成看作一个行动（action）的完成，如果把每个行动看作一个模态词，那么动态逻辑可以被看作包含多个模态词的模态逻辑。"20 世纪 70 年代以来，在模态逻辑的基础上，动态逻辑（dynamic logic）得以迅速地形成和发展。动态逻辑源于计算机中程序调用与执行方面的逻辑问题。一个程序的调用和执行是一个行动，按模态逻辑的方法，一个行动可以被看作一个模态算子，因此动态逻辑是一种多模态逻辑。"[②]

动态逻辑的主要思想是，为了描述信息的更新引起知识的变化，我们必须明确地把行动考虑进来，动态逻辑就是关于行动或程序的逻辑。在动态逻辑中，程序的调用和执行就被看作是行动。具体地说，动态逻辑语言就是把程序语言的每个命令或程序 α 与一个模态算子 [ ] 进行结合，从而引进了 $[\alpha]\varphi$ 与 $\langle\alpha\rangle\varphi$ 这两个模态结构，用于探讨一个程序 α 在一个公式 φ 的真值上的执行结果。直观的理解，$\langle\alpha\rangle\varphi$ 的意思是：从现有状态执行 α 后，可到达一个状态，其中 φ 为真。相应地，$[\alpha]\varphi$ 的意思是：从现有状态，如果能够执行 α，那么通过执行 α 后，到达的每个状态 φ 均为真。

与经典逻辑相对应，对动态逻辑的研究分为命题动态逻辑和一阶动态逻辑两

---

① Pratt V. 1976. Semantical Considerations on Floyd-Hoare Logic. Cambridge: Massachusetts Institute of Technology.

② 唐晓嘉，郭美云. 2010. 现代认知逻辑的理论与应用. 北京：科学出版社.

个部分，笔者接下来通过对这两个核心系统的语言、句法和演绎系统的陈述，较为详细地展示动态逻辑系统的特征。

2.2　命题动态逻辑（PDL）

命题动态逻辑（PDL）是动态逻辑的命题版本，最初由费舍尔（M. J. Fischer）和拉德纳（R. E. Ladner）两位学者定义。"1977 年和 1979 年，费舍尔和拉德纳分别把动态逻辑语言的纯命题部分给分离出来，并定义了具有正则程序的命题动态逻辑 PDL 系统。"[①]与经典逻辑相呼应，命题动态逻辑是一阶动态逻辑的子系统。PDL 可以说是三个组成部分的混合物：命题逻辑、模态逻辑、正则表达式代数。根据所含程序算子的不同，PDL 有不同版本，本章主要介绍它的基本版本，称为正则 PDL（regular PDL）。

2.2.1　正则 PDL 的语言

这一语言初始符号不仅包括命题逻辑的基本符号，还包括原子程序符号和程序算子符号，前者用 $a, b, c\cdots$ 表示原子程序，后者包括；、$\cup$、$*$。令 P 表示有限命题变元集，A 表示有限原子程序集，它们的具体表示如下：$P=\{p, q, r\cdots\}$，$A=\{a, b, c\cdots\}$。这样，命题动态逻辑的语言是由所有的合式公式 φ 和所有的程序 α 两部分构成的，φ 和 α 的 BNF 定义如下：

$$\varphi ::= p|\neg\varphi|\varphi\vee\varphi|[\alpha]\varphi \text{（其中} p\in P\text{）}$$
$$a ::= a|\alpha;\alpha|\alpha\cup\alpha|\alpha^*|\varphi? \text{（其中} a\in A\text{）}$$

首先，考察程序的集合：所有的原子程序是程序；如果 α 和 β 程序，那么 $\alpha;\beta$、$\alpha\cup\beta$、α^* 也是程序。$\alpha;\beta$ 的直观意义是说先执行程序 α，然后再执行程序 β。$\alpha\cup\beta$ 表示执行动作 α 或者执行动作 β。α^* 表示任意有穷次执行程序 α。φ? 表示对当前状态是否满足 φ 进行测试。接下来，考察合式公式的集合：前面部分同命题逻辑；核心条款 $[\alpha]\varphi$ 直观表示在任一执行程序 α（如果可执行）后的状态中 φ 成立。它的对偶算子是 $\langle\alpha\rangle\varphi$，$\langle\alpha\rangle\varphi =_{df}\neg[\alpha]\neg\varphi$，它直观表示存在程序 α 的一种执行，使得 φ 在执行后的状态中成立。

---

① 郝一江，张晓君. 2009. 动态逻辑：关于程序的模态逻辑. 哲学动态，（11）：91.

2.2.2 正则 PDL 的语义

PDL 的语义依据的是模态逻辑的语义。程序和公式的交互作用是动态逻辑语言的特点，我们可以通过测试得到程序，也可以通过模态算子从程序得到公式。我们将上面定义的所有程序 α 的集合记为 $\prod$，给定模型 $M=(W,\{R_\alpha|\alpha\in\prod\},V)$ 满足下列条件：

（1）W 是非空的可能世界集合，也称为论域；

（2）R_α 是 W 上的一个二元关系；

（3）V 是赋值：对每个命题变元 p，赋一个可能世界的集合，即 $V(p)\subseteq W$。

现在考虑一般公式 φ 在这个模型的任意一个可能世界上是真的定义，其中有关命题逻辑部分的定义参照上面认知逻辑中的定义，下面给出模态情况 $[\alpha]\varphi$ 的定义：

$\mathcal{M},w\vDash[\alpha]\varphi$ 当且仅当对于所有的 $w'\in W$，如果 $R_\alpha(w,w')$，那么 $\mathcal{M},w'\vDash\varphi$。

根据经典的正则 PDL，对任意复杂的程序 α，R_α 定义如下：

a 是原子程序，R_a 就是 W 上的二元关系；

$R_{\varphi?}=\{(w,w)\,|\,W,w\vDash\varphi\}$；

$R_{\alpha;\beta}=R_\alpha\circ R_\beta$ 表示两关系的合成，即 $(w,w')\in R_{\alpha;\beta}$ 当且仅当存在 $v\in W$ 使得 $(w,v)\in R_\alpha$ 且 $(v,w')\in R_\beta$；

$R_{\alpha\cup\beta}=R_\alpha\cup R_\beta$ 表示两关系的并，即 $(w,w')\in R_{\alpha\cup\beta}$ 当且仅当 $(w,w')\in R_\alpha$ 或者 $(w,w')\in R_\beta$；

$R_{\alpha^*}=(R_\alpha)^*$，即 $(w,w')\in R_{\alpha^*}$ 当且仅当 $(w,w')\in(R_\alpha)^*$，其中 $(R_\alpha)^*$ 是 R_α 的自返传递闭包[①]。

2.2.3 正则 PDL 的公理系统

1）公理模式

（1）所有命题逻辑重言式

（2）$[\alpha](\varphi\rightarrow\psi)\rightarrow([\alpha]\varphi\rightarrow[\alpha]\psi)$

（3）$[\alpha](\varphi\land\psi)\leftrightarrow([\alpha]\varphi\land[\alpha]\psi)$

---

① Blackburn P, de Rijke M, Venema Y. 2001. Modal Logic. Cambridge: Cambridge University Press: 89.

（4）$[\alpha;\beta]\varphi\leftrightarrow[\alpha][\beta]\varphi$

（5）$[\alpha\cup\beta]\varphi\leftrightarrow([\alpha]\varphi\wedge[\beta]\varphi)$

（6）$[\alpha^*]\varphi\leftrightarrow(\varphi\wedge[\alpha][\alpha^*]\varphi)$

（7）$(\varphi\wedge[\alpha^*](\varphi\to[\alpha]\varphi))\to[\alpha^*]\varphi$

2）推理规则

（1）MP 规则：如果 $\vdash\varphi$，$\vdash\varphi\to\psi$，那么 $\vdash\psi$。

（2）必然性规则：如果 $\vdash\varphi$，那么可得出 $\vdash[\alpha]\varphi$。

关于 PDL 的完全性证明详情参见哈雷尔（D. Harel）等合著的《动态逻辑》一书[①]。

2.3 一阶动态逻辑

一阶动态逻辑和命题动态逻辑的主要区别在于其相应的语义模型包含一阶结构 U（计算论域），这个结构允许一阶量化的出现。一阶动态逻辑可以看作命题动态逻辑的一阶版本，其语言建立在经典一阶逻辑的基础之上。当我们把存储变化（memory change）当作命题动态逻辑中的基本行为时，就得到了一阶动态逻辑。一阶动态逻辑也叫做量化动态逻辑（QDL），该逻辑语言中包含变元、函数符号、谓词符号以及量词。

在一阶动态逻辑中，状态不是抽象的点，而是被称作一阶结构 U 的承载子（carrier）A 上的变元集的赋值，是从变元到适当的值之间的映射；原子程序不是抽象的二元关系，而是各种形式的赋值语句，这些语句在计算时把值指派给变元。

一阶动态逻辑的语言建立在经典一阶逻辑的基础之上，其公式的定义与命题动态逻辑公式的定义类似，只是在 PDL 的基础上增加了量化规则。

2.3.1 一阶动态逻辑的语言

令 $\Sigma=\{f, g, \cdots, p, r, \cdots\}$ 是一个有穷的一阶逻辑符号集，f、g 是其中典型的函数符号，p、r 表示其中典型的关系符号，这些符号直观表示的函数和谓词各自有任意的 n 元形式，其中零元函数是相应的常元。$V=\{x_0, x_1, \cdots\}$ 是个体变元集。一阶动态逻辑（DL）的程序和公式就以这些符号为基础，由原子公式和原子程序通过递归定义得到。

---

① Harel D, Kozen D, Tiuryn J. 2000. Dynamic Logic. Cambridge: The MIT Press.

原子公式: DL 的原子公式是一阶逻辑的原子公式, 形式即为 $r(t_1, t_2, \cdots, t_n)$, 其中, r 是 n 元关系符号, $t_1, t_2, \cdots, t_n$ 是项。

原子程序: 原子程序是一个简单赋值 (simple assignment): $x:=t$。其中 x 是 V 中的变元, t 是项的取值。可以看出, 原子程序所表达的涵义就是把值 t 指派给变元 x。

测试 (tests): 跟 PDL 一样, DL 也包含测试算子?, 测试算子把公式变成程序 (如果 φ 是公式, 则 φ? 是程序)。

常规程序 (regular programs): 根据给定的原子程序和测试, DL 对于常规程序的定义与 PDL 中的做法一样。

公式: DL 的公式可以说是 PDL 的公式加上体现量化规则的公式, 也可以说是一阶逻辑的公式加上包含模态算子的公式。DL 公式的基本版本基于正则程序:

永假式 **0** 是一个公式;

原子公式是公式;

如果 φ 和 ψ 是公式, 那么 $\varphi \to \psi$ 是公式;

如果 φ 是公式, $x \in V$, 那么 $\forall x \varphi$ 是公式;

如果 φ 是公式, α 是程序, 那么 $[\alpha]\varphi$ 是公式。

2.3.2 一阶动态逻辑的语义

现在开始对上述的 DL 语法结构进行语义解释, 即在一阶结构 U 下给出程序和公式的解释。

令计算论域 $U=(A, m_u)$, 其中 A 是一个非空集, 是 U 的承载子, m_u 是一个意义函数, 是对一阶动态语言的解释, 它把 Σ 中的函数符号和关系符号分别解释成函数和关系, 即 n 元函数 $m_u(f):A^n \to A$ 是 Σ 中的 n 元函数符号 f 的解释, n 元关系 $m_u(r) \subseteq A^n$ 是 Σ 中的 n 元关系符号 r 的解释。

状态就是结构 U 的承载子上的变元 V 的赋值 $u, v, \cdots$ 如果以赋值 u 作为起始点, 通过执行程序 α, 可以在赋值 v 停止, 我们就把 (u,v) 称为程序 α 的输入-输出有序对, 记作 $(u,v) \in m_u(\alpha)$。

一阶结构 U 定义了一个克里普克框架, 前面已经提过, U 中的状态是 A 上的变元集的赋值, 即赋值 u 是一个从 Σ 的项集到集 A 的具有下列性质的函数:

$u(a_i):=m_u(a_i)$, 对每个个体常元 a_i;

$u(f(t_1, \cdots, t_n)):=m_u(f)(u(t_1), \cdots, u(t_n))$, 其中 f 是 Σ 中的任意函数字母,

$t_1,\cdots,t_n$是Σ中的任意项。

与 PDL 的语义一样，对于程序和公式，$m_u(\alpha)\subseteq S^U\times S^U$，$m_u(\varphi)\subseteq S^U$。（$S^U$是$A$中的某个子集。）

复合的程序和公式的语义通过原子程序和公式的语义递归得到：

$m_u(\alpha;\beta):=m_u(\alpha)\circ m_u(\beta)$

$\qquad\qquad =\{(u,v)|\exists w(u,w)\in m_u(\alpha)$ 并且 $(w,v)\in m_u(\beta)\}$

$m_u(\alpha\cup\beta):=m_u(\alpha)\cup m_u(\beta)$

$m_u(\alpha^*):=m_u(\alpha)^*=\bigcup m_u(\alpha)^n$，其中$n\geqslant 0$

$m_u(m_u\varphi?):=\{(u,u)|u\in m_u(\varphi)\}$

$m_u(\mathbf{0}):=\emptyset$

$m_u(\varphi\rightarrow\psi):=\{u|$若$u\in m_u(\varphi)$则$u\in m_u(\psi)\}$

$m_u(\forall x\varphi):=\{u|$对于任意$i$-等值于$u$的赋值$v$，$v\in m_u(\psi)\}$（注：两个赋值$u$和$v$称为是$i$-等值的，如果对每个$j\neq i$，$u(x_j)=v(x_j)$）。

$m_u([\alpha]\varphi):=\{u|\forall v$若$(u,v)\in m_u(\alpha)$则$v\in m_u(\varphi)\}$

接下来，类似 PDL 中的情况，我们定义一阶动态逻辑语言中公式的可满足性和有效性如下：

令$U=(A,m_u)$是一个框架，u是S^U中的状态，对于公式φ，

u满足φ：$U,u\vDash\varphi$当且仅当$u\in m_u(\varphi)$；

φ在U中是可满足的：如果对于U中的某些u，$U,u\vDash\varphi$；

φ是U-有效的：$U\vDash\varphi$当且仅当对于U中的任意u，$U,u\vDash\varphi$；

φ是有效的：$\vDash\varphi$当且仅当对于任意的U，$U\vDash\varphi$；

对于公式集Δ，$U\vDash\Delta$当且仅当对于任意$\varphi\in\Delta$，$U\vDash\varphi$；

$U,u\vDash[\alpha]\varphi$当且仅当对于任意v，若$(u,v)\in m_u(\alpha)$，则$v\vDash\varphi$。

2.3.3　一阶动态逻辑的演绎系统

一阶动态逻辑的推理系统通过两种方式可得：非解释层面和解释层面。非解释层面涉及的逻辑性质与解释域无关，即公式在任何解释下都成立；而解释层面指的是公式只在某个解释下成立。接下来介绍一阶动态逻辑的公理化系统，相应地，我们也从非解释层面和解释层面分别描述。另外，在这两种情况中相关的有效性问题是不可判定的，我们需要找到一些方法。

2.3.3.1 非解释层面（the uninterpreted level）

1）终止断言的完备性

在标准情况下，终止断言可以被公理化。终止断言的有效性问题是 r.e.（递归可枚举）的，接下来要描述的系统S_1就是基于此的一个合适的公理化系统。

公理系统S_1

公理：

（1）所有一阶逻辑重言式的替换特例；

（2）所有 PDL 重言式的替换特例；

（3）$\varphi[x/t] \to \langle x:=t \rangle \varphi$，其中$\varphi$是一阶公式。

演绎规则： 公理系统S_1只有一个演绎规则——分离规则（MP）。即，若φ和$\varphi \to \psi$是系统定理，则ψ也是定理。

引理： 对任意一阶公式ψ和由原子命题和原子测试构成的任意序列 σ，存在一个一阶公式$\psi\sigma$，使得$\models \psi\sigma \leftrightarrow \langle \sigma \rangle \psi$。

定理： 对任意一阶公式φ和ψ，任意只包含一阶测试算子的程序α，对于任意形式为$\varphi \to \langle\alpha\rangle\psi$的动态公式，有$\models \varphi \to \langle\alpha\rangle\psi$当且仅当$\vdash_{S_1} \varphi \to \langle\alpha\rangle\psi$。

证明： 可靠性证明（$\Leftarrow$）比较明显，这里略去。完备性（$\Rightarrow$）通过对α的结构进行归纳证明。这里只展示α的结构为$\beta\cup\gamma$时的证明过程。

若$\models \varphi \to \langle\beta\cup\gamma\rangle\psi$，根据引理得$\models \varphi \to \bigvee_{\sigma \in CS(\beta\cup\gamma)} \psi\sigma$（其中，CS 是计算序列 computation sequence 的简称，α的计算序列就是停止执行α后出现的原子程序或测试的可能序列，CS(α)是程序α的所有计算序列的集合）。令有穷序列集$C \subseteq$ CS$(\beta\cup\gamma)=$CS$(\beta)\cup$CS(γ)，根据一阶逻辑的紧致性定理得$\models \varphi \to \bigvee_{\sigma \in C}\psi\sigma$，令$C_1 \subseteq$CS$(\beta)$，$C_2 \subseteq$CS$(\gamma)$，则$\models \varphi \to (\bigvee_{\sigma \in C_1}\psi\sigma \vee \bigvee_{\varepsilon \in C_2}\psi\varepsilon)$，由于该有效式是一阶公式，据一阶逻辑的完备性定理得$\vdash_{S_1} \varphi \to (\bigvee_{\sigma \in C_1}\psi\sigma \vee \bigvee_{\varepsilon \in C_2}\psi\varepsilon)$。

由于$C_1 \subseteq$CS(β)，$C_2 \subseteq$CS(γ)，据引理得$\models \bigvee_{\sigma \in C_1}\psi\sigma \to \langle\beta\rangle\psi$和$\models \bigvee_{\varepsilon \in C_2}\psi\varepsilon \to \langle\gamma\rangle\psi$，由于$\beta$和$\gamma$结构比$\alpha$简单，据归纳假设得$\vdash_{\bigvee_{\sigma \in C_1}\psi\sigma \to \langle\beta\rangle\psi}$和$\vdash \bigvee_{\varepsilon \in C_2}\psi\varepsilon \to \langle\gamma\rangle\psi$，再结合上面命题$\vdash_{S_1} \varphi \to (\bigvee_{\sigma \in C_1}\psi\sigma \vee \bigvee_{\varepsilon \in C_2}\psi\varepsilon)$，据命题逻辑推理得$\vdash_{S_1} \varphi \to (\langle\beta\rangle\psi \vee \langle\gamma\rangle\psi)$，最后据 PDL 的有效式$\langle\beta\rangle\psi \vee \langle\gamma\rangle\psi \to \langle\beta\cup\gamma\rangle\psi$，通过 MP 规则可得$\vdash_{S_1} \varphi \to \langle\beta\cup\gamma\rangle\psi$，得证。

2）广义情况（general case）下的无穷完备性

由于一阶动态逻辑有效性的不可判定性，我们不应期望在通常情况下为其找到一个完备性公理系统。为了能找出动态逻辑有效式的有序公理系统，可以通过在一般意义上放弃标准公理化系统的有穷性特征来完成。接下来展示的就是包含一个无穷聚集规则的 DL 的无穷完备性公理化系统。

公理系统S_2

公理：

（1）所有一阶逻辑重言式的替换特例；

（2）所有 PDL 重言式的替换特例；

（3）$\varphi\,[x/t]\leftrightarrow\langle x:=t\rangle\varphi$；

（4）$\varphi\leftrightarrow\varphi'$，$\varphi'$是通过用程序$z:=x;\alpha';x:=z$替换程序$\alpha$的一些出现得到，其中$z$不在$\varphi$中出现，$\alpha'$是通过把$\alpha$中所有的$x$用$z$替换所得。

演绎规则：系统S_2有三个演绎规则：

MP：若$\vdash\varphi$和$\vdash\varphi\rightarrow\psi$成立，则$\vdash\psi$。

概括规则：若$\vdash\varphi$，则$\vdash[\alpha]\varphi$；若$\vdash\varphi$，则$\vdash\forall x\varphi$。

无穷聚集（infinitary convergence）：若$\varphi\rightarrow[\alpha^n]\,\psi$，则$\varphi\rightarrow[\alpha^*]\psi$。

定理：对任意 DL 公式φ，$\vDash\varphi\Leftrightarrow\vdash_{S_2}\varphi$。

证明：可靠性证明显然。完备性证明可采用任意无穷逻辑的经典的完备性证明方法，也可以用代数的方法和亨金（Henkin）方法，这里略去。

2.3.3.2 解释层面

1）正确性断言的相对完备性

在 DL 解释层面（the interpreted level）的推理中，涉及U-有效的公式集，对于这部分正确性的公式，我们不能期望找到与前面所述的为终止断言所找的完备性公理系统相似的系统，而需要通过可表达结构（expressive structures）来完成：

如果对于K中的任意程序α和任意一阶公式φ，存在一个一阶公式ψ，使得$U\vDash\psi\leftrightarrow[\alpha]\varphi$，则称$U$是程序语言$K$的可表达结构。可表达结构的例子有有穷结构、算术结构等。

接下来展示的就是通过可表达结构U为部分正确性断言（correctness assertions）找出的相对完备性系统。

公理系统S_3

公理：

（1）所有 PDL 重言式的替换特例；

（2）$\varphi[x/t] \leftrightarrow \langle x:=t \rangle \varphi$，$\varphi$ 是一阶公式。

演绎规则：系统S_3有两个演绎规则：

MP：若$\vdash \varphi$和$\vdash \varphi \rightarrow \psi$成立，则$\vdash \psi$

概括规则：若$\vdash \varphi$，则$\vdash [\alpha] \varphi$。

由上可见，公理系统S_3就是由 PDL 公理系统加上一条赋值公理而得。如果在系统S_3的基础上增加一条公理：

（3）所有U-有效的一阶公式；

那么在得到的系统中，对于公式φ和结构U，"φ是U可证的"记作$U \vdash_{S_3} \varphi$。

定理：对任意一阶公式φ和ψ，任意只包含一阶测试算子的程序α，对于任意形式为$\varphi \rightarrow [\alpha] \psi$的动态公式$\varepsilon$和任意结构$U$，有$U \vDash \varepsilon \Leftrightarrow U \vdash_{S_3} \varepsilon$。

证明：可靠性证明（$\Leftarrow$）比较明显，这里略去。完备性（$\Rightarrow$）通过对α的结构进行归纳证明。这里只展示α的结构为β^*时的证明过程。

若$U \vDash \varphi \rightarrow [\beta^*] \psi$，又据$[\beta^*]$的性质可轻易得到$U \vDash [\beta^*] \psi \rightarrow \psi$，把$[\beta^*] \psi$记作一阶公式$X$，则$U \vDash \varphi \rightarrow X$，$U \vDash X \rightarrow \psi$。根据一阶逻辑的完备性定理，可得$U \vdash_{S_3} \varphi \rightarrow X$，$U \vdash_{S_3} X \rightarrow \psi$。

据$[\beta^*]$的语义可得$U \vDash [\beta^*] \psi \rightarrow [\beta][\beta^*] \psi$，即$U \vDash X \rightarrow [\beta] X$，由于$\beta$的结构比$\alpha$简单，因此，据归纳假设得$U \vdash_{S_3} X \rightarrow [\beta] X$，又因$U \vdash_{S_3} [\beta] X \rightarrow [\beta^*] X$，通过 MP 规则可得$U \vdash_{S_3} X \rightarrow [\beta^*] X$，该式子与上面式子$U \vdash_{S_3} \varphi \rightarrow X$，$U \vdash_{S_3} X \rightarrow \psi$一起，运用 PDL 的演算可得$U \vdash_{S_3} \varphi \rightarrow [\beta^*] \psi$，得证。

2）广义情况下的算术完备性

接下来笔者要展示全部 DL 的公理化系统的完备性证明。与前面所述部分正确性断言的相对可表达结构U的完备性类似，这里把可表达结构只限制在算术结构上，与其他结构无关，因此，该公理系统的完备性称为算术完备性。

公理系统S_4

公理：

（1）所有一阶逻辑重言式的替换特例；

（2）所有 PDL 重言式的替换特例；

（3）$\varphi[x/t] \leftrightarrow \langle x:=t \rangle \varphi$，$\varphi$ 为一阶公式。

演绎规则：系统 S_4 有三个演绎规则：

MP：若 $\vdash \varphi$ 和 $\vdash \varphi \rightarrow \psi$ 成立，则 $\vdash \psi$

概括规则：若 $\vdash \varphi$，则 $\vdash [\alpha] \varphi$；若 $\vdash \varphi$，则 $\vdash \forall x \varphi$。

聚集规则（convergence）：若 $\varphi(n+1) \rightarrow \langle \alpha \rangle \varphi(n)$，则 $\varphi(n) \rightarrow \langle \alpha^* \rangle \varphi(0)$，其中 n 在 α 中不出现。

引理：对于 DL 公式 φ 和程序 α，存在一个一阶公式 $X(n)$（n 为自由变元），使得 $N, u \vDash X(n) \Leftrightarrow N, u \vDash \langle \alpha^{u(n)} \rangle \varphi$ 成立。这里，u 是结构 N 中的任意状态，$u(n)$ 是变元 n 在状态 u 上的赋值。

定理：对任意一阶公式 φ 和 ψ，任意只包含一阶测试算子的程序 α，对于任意形式为 $\varphi \rightarrow \langle \alpha \rangle \psi$ 的动态公式 ε，有 $N \vDash \varepsilon \Leftrightarrow N \vdash_{S_4} \varepsilon$。

证明：可靠性证明（$\Leftarrow$）比较明显，这里略去。完备性（$\Rightarrow$）通过对 α 的结构进行归纳证明。这里只展示 α 的结构为 β^* 时的证明过程。

若 $N \vDash \varphi \rightarrow \langle \beta^* \rangle \psi$，据引理得 $N \vDash \varphi \rightarrow \exists n X(n)$（$n$ 不在 φ，ψ 和 α 中出现），又据引理可得 $N \vDash X(0) \rightarrow \psi$，根据一阶逻辑的完备性可得 $N \vdash_{S_4} \varphi \rightarrow \exists n X(n)$ 和 $N \vdash_{S_4} X(0) \rightarrow \psi$。

据 $X(n)$ 的含义可知 $N \vDash X(n+1) \rightarrow \langle \beta \rangle X(n)$，根据归纳假设得 $N \vdash_{S_4} X(n+1) \rightarrow \langle \beta \rangle X(n)$，据聚集规则得 $N \vdash_{S_4} X(n) \rightarrow \langle \beta^* \rangle X(0)$，通过一阶演算可得 $N \vdash_{S_4} \exists n X(n) \rightarrow \langle \beta^* \rangle X(0)$，该式子与上面式子 $N \vdash_{S_4} \varphi \rightarrow \exists n X(n)$ 和 $N \vdash_{S_4} X(0) \rightarrow \psi$ 一起通过一阶演算可得 $N \vdash_{S_4} \varphi \rightarrow \langle \beta^* \rangle \psi$，得证。

定理：对任意 DL 公式 ε，$N \vDash \varepsilon \Leftrightarrow N \vdash_{S_4} \varepsilon$。

证明：可靠性证明（$\Leftarrow$）比较明显，这里略去。完备性（$\Rightarrow$）通过对 $k\varepsilon$ 进行归纳证明（$k\varepsilon$ 为 ε 中程序数目和非一阶公式前缀量词数目之和）。

基础步：$k\varepsilon=0$，此时 ε 为一阶公式，据一阶逻辑的完备性，可得证。

归纳步：$k\varepsilon>0$，考虑 ε 的形式为 $\varphi \rightarrow op\psi$，$op \in \{\forall x, \exists x, \langle \alpha \rangle, [\alpha]\}$。$k_\varphi$ 和 k_ψ 的定义与 $k\varepsilon$ 相应，故二者均小于 $k\varepsilon$。

现在考虑一阶公式 φL 和 ψL。$N \vDash \varphi \rightarrow op\psi$，则 $N \vDash \varphi L \rightarrow op\psi L$，现在要证

明$N\vdash_{S_4}\varphi L\to op\psi L$。分两种情况：若$op\in\{\forall x, \exists x\}$，则公式$\varphi L\to op\psi L$为一阶公式，根据一阶逻辑的完备性可直接得证；若$op\in\{\langle\alpha\rangle, [\alpha]\}$，则通过对$\alpha$的结构进行归纳证明可得证。

由于k_Φ, $k_\psi<k_\varepsilon$，根据归纳假设可由$N\vDash\varphi\to\varphi L$和$N\vDash\psi L\to\psi$得到$N\vdash_{S_4}\varphi\to\varphi L$和$N\vdash_{S_4}\psi L\to\psi$，这两个式子与$N\vdash_{S_4}\varphi L\to op\psi L$一起，通过 PDL 演算和一阶演算可轻易推出$N\vdash_{S_4}\varphi\to op\psi$，得证。

2.4　动态逻辑的应用

自动态逻辑的思想提出后，它就成为学界的研究热点之一。通过对动态逻辑的基本版本进行扩张或限制，可以得到各种动态逻辑的变种，这些变种被用于解决不同的问题。在动态逻辑的变种应用方面，我国的部分学者对其进行了以下研究和尝试性应用：

首先，可以根据应用的对象把动态逻辑的语义结构解释成不同的含义得到相应变种。例如，孙伟和翟玉庆在《一种采用一阶动态逻辑表示的数字权限描述模型》[①]中，应用一阶动态认知逻辑构建数字权限描述模型，基于一阶动态逻辑，以行动概念为核心来描述数字权限，定义了一个用于描述数字权限[②]概念的一阶动态逻辑符号系统（DrFDL），并在数字权限表达模型（DDRM）基础上给出了DrFDL 的语义结构。

其次，可以通过改变演绎规则、公理、算子、程序集、公式集得到新的动态逻辑变种。例如，毋国庆、李琼章、王兰军在《基于并行处理环境的多类命题动态逻辑系统》[③]中，就通过增加新的算子构建了"多类命题动态逻辑系统"（many-sorted propositional dynamic logic system，MPDL），然后运用 MPDL 描述并行处理环境下程序的动态性，其中用新算子G'来描述并行程序间的关系。文章还讨论了 MPDL 的完备性和一致性。陈庆峰等在《电子商务安全协议及其非单调

---

① 孙伟，翟玉庆. 2005. 一种采用一阶动态逻辑表示的数字权限描述模型. 计算机应用，25（4）：846-849.

② 数字权限就是指权限发布者赋予权限消费者对某些数字产品在一定条件下享有的某种权限，即执行某种消费行动的权限。数字权限管理系统的职责就是检查消费者行动的合法性。伴随消费者的动态消费过程，每次执行完一个行动，证书的语义将发生变化，即证书具有动态语义。而构建的模型通过定义行动的动态描述来记录消费过程中的各种状态信息，然后在动态逻辑系统中结合这些状态信息来表达权限证书的形式语义。

③ 毋国庆，李琼章，王兰军. 1996. 基于并行处理环境的多类命题动态逻辑系统. 计算机学报，19（1）：43-51.

动态逻辑验证》[①]中，结合 SET（安全电子交易，secure electronic transactions）安全协议的具体内容，通过增加公理、扩展规则对 NDL（非单调动态逻辑，non-monotomic dynamic logic）的逻辑框架进行了扩展，说明了 NDL 在验证电子商务协议上的重要性。

最后，我们也可以根据应用对象把两种以上的逻辑融合，或者可以通过把其他学科（如博弈论、计算机科学）的观点引入到动态逻辑中得到新的逻辑分支。例如，陈性元等在《选择认可动态逻辑》[②]中，提出了用于分析网络安全协议的形式化逻辑——选择认可动态逻辑。选择认可动态逻辑就是通过融合选择逻辑、认知逻辑和动态逻辑而得，该逻辑通过对通信实体之间交换信息状态的演绎，刻画了通信各方对信息的获取以及由此产生的攻击行为，文中还应用选择认可动态逻辑对预共享密钥交换协议进行了演绎，剖析了其认证过程。

---

① 陈庆丰，白硕，王驹，等. 2000. 电子商务安全协议及其非单调动态逻辑验证. 软件学报，11（2）：240-250.
② 陈性元，李勇，潘正运，等. 2002. 选择认可动态逻辑. 通讯学报，23（6）：51-60.

3

动态认知逻辑及其应用

3.1 历史和背景

前两章分别介绍了认知逻辑和动态逻辑，动态认知逻辑（dynamic epistemic logic，DEL）是动态逻辑和认知逻辑的一种很自然的结合，可以理解成认知逻辑的动态化或者动态逻辑的认知结合。它是 20 世纪 80 年代末发展起来的，也可看作模态逻辑的分支。动态认知逻辑旨在为信息变化提供一套形式化的处理方法，刻画主体之间在交流过程中的知识变化和发展。它通常可以分为两个部分：一部分处理和描述静态信息，另一部分刻画主体由于外部新信息的进入而引起的信息变化。前面提到的经典认知逻辑又被称为静态认知逻辑，它通常用来处理对知识的静态描述，但是随着认知逻辑的不断发展，以及 20 世纪 70 年代动态逻辑的兴起，尤其在计算机科学、人工智能以及博弈论等多学科领域中，多主体之间的互动要求刻画信息的变化过程，原来的静态认知逻辑不能满足这一要求，于是一个自然的想法就是把认知逻辑和动态逻辑有机结合起来，动态认知逻辑由此应运而生。动态认知逻辑在静态认知逻辑的基础上，借鉴动态逻辑的想法和做法，把行动算子引入到语言中，并且动作算子和认知算子在语言中共存且相互作用，这样在一定程度上可以刻画主体的知识变化和发展。

"动态认知逻辑产生于 20 世纪 80 年代中后期，荷兰著名的逻辑学家范本特姆首先提出用动态模态逻辑为信息变化提供模型，建议用动态算子来刻画事实的变化。"①普莱赞（J. A. Plaza）1989 年发表的《公开交流的逻辑》②一文被看作是动态认知逻辑研究的起点。在这篇文章中，普莱赞建立了第一个动态认知逻辑系统，也就是我们所熟知的公开宣告逻辑（public announcement logic，

---

① 廖德明. 2009. 动态认知逻辑研究评述. 自然辩证法通讯, 31（6）: 85.

② Plaza J A. 1989. Logics of public communications// Emrich M L, Pfeifer M S, Hadzikadic M, Ras Z W (eds.). Proceedings of the 4th International Symposium on Methodologies for Intelligent Systems: 201-216.

PAL）。公开宣告逻辑作为动态认知逻辑的基础系统，在逻辑史上发挥着重要的作用，后来的许多动态认知逻辑系统通常会采用 PAL 作参考，学者们把"公开宣告"理解成一种特殊的行动。至此，完成了对信息的处理从静态向动态的转换。

20 世纪 90 年代以来，动态认知逻辑得到了比较快速的发展，这一方面得益于之前的研究者们已经建立了基本的动态认知逻辑的系统，这方面的研究成果相对来说还算成熟，另一方面得益于计算机科学的发展、人工智能领域的进步、经济学中博弈论的完善。这些研究领域迫切需要模拟主体之间互动的信息变化过程，因此为动态认知逻辑的发展提供了契机，以便充分地研究主体之间互动导致的信息流动和认知的结构变化。"范本特姆 1993 年提出的'动态模态逻辑'就是一种可能的逻辑体系，这一逻辑配有信息模型下行动的关系库，以便与标准模态逻辑互动。"[1]1999年，巴塔赫（A. Baltag）、莫斯（L. S. Moss）和索莱基（S. Solecki）合写的《关于公开宣告、公共知识与私下猜疑的逻辑》[2]这一文章中，开始在公开宣告中结合公共知识的问题，并且将公开宣告逻辑系统 PAL 扩展为 PAL-C（引入公共知识的公开宣告逻辑），另外还重点研究了不同于公开宣告的许多有趣的交流行动。2006 年，范本特姆在考察了 PAL-C 的基础上，与范埃克（J. van Eijck）、库伊（B. Kooi）合写的《交流和变化中的逻辑》[3]一文中引入了"相对化公共知识"（relativized common knowledge）的概念，并为它构造了具体的形式语言和语义，提出了 PAL-RC（相对化公共知识的动态认知逻辑）的动态认知逻辑系统。下面，笔者主要介绍与交流行动相关的基于 PAL 的动态认知逻辑系统，然后在 3.3 节采用相关的理论方法尝试对各类谜题作一些分析。

3.2 典型的动态认知逻辑系统

这一节主要基于交流行动的动态认知逻辑系统，从最基本的也是第一个动态认知逻辑系统即公开宣告逻辑开始，以后的相关逻辑系统基本上都是通过公开宣

① 范本特姆. 2013. 逻辑、认识论和方法论. 郭佳宏，刘奋荣，等译. 北京：科学出版社：82.
② Baltag A, Moss L S, Solecki S. 1998. The logic of public announcements, common knowledge and private suspicious// Kaufmann M, Altos L (eds.). Theoretical Aspects of Rationality and Knowledge: Proceedings of the Seventh Conference (TARK-1998): 43-56.
③ van Benthem J, van Eijck J, Kooi B. 2005. Logics of communication and change. Information & Computation, 204 (11): 1620-1662.

告逻辑扩张得到的，因此本节首先详细介绍公开宣告逻辑的理论，然后介绍两种公开宣告逻辑的扩张，即引入公共知识的公开宣告逻辑（PAL-C）和相对化公共知识的动态认知逻辑（PAL-RC）。

3.2.1 公开宣告逻辑（PAL）

问答情境是知识交流中的一种非常基本的互动，看下面的一个例子：

例 3.1 有两个主体 a 和 b，以下是他们之间的对话：

主体 a："这条路是通往鸟巢的吗？"

主体 b："是的。"

这个看似简单的对话剧情在日常生活中可能每天都在上演，其实它并没那么简单，它包含了很多信息。假设 a 和 b 都是很诚实的人，这意味着 a 的提问表明他事先不知道这条路是否通往鸟巢，b 的回答表明他知道这条路确实是通往鸟巢的。那么这个情景发生前后的过程中，可以用认知逻辑的语言表述两个主体的知识分布。不妨用 p 表示命题"这条路是通往鸟巢的"，那么 $\neg p$ 表示"这条路不是通往鸟巢的"，用 $K_i p$ 表示命题"主体 i 知道 p"。

在 a 提问前，可用下面的语句表达两个主体的知识状态：

（1）$\neg K_a p$ 表示主体 a 不知道 p。

（2）$\neg K_a \neg p$ 表示主体 a 不知道 $\neg p$。

（3）$K_a \langle K_b \rangle p$ 表示主体 a 知道主体 b 可能知道 p。

（4）$K_a \neg K_a p$ 表示主体 a 知道自己不知道 p。

（5）$K_b p$ 表示主体 b 知道 p。

（6）$K_b K_b p$ 表示主体 b 知道自己知道 p。

……

语句（3）表明认知逻辑的语言可以表达自身关于其他主体的知识。（4）和（6）表明对主体具有无限自省能力的预设，（4）是自己知道自己不知道，即自知其无知，这是负内省能力，（6）是自己知道自己知道，这是正内省能力，这说明主体关于自身的认知情况也可以用语言表达出来。

接下来，这个回答情景发生后，两个主体的知识状态发生了变化，变化后的知识状态可以用下面的语句表达：

（1）$K_a p$ 表示主体 a 知道 p。

（2）$K_a K_a p$ 表示主体 a 知道自己知道 p。

（3）K_aK_bp表示主体a知道主体b知道p。

（4）K_bK_ap表示主体b知道主体a知道p。

（5）$K_aK_bK_ap$即主体a知道另一个主体b知道主体a知道p。

......

从这个例子可以看出，经典的认知逻辑就可以很好地刻画各个主体的静态的知识分布，但是对于如何刻画出例子中的问答发生前后的知识变化过程，它就不能直接描述了，因此动态认知逻辑得以产生。公开宣告逻辑作为一种最基本关于信息交流行动的动态认知逻辑系统，它"从最基本的公开宣告这一认知行动入手，将通过刻画动作对于知识的影响来完成对于动作的处理。"[①]

定义 3.1 PAL 语言

其中的公式递归定义如下：

$$\varphi ::= p \,|\, \neg\varphi \,|\, \varphi \wedge \varphi \,|\, K_i\varphi \,|\, [\varphi]\varphi$$

用G表示有限主体集，P表示有限命题变元集，其中$p \in P$, $i \in G$。$[\varphi]\psi$ 表示如果公开宣告 φ，那么 ψ 成立。理论上说，$[\varphi]$ 中的 φ 可以是任意的公式，既可以是表达世界本身的命题，又可以是主体的知识，还可以是宣告自身。定义对偶算子 $\langle\varphi\rangle\psi =_{df} \neg[\varphi]\neg\psi$，公式的直观意思表示并非如果公开宣告 φ 那么 ψ 不成立，即公开宣告 φ 并且 ψ 成立。

定义了上述语言后，就可以表达例 3.1 中的对话对主体知识的影响和变化情况了，当b回答"是的"相当于对a和自己作了"这条路是通往鸟巢"的公开宣告，这样一个回答的行为发生之后，主体a的知识就发生变化了，他现在知道p了，用公开宣告逻辑的语言$[p]K_ap$表示。

定义 3.2 认知模型

模型$M = (W, R, V)$是认知模型，根据第 1 章，它满足以下条件：其中，W是一个非空的可能世界的集合；R是建立在W上的等价关系（认知不可区分关系）集合，每一位主体i对应一个不可关系 $\sim_i$。$R = \{\sim_i | i \in G\}$；V是赋值函数（参见第 1 章）。接下来定义任意 PAL 的一个公式在给定认知模型的某个世界上是真的概念。

定义 3.3 PAL 语义

任给一个认知模型$M = (W, R, V)$，在W中的任一世界w上，PAL 中的公式 φ 在模型M中是真的，记作$M, w \vDash \varphi$，其中与认知逻辑中一致的地方请参照第 1 章定义，其他定义如下：

---

① 郭美云. 2006. 从 PAL 看认知逻辑的动态转换. 自然辩证法研究，1（22）：41.

$M, w \vDash [\varphi] \psi$ 当且仅当如果 $M, w \vDash \varphi$，那么 $M|_\varphi, w \vDash \psi$

$M, w \vDash \langle \varphi \rangle \psi$ 当且仅当 $M, w \vDash \varphi$ 且 $M|_\varphi, w \vDash \psi$

这里 $M|_\varphi = (W', R', V')$，$\|\varphi\|_M = \{v \in W \mid M, v \vDash \varphi\}$。那么 $W' = \|\varphi\|_M$，$R' = R \cap (\|\varphi\|_M \times \|\varphi\|_M)$，$V' = V \cap \|\varphi\|_M$。直观地说，模型 $M|_\varphi$ 是模型 M 的子模型，是在宣告 φ 的行动后出现的子模型，W' 是模型 M 中使得 φ 成立的可能世界的集合。"我们把一个点模型 (M, w) 称为一个认知状态，公开宣告命题 φ 的影响是把认知状态限制到 φ 成立的那些可能情况，同时继承原来的认知择换关系。因此，这里的行动模态算子 $[\varphi]$ 相当于起到从一个认知状态到另一个认知状态的动态转换功能。"[①]

定义 3.4 PAL 公理系统

它的公理是在经典认知逻辑公理系统 **S5** 的基础上加上以下公理形成：

（1） $[\varphi]p \leftrightarrow (\varphi \rightarrow p)$ 归约公理

（2） $[\varphi]\neg\psi \leftrightarrow (\varphi \rightarrow \neg[\varphi]\psi)$ 归约公理

（3） $[\varphi](\psi \wedge \chi) \leftrightarrow ([\varphi]\psi \wedge [\varphi]\chi)$ 归约公理

（4） $[\varphi]K_i\psi \leftrightarrow (\varphi \rightarrow K_i[\varphi]\psi)$ 知识宣告公理

（5） $[\varphi][\psi]\chi \leftrightarrow [\varphi \wedge [\varphi]\psi]\chi$ 组合宣告公理

它的推理规则也是在经典认知逻辑基础上增加以下推理规则形成的。

如果 $\vdash \varphi$，那么 $\vdash [\psi]\varphi$。

上述新增加的公理称为归约公理。依据 **S5** 的完全性，通过归约的方法可以得到公开宣告逻辑的完全性，可参见在范迪特马什等（H. van Ditmarsch、W. van der Hoek 和 B. Kooi）的著作《动态认知逻辑》[②]中给出的关于其完全性和可靠性的证明过程。

3.2.2 引入公共知识的公开宣告逻辑（PAL-C）

上面的公开宣告逻辑（PAL）没有把群体知识考虑进来，群体知识包括普遍知识、公共知识和群体隐含知识等内容。从公开宣告逻辑中，我们可以看出公开宣告之后，群体的公共知识一般就会伴随而来的。从例 3.1 的两个主体的对话中，主体 b 公开宣告"这条路是通往鸟巢的"，这时，主体 a 和主体 b 的知识状态发生了变化，命题 p 就成为主体 a 和主体 b 的公共知识，因为主体 a 和主体 b 都知道了命题 p，

---

① 郭美云. 2006. 从 PAL 看认知逻辑的动态转换. 自然辩证法研究，1（22）：42.

② Ditmarsch H V, Hoek W V D, Kooi B. 2006. Dynamic Epistemic Logic. Berlin: Springer.

并且他们知道对方都知道以及对方都知道对方知道，如此等等。加入群体知识之后将进一步增强认知语言的表达力。第 1 章中已提及群体 B 的公共知识 $C_B\varphi$ 和隐含知识 $D_B\varphi$。由于涉及群体隐含知识的问题相当复杂，这里只介绍引入公共知识的公开宣告逻辑（PAL-C）。

定义 3.5 PAL-C 语言

在 PAL 语言中引入 $C_B\varphi$，即 PAL-C 的语言定义为：

$$\varphi ::= p \mid \neg\varphi \mid \varphi \wedge \varphi \mid K_i\varphi \mid C_B\varphi \mid [\varphi]\varphi$$

其中 $p \in P$，$i \in G$，$B \subseteq G$。B 是有限认知主体的集合 G 的非空子集，$E_B\varphi$ 表示 φ 是群体 B 的普遍知识，$C_B\varphi$ 表示 φ 是群体 B 的公共知识。

定义 3.6 $E_B\varphi$ 和 $C_B\varphi$ 的可满足关系

公式 $E_B\varphi$ 和公式 $C_B\varphi$ 在认知模型 M 的某个状态上为真的定义，主要参考《关于知识的推理》①一书中的定义。

这里介绍一下 $E_B\varphi$ 和 $C_B\varphi$ 的语义解释，给定任一认知模型 $M = (W, R, V)$，在任一世界 w 上，公式 $E_B\varphi$ 和公式 $C_B\varphi$ 在模型上为真的定义如下：

$M, w \vDash E_B\varphi$ 当且仅当对于任一 $i \in B$，都有 $M, w \vDash K_i\varphi$。

直观上说就是群体 B 中的每一个人都知道 φ。在前面的部分已经提到，用群体中的个体知识就可以将普遍知识表达出来，这里不再复述。

$M, w \vDash C_B\varphi$ 当且仅当 $M, w \vDash E_B^K\varphi$。其中 K 是任意一个自然数。$E_B^K\varphi$ 的解释第 1 章已提到。直观的意思是说群体中每一个人都知道 φ，且群体中每一个人都知道群体中每一个人都知道 φ，并且群体中每一个人都知道群体中每一个人都知道群体中每一个人都知道 φ，以至无穷。

定义 3.7 PAL-C 公理系统

给定有限主体集 G 和有限命题变元集 P，其公理系统由以下公理和推理规则组成。它的公理是在 PAL 的基础上加上以下公理组成：

（1）$C_B(\varphi \rightarrow \psi) \rightarrow (C_B\varphi \rightarrow C_B\psi)$

（2）$C_B\varphi \rightarrow (\varphi \rightarrow E_B C_B\varphi)$

（3）$C_B(\varphi \rightarrow C_B\varphi) \rightarrow (\varphi \rightarrow C_B\varphi)$

它的推理规则是在 PAL 的基础上加上以下推理规则组成：

（1）如果 $\vdash \varphi$，那么 $\vdash C_B\varphi$。

---

① Fagin R, et al. 1995. Reasoning about Knowledge. Cambridge: The MIT Press.

（2）如果 $\vdash\chi\rightarrow[\varphi]\psi$，$\vdash\chi\wedge\varphi\rightarrow E_B\chi$，那么 $\vdash\chi\rightarrow[\varphi]C_B\psi$。

3.2.3 相对化公共知识的动态认知逻辑（PAL-RC）

从上面的 PAL-C 公理系统，我们难以证明带有公共知识的动态认知逻辑的完全性，这是因为我们找不到相关合适的规约公理。"为了解决这个问题，库伊（B. Kooi）和范本特姆提出了一个相对化公共知识的概念，带有相对化公共知识的动态认知逻辑的表达力和带有相对化公共知识的静态认知逻辑一样强，这使得规约方法依然可以使用。"[①]在《交流和变化中的逻辑》[②]中，范本特姆建立了一个相对化公共知识的动态认知逻辑（PAL-RC）。

定义 3.8 PAL-RC 语言

PAL-RC 的语言定义为：

$$\varphi ::= p\,|\,\neg\varphi\,|\,\varphi\wedge\varphi\,|\,K_i\varphi\,|\,C_B(\varphi,\psi)\,|\,[\varphi]\varphi$$

这里有个新算子 $C_B(\varphi,\psi)$，表示 φ 成立的世界里 ψ 是群体 B 的公共知识。

定义 3.9 PAL-RC 语义

下面给出公式 $C_B(\varphi,\psi)$ 在认知模型中为真的定义，其他公式的定义参照 PAL 中的定义。

$\mathcal{M},w\vDash C_B(\varphi,\psi)$ 当且仅当对所有 $v\in W$，如果 $(w,v)\in(R_B\cap(W\times\|\varphi\|_{\mathcal{M}}))^+$，那么 $\mathcal{M},v\vDash\psi$。其中 $(R_B\cap(W\times\|\varphi\|_{\mathcal{M}}))^+$ 是 $R_B\cap(W\times\|\varphi\|\mathcal{M})$ 的传递闭包。

定义 3.10 PAL-RC 公理系统

它的公理是在 PAL-C 的基础上加上以下公理组成：

$$[\varphi]C_B(\psi,\chi)\leftrightarrow(\varphi\rightarrow C_B(\varphi\wedge[\varphi]\psi,[\varphi]\chi))\qquad（归约公理）$$

从这条归约公理可以看出，可以用宣告前的相对化知识来表达宣告之后的相对化公共知识，进而达到归约的目的。

它的推理规则是在 PAL-C 的基础上加上以下推理规则形成。

如果 $\vdash\varphi$，那么 $\vdash C_B(\psi,\varphi)$。

如果 φ 被宣告成为群体 B 的公共知识，那么 ψ 成立的世界里 φ 是群体 B 的相关公共知识，记为 $C_B(\psi,\varphi)$。关于此系统的完全性证明请参阅范本特姆的《交流和变化中的逻辑》[③]一文。

---

① 唐晓嘉，郭美云. 2010. 现代认知逻辑的理论与应用. 北京：科学出版社: 95.

②③ van Benthem J, van Eijck J, Kooi B. 2005. Logics of communication and change. Information & Computation, 204 (11): 1620-1662.

3.3　相关谜题分析

这一节主要从前面提到动态认知逻辑的理论出发，将相关理论和工具应用于日常生活中一系列认知谜题的解析，主要为"泥孩谜题"、"纸牌游戏"、"和积之谜"以及"意外考试悖论"等提供一套形式化的解析方法。

3.3.1　泥孩谜题

相关谜题请参阅例 1.3，那里的解释是基于自然语言的推理过程。接下来用认知模型为这个例子构造模型，突出"公开宣告"这一特殊行动的更新过程。

不失一般性（也为了研究的方便），不妨假设$n=3$，$k=2$。即一共有 3 个孩子a、b和c，其中 2 个孩子（a和b）的额头上有泥巴。用p表示a的额头上有泥巴，用q表示b的额头上有泥巴，用r表示c的额头上有泥巴，用φ表示至少有一个孩子的额头上有泥巴，则$\varphi=p \vee q \vee r$。用$K_i\varphi$表示主体i知道命题φ，$i \in \{a, b, c\}$。则$\neg K_a p$表示主体a不知道自己额头上有泥巴。

现在用$M=\{W, R_a, R_b, R_c, V\}$来表示上述例子的初始认知模型，以下构造模型的方法参考《关于知识的推理》[①]一书中构造模型的方法，不妨令：

$W=((1,1,1), (0,1,1), (1,0,1), (1,1,0), (0,0,1), (0,1,0), (1,0,0), (0,0,0))$

$R_a=\{((1,1,1), (0,1,1)), ((0,1,1), (1,1,1)), ((1,1,0), (0,1,0)), ((0,1,0), (1,1,0)),$
$\quad((1,0,1), (0,0,1)), ((0,0,1), (1,0,1)), ((1,0,0), (0,0,0)), ((0,0,0), (1,0,0)),$
$\quad((1,1,1), (1,1,1)), ((0,1,1), (0,1,1)), ((1,0,1), (1,0,1)), ((1,1,0), (1,1,0)),$
$\quad((0,0,1), (0,0,1)), ((0,1,0), (0,1,0)), ((1,0,0), (1,0,0)), ((0,0,0), (0,0,0))\}$

$R_b=\{((1,1,1), (1,0,1)), ((1,0,1), (1,1,1)), ((1,1,0), (1,0,0)), ((1,0,0), (1,1,0)),$
$\quad((0,1,1), (0,0,1)), ((0,0,1), (0,1,1)), ((0,1,0), (0,0,0)), ((0,0,0), (0,1,0)),$
$\quad((1,1,1), (1,1,1)), ((0,1,1), (0,1,1)), ((1,0,1), (1,0,1)), ((1,1,0), (1,1,0)),$
$\quad((0,0,1), (0,0,1)), ((0,1,0), (0,1,0)), ((1,0,0), (1,0,0)), ((0,0,0), (0,0,0))\}$

$R_c=\{((1,1,1), (1,1,0)), ((1,1,0), (1,1,1)), ((1,0,1), (1,0,0)), ((1,0,0), (1,0,1)),$
$\quad((0,1,1), (0,1,0)), ((0,1,0), (0,1,1)), ((0,0,1), (0,0,0)), ((0,0,0), (0,0,1)),$
$\quad((1,1,1), (1,1,1)), ((0,1,1), (0,1,1)), ((1,0,1), (1,0,1)), ((1,1,0), (1,1,0)),$
$\quad((0,0,1), (0,0,1)), ((0,1,0), (0,1,0)), ((1,0,0), (1,0,0)), ((0,0,0), (0,0,0))\}$

---

① Fagin R, et al. 1995. Reasoning about Knowledge. Cambridge: The MIT Press.

$V(p)=\{(1,1,1),\ (1,1,0),\ (1,0,1),\ (1,0,0)\}$

$V(q)=\{(1,1,1),\ (1,1,0),\ (0,1,1),\ (0,1,0)\}$

$V(r)=\{(1,1,1),\ (1,0,1),\ (0,1,1),\ (0,0,1)\}$

W 称为状态集或者世界集，是 3 个孩子额头上有无泥巴的所有可能情况的集合，其中每一元素是由数字 0 或 1 组成的三元组（0 表示没有泥巴，1 表示有泥巴，按顺序表示 a,b,c），比如（0,1,1）直观表示 a 额头上没有泥巴，b 和 c 额头上有泥巴。W 也包括现实世界（1,1,0）。R_a, R_b, R_c 都是建立在 W 上的二元关系，直观表示相应主体不能区分具有相应关系的状态或世界，也称为主体的认知可达关系。这里的每一主体的不可区分认知关系是等价关系。V 是把每一命题变元赋值为 W 的一个子集的映射。

不难理解，由于我们约定 $\varphi=p\vee q\vee r$，所以 $V(\varphi)=V(p)\cup V(q)\cup V(r)$。在父亲公开宣告命题 φ 之前，$K_a\varphi$、$K_b\varphi$ 和 $K_c\varphi$ 都成立，因为 a 看见 b 额头上有泥巴，模型中表现为 q 在（0,1,0）和（1,1,0）状态都为真，相应的有 $p\vee q\vee r$ 也成立，所以 $K_a\varphi$ 在现实世界（1,1,0）为真。同理 $K_b\varphi$ 和 $K_c\varphi$ 也在（1,1,0）成立，由此可得 $E_{\{a,b,c\}}\varphi$ 在（1,1,0）成立。不过，此时 a 还不知道自己额头上有没有泥巴，如果 a 认为自己额头上没泥巴，那么他看见 b 额头有泥巴，c 额头上没有泥巴，于是在现实世界，对于 a 来说，b 不知道命题 φ 是有可能的，即 $\langle K_a\rangle\neg K_b\varphi$ 成立。同理 $\langle K_b\rangle\neg K_a\varphi$ 在（1,1,0）成立。

父亲公开宣告 φ 之前，各个主体的知识状态的模型可以用图 3.1 表示（省略自返箭头）：

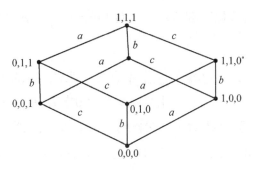

图 3.1 模型 $\mathcal{M}$

实线表示相应主体 a、b、c 的认知关系，这里省略自返箭头。由 0、1 数字三元组组成的点表示可能状态或可能世界，其中 (1,1,0) 是现实世界；

于是，$(\mathcal{M},(1,1,0))$ 就是一个点模型。在这个模型 $\mathcal{M}$ 中，容易验证以下表述都成立：

(1) $\mathcal{M},(1,1,0) \vDash K_a\varphi$

证明： 根据 R_a，与点 $(1,1,0)$ 有 R_a 关系只有点 $(0,1,0)$ 和 $(1,1,0)$，而 $\{(0,1,0),$ $(1,1,0)\} \subseteq V(q) \subseteq V(\varphi)$，所以 $\mathcal{M},(0,1,0) \vDash \varphi$，$\mathcal{M},(1,1,0) \vDash \varphi$，于是有 $\mathcal{M},(1,1,0) \vDash K_a\varphi$。

(2) $\mathcal{M},(1,1,0) \vDash K\varphi$

(3) $\mathcal{M},(1,1,0) \vDash Kc\varphi$

类似（1），容易验证（2）（3）成立。

(4) $\mathcal{M},(1,1,0) \vDash E_{\{a,b,c\}}\varphi$

由（1）（2）（3）立即得上述关系成立。

(5) $\mathcal{M},(1,1,0) \vDash \langle K_a \rangle \neg K_b\varphi$

证明： 上式等价于存在一个点，这个点与点 $(1,1,0)$ 有 R_a 关系，且在此点上，公式 $\neg K_b\varphi$ 成立。在模型 $\mathcal{M}$ 中，与点 $(1,1,0)$ 有 R_a 关系的点只有 $(0,1,0)$ 和 $(1,1,0)$，所以只需验证 $\mathcal{M},(0,1,0) \vDash \neg K_b\varphi$ 或者 $\mathcal{M},(1,1,0) \vDash \neg K_b\varphi$。它等价于 $\mathcal{M},(0,1,0) \vDash \langle K_b \rangle \neg\varphi$ 或者 $\mathcal{M},(1,1,0) \vDash \langle K_b \rangle \neg\varphi$。先考虑第一种情况：只需表明存在一个点，这个点与点 $(0,1,0)$ 有 R_b 关系，并且公式 $\neg\varphi$ 在这个点上为真。可以找到点 $(0,0,0)$ 与点 $(0,1,0)$ 有 R_b 关系，因为 $(0,0,0) \notin V(p)$，$(0,0,0) \notin V(q)$，$(0,0,0) \notin V(r)$，所以 $(0,0,0) \notin V(\varphi)$。于是，$\mathcal{M},(0,0,0) \nvDash \varphi$，即 $\mathcal{M},(0,0,0) \vDash \neg\varphi$；由此可得 $\mathcal{M},(1,1,0) \vDash \langle K_a \rangle \neg K_b\varphi$ 成立。

(6) $\mathcal{M},(1,1,0) \vDash \langle K_b \rangle \neg K_a\varphi$

类似上一个证明，可验证上述关系成立。

在这个模型中，类似地还可验证 $\mathcal{M},(1,1,0) \vDash E_{\{a,b,c\}^2}\varphi$ 以及 $\mathcal{M},(1,1,0) \vDash C_{\{a,b,c\}}\varphi$ 不成立。

首先，证明 $\mathcal{M},(1,1,0) \vDash E_{\{a,b,c\}^2}\varphi$ 不成立，即 $\mathcal{M},(1,1,0) \vDash E_{\{a,b,c\}}E_{\{a,b,c\}}\varphi$ 不成立。对于主体 $a \in \{a,b,c\}$，接下来检验 $\mathcal{M},(1,1,0) \vDash K_a E_{\{a,b,c\}}\varphi$ 是否成立。要使这个关系成立，只需满足 $\mathcal{M},(1,1,0) \vDash K_a K_a\varphi$、$\mathcal{M},(1,1,0) \vDash K_a K_b\varphi$、$\mathcal{M},(1,1,0) \vDash K_a K_c\varphi$ 均成立就可。但 $\mathcal{M},(1,1,0) \vDash K_a K_b\varphi$ 不成立，因为 $((1,1,0),(0,1,0)) \in R_a$ 而 $\mathcal{M},(0,1,0) \nvDash K_b\varphi$（因为存在 $((0,1,0),(0,0,0)) \in R_b$ 但是 $\mathcal{M},(0,0,0) \nvDash \varphi$）。所以 $\mathcal{M},(1,1,0) \vDash K_a E_{\{a,b,c\}}\varphi$ 不成立，由此得出 $\mathcal{M},(1,1,0) \vDash E_{\{a,b,c\}^2}\varphi$ 不成立。

然后，根据公共知识的定义，由 $\mathcal{M},(1,1,0) \vDash E_{\{a,b,c\}^2}\varphi$ 不成立得出 $\mathcal{M},(1,1,0)$

$\vDash C_{\{a,b,c\}}\varphi$ 也不成立。

在父亲公开宣告 φ 之后，孩子们的知识状态开始发生微妙变化，用符号 $[\varphi]$ 表示父亲作了"至少有一个孩子额头上有泥巴"这一公开宣告。

接下来可验证以下几个关系是成立的。

（1）$\mathcal{M},(1,1,0)\vDash[\varphi]K_a\varphi$

证明：上述关系成立条件等价于如果 $\mathcal{M},(1,1,0)\vDash\varphi$，那么 $\mathcal{M}|_\varphi,(1,1,0)\vDash K_a\varphi$。其中 $\mathcal{M}|_\varphi$ 表示公开宣告 φ 后得到的新模型。此时各个主体的认知关系体现在下面的模型图（图3.2）中：

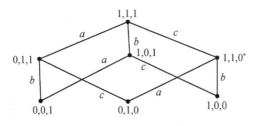

图 3.2　模型 $\mathcal{M}|_\varphi$

在模型 $\mathcal{M}$ 中，$\mathcal{M},(1,1,0)\vDash\varphi$ 成立，因为 $V(\varphi)=V(p)\cup V(q)\cup V(r)$，$(1,1,0)\in V(\varphi)$。因此现在只需要验证 $\mathcal{M}|_\varphi,(1,1,0)\vDash K_a\varphi$ 成立，相当于验证在模型 $\mathcal{M}|_\varphi$ 中，对于所有的 W 上的点，如果它与点 $(1,1,0)$ 有 R_a'（a 在模型 $\mathcal{M}|_\varphi$ 中的认知可达关系，R_b'，R_c' 可类似理解）关系的点，那么 φ 在这个点上为真。不妨看上图表示的模型，与点 $(1,1,0)$ 有 R_a' 关系的点只有点 $(0,1,0)$ 和 $(1,1,0)$，因为在上述两点 φ 都为真，所以 $\mathcal{M}|_\varphi,(1,1,0)\vDash K_a\varphi$ 成立。于是，$\mathcal{M},(1,1,0)\vDash[\varphi]K_a\varphi$ 成立。

（2）$\mathcal{M},(1,1,0)\vDash[\varphi]K_b\varphi$

（3）$\mathcal{M},(1,1,0)\vDash[\varphi]K_c\varphi$

类似地，可以验证以下两个关系也成立。

（4）$\mathcal{M},(1,1,0)\vDash[\varphi]E_{\{a,b,c\}}\varphi$

证明：只需验证 $\mathcal{M}|_\varphi,(1,1,0)\vDash E_{\{a,b,c\}}\varphi$ 是否成立。前面已经验证 $\mathcal{M}|_\varphi,(1,1,0)\vDash K_a\varphi$、$\mathcal{M}|_\varphi,(1,1,0)\vDash K_b\varphi$、$\mathcal{M}|_\varphi,(1,1,0)\vDash K_c\varphi$ 均成立，所以 $\mathcal{M}|_\varphi,(1,1,0)\vDash E_{\{a,b,c\}}\varphi$ 成立。于是，$\mathcal{M},(1,1,0)\vDash[\varphi]E_{\{a,b,c\}}\varphi$ 成立。

（5）$\mathcal{M},(1,1,0)\nvDash[\varphi]\langle K_a\rangle\neg K_b\varphi$

证明：这需要验证 $\mathcal{M}|_\varphi,(1,1,0)\vDash\langle K_a\rangle\neg K_b\varphi$ 成立，而这等价于在新模型中找到某个点，它与点 $(1,1,0)$ 有 R_a' 关系，并且在这个点上 $\neg K_b\varphi$ 成立。而 $\neg K_b\varphi$ 等

价于公式$\langle K_b\rangle\neg\varphi$。在模型$\mathcal{M}|_\varphi$中，与点$(1,1,0)$有$R_a{}'$关系的点有$(0,1,0)$和$(1,1,0)$，不妨检查$\mathcal{M}|_\varphi,(0,1,0)\vDash\langle K_b\rangle\neg\varphi$是否成立：是否能找到一个点使得点$(0,1,0)$与它有$R_b{}'$关系，并且公式$\neg\varphi$在这个点上为真。但在模型$\mathcal{M}|_\varphi$中，这样的点无法找到。所以，可确认$\mathcal{M},(1,1,0)\vDash[\varphi]\langle K_a\rangle\neg K_b\varphi$不成立。

(6) $\mathcal{M},(1,1,0)\nvDash[\varphi]\langle K_b\rangle\neg K_a\varphi$

类似（5），同理可验证。

(7) $\mathcal{M},(1,1,0)\vDash[\varphi]C_{\{a,b,c\}}\varphi$

证明：需要验证$\mathcal{M}|_\varphi,(1,1,0)\vDash C_{\{a,b,c\}}\varphi$。由上面的结果可知$\mathcal{M}|_\varphi,(1,1,0)\vDash E_{\{a,b,c\}}\varphi$成立，那么需检验$\mathcal{M}|_\varphi,(1,1,0)\vDash E_{\{a,b,c\}}{}^2\varphi$成立。而$E_{\{a,b,c\}}{}^2\varphi$等价于$E_{\{a,b,c\}}E_{\{a,b,c\}}\varphi$，它在点$(1,1,0)$成立的条件就等价于$\mathcal{M}|_\varphi,(1,1,0)\vDash K_aE_{\{a,b,c\}}\varphi$、$\mathcal{M}|_\varphi,(1,1,0)\vDash K_bE_{\{a,b,c\}}\varphi$和$\mathcal{M}|_\varphi,(1,1,0)\vDash K_cE_{\{a,b,c\}}\varphi$均成立。先验证$\mathcal{M}|_\varphi,(1,1,0)\vDash K_aE_{\{a,b,c\}}\varphi$成立：这相当于验证$\mathcal{M}|_\varphi,(0,1,0)\vDash E_{\{a,b,c\}}\varphi$和$\mathcal{M}|_\varphi,(1,1,0)\vDash E_{\{a,b,c\}}\varphi$成立。前者$\mathcal{M}|_\varphi,(0,1,0)\vDash E_{\{a,b,c\}}\varphi$语义等价于在模型$\mathcal{M}|_\varphi$中，对于任一主体$i\in\{a,b,c\}$，对于任一与点$(0,1,0)$有$R_i{}'$关系的点，如果$\varphi$成立，那么在点$(0,1,0)$上公式$K_i\varphi$成立。与点$(0,1,0)$有$R_a{}'$关系的点是$(1,1,0)$和它自己，而$\varphi$在点$(1,1,0)$和$(0,1,0)$上是成立的，所以$\mathcal{M}|_\varphi,(0,1,0)\vDash K_a\varphi$是成立的；类似可验证$\mathcal{M}|_\varphi,(0,1,0)\vDash K_b\varphi$、$\mathcal{M}|_\varphi,(0,1,0)\vDash K_c\varphi$也成立，于是$\mathcal{M}|_\varphi,(0,1,0)\vDash E_{\{a,b,c\}}\varphi$是成立的，所以$\mathcal{M}|_\varphi,(1,1,0)\vDash K_aE_{\{a,b,c\}}\varphi$成立。同理可得$\mathcal{M}|_\varphi,(1,1,0)\vDash K_bE_{\{a,b,c\}}\varphi$和$\mathcal{M}|_\varphi,(1,1,0)\vDash K_cE_{\{a,b,c\}}\varphi$也都成立，于是有$\mathcal{M}|_\varphi,(1,1,0)\vDash E_{\{a,b,c\}}{}^2\varphi$成立。类似可归纳证明对于每一个正整数$k$，$\mathcal{M}|_\varphi,(1,1,0)\vDash E_{\{a,b,c\}}{}^k\varphi$均成立。因此，我们可以断定，$\mathcal{M},(1,1,0)\vDash[\varphi]C_{\{a,b,c\}}\varphi$成立。

在父亲公开宣告φ后得到的模型$\mathcal{M}|_\varphi$中，公式$C_{\{a,b,c\}}\varphi$在点$(1,1,0)$上成立，公式$\langle K_a\rangle\neg K_b\varphi$不再成立。这也从侧面反映出，公开宣告这一行动，在某些背景下可以把一些宣告的命题变成公共知识，并且在宣告以后，改变原来一些公式的真值。

随后，关于泥孩谜题的"剧情"，父亲问孩子们能否断定自己额头上有没有泥巴，孩子们都没有作出反应，相当于三个小孩都公开宣告自己不知道，即他们都是既不知道自己额头上有泥巴，也不知道没有。不妨用公式ψ表示$(\neg K_ap\wedge\neg K_a\neg p)\wedge(\neg K_bq\wedge\neg K_b\neg q)\wedge(\neg K_cr\wedge\neg K_c\neg r)$，那么$[\psi]$表示三个小孩

公开宣告他们都不知道自己额头上有没有泥巴。既然在模型 $\mathcal{M}|_\varphi$ 的 $(0,0,1)$、$(0,1,0)$、$(1,0,0)$ 三个状态，ψ 都是假的（不难验证），可以在三个小孩公开宣告 ψ 后，把这三个状态及相应的认知关系去掉，更新后模型用图 3.3 表示如下：

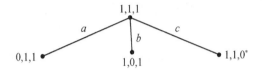

图 3.3　模型 $\mathcal{M}|_\varphi|_\psi$

用公式 $\theta=(\neg p\wedge q\wedge r)\vee(p\wedge\neg q\wedge r)\vee(p\wedge q\wedge\neg r)\vee(p\wedge q\wedge r)$ 表示至少有两个人的额头上有泥巴，当三个小孩都公开宣告自己不知道后，所有的小孩都知道了"至少有两个人的额头上有泥巴"。所以通过公开宣告 φ 和 ψ 后，"至少有两个人的额头上有泥巴"这一命题就成为了孩子们的公共知识。具体形式化表示为：

$$\mathcal{M},(1,1,0)\vDash[\varphi][\psi]C_{\{a,b,c\}}\theta$$

证明：等价于验证如果 $\mathcal{M},(1,1,0)\vDash\varphi$（已确认），那么 $\mathcal{M}|_\varphi,(1,1,0)\vDash[\psi]C_{\{a,b,c\}}\theta$；后件等价于如果 $\mathcal{M}|_\varphi,(1,1,0)\vDash\psi$，那么 $\mathcal{M}|_\varphi|_\psi,(1,1,0)\vDash C_{\{a,b,c\}}\theta$。

首先不难验证 $\mathcal{M}|_\varphi,(1,1,0)\vDash\psi$ 成立，即表明 $\mathcal{M}|_\varphi,(1,1,0)\vDash(\neg K_a p\wedge\neg K_a\neg p)\wedge(\neg K_b q\wedge\neg K_b\neg q)\wedge(\neg K_c r\wedge\neg K_c\neg r)$ 成立。根据对偶算子的定义，需验证 $\mathcal{M}|_\varphi,(1,1,0)\vDash\langle K_a\rangle\neg p\wedge\langle K_a\rangle p\wedge\langle K_b\rangle\neg q\wedge\langle K_b\rangle q\wedge\langle K_c\rangle\neg r\wedge\langle K_c\rangle r$ 成立。在模型 $\mathcal{M}|_\varphi$ 中，不难发现 $((1,1,0),(0,1,0))\in R_a'$ 以及 $((1,1,0),(1,1,0))\in R_a'$，$\mathcal{M}|_\varphi,(0,1,0)\vDash\neg p$ 且 $\mathcal{M}|_\varphi,(1,1,0)\vDash p$；存在 $((1,1,0),(1,0,0))\in R_b'$ 以及 $((1,1,0),(1,1,0))\in R_b'$，$\mathcal{M}|_\varphi,(1,0,0)\vDash\neg q$ 且 $\mathcal{M}|_\varphi,(1,1,0)\vDash q$；存在 $((1,1,0),(1,1,0))\in R_c'$ 以及 $((1,1,0),(1,1,1))\in R_c'$，$\mathcal{M}|_\varphi,(1,1,0)\vDash\neg r$ 且 $\mathcal{M}|_\varphi,(1,1,1)\vDash r$。所以 $\mathcal{M}|_\varphi,(1,1,0)\vDash\psi$ 成立。

接着验证 $\mathcal{M}|_\varphi|_\psi,(1,1,0)\vDash C_{\{a,b,c\}}\theta$。根据公共知识的定义，先表明 $\mathcal{M}|_\varphi|_\psi,(1,1,0)\vDash E_{\{a,b,c\}}\theta$ 成立，即验证 $\mathcal{M}|_\varphi|_\psi,(1,1,0)\vDash K_a\theta$，$\mathcal{M}|_\varphi|_\psi,(1,1,0)\vDash K_b\theta$ 和 $\mathcal{M}|_\varphi|_\psi,(1,1,0)\vDash K_c\theta$ 均成立。在模型 $\mathcal{M}|_\varphi|_\psi$ 中，对于与点 $(1,1,0)$ 有 R_a'' 关系（新模型中 a 的认知关系，R_b''，R_c'' 可类似理解）的点只有 $(1,1,0)$，显然有 $\mathcal{M}|_\varphi|_\psi,(1,1,0)\vDash\theta$；与点 $(1,1,0)$ 有 R_b'' 关系的点只有 $(1,1,0)$，同样有 $\mathcal{M}|_\varphi|_\psi,(1,1,0)\vDash\theta$；与点 $(1,1,0)$ 有 R_c'' 关系的点有 $(1,1,0)$ 和 $(1,1,1)$，也有 $\mathcal{M}|_\varphi|_\psi,(1,1,0)\vDash\theta$，$\mathcal{M}|_\varphi|_\psi,(1,1,1)\vDash\theta$。所以，

$\mathcal{M}|_{\varphi}|_{\psi}, (1,1,0) \vDash E_{\{a,b,c\}}\theta$ 成立。类似可进一步验证 $\mathcal{M}|_{\varphi}|_{\psi}, (1,1,0) \vDash E_{\{a,b,c\}^2}\theta$ 和 $\mathcal{M}|_{\varphi}|_{\psi}, (1,1,0) \vDash E_{\{a,b,c\}^k}\theta$（对任意大于等于 3 的正整数 k，归纳证明）。所以，可以断定 $\mathcal{M}, (1,1,0) \vDash [\varphi][\psi]C_{\{a,b,c\}}\theta$ 成立。

于是，当三个小孩都公开宣告自己不知道自己额头上有没有泥巴之后，由于 a 知道 c 额头上没有泥巴（可看到），这时候 a 其实已经知道自己额头上有泥巴；同理，在这之后 b 也已经知道自己额头上有泥巴了。用 DEL 的形式语言可表示为 $[p \vee q \vee r][(\neg K_a p \wedge \neg K_a \neg p) \wedge (\neg K_b q \wedge \neg K_b \neg q) \wedge (\neg K_c r \wedge \neg K_c \neg r)](K_a p \wedge K_b q)$，根据前面的约定可缩写为 $[\varphi][\psi](K_a p \wedge K_b q)$。但是此时 c 还不知道自己额头上有没有泥巴。

最后，用 $[K_a p \wedge K_b q]$ 表示 a 和 b 公开宣告知道自己额头上有泥巴，用符号 χ 表示命题 $K_a p \wedge K_b q$。不难验证，在模型 $\mathcal{M}|_{\varphi}|_{\psi}$ 的 $(0,1,1), (1,0,1), (1,1,1)$ 三个状态，χ 是假的。既然已经公开宣告 χ，那么这三个状态及其相应的认知关系应该在宣告后删去。于是，在 a 和 b 公开宣告知道自己额头上有泥巴后，认知模型 $\mathcal{M}|_{\varphi}|_{\psi}$ 进一步更新为图 3.4：

$$\bullet\, 1,1,0^*$$

图 3.4　模型 $\mathcal{M}|_{\varphi}|_{\psi}|_{\chi}$

显然，此时 c 也知道了自己额头上没有泥巴，可验证下面的可满足关系成立。$\mathcal{M}, (1,1,0) \vDash [\varphi][\psi][K_a p \wedge K_b q]K_c \neg r$，即 $\mathcal{M}, (1,1,0) \vDash [\varphi][\psi][\chi]K_c \neg r$

证明：它等价于若 $\mathcal{M}, (1,1,0) \vDash \varphi$，则 $\mathcal{M}|_{\varphi}, (1,1,0) \vDash [\psi][\chi]K_c \neg r$。显然前件成立，这里考察后件。后件等价于如果 $\mathcal{M}|_{\varphi}, (1,1,0) \vDash \psi$（前面已表明），则 $\mathcal{M}_{\varphi}|_{\psi}, (1,1,0) \vDash [K_a p \wedge K_b q]K_c \neg r$。于是，只需表明 $\mathcal{M}_{\varphi}|_{\psi}, (1,1,0) \vDash [K_a p \wedge K_b q]K_c \neg r$。这等价于如果 $\mathcal{M}_{\varphi}|_{\psi}, (1,1,0) \vDash K_a p \wedge K_b q$，那么 $\mathcal{M}|_{\varphi}|_{\psi}|_{\chi}, (1,1,0) \vDash K_c \neg r$。而我们已经表明，在模型 $\mathcal{M}_{\varphi}|_{\psi}$ 中，$\mathcal{M}_{\varphi}|_{\psi}, (1,1,0) \vDash K_a p$ 和 $\mathcal{M}_{\varphi}|_{\psi}, (1,1,0) \vDash K_b q$ 均成立，所以 $\mathcal{M}_{\varphi}|_{\psi}, (1,1,0) \vDash K_a p \wedge K_b q$ 成立。在模型 $\mathcal{M}|_{\varphi}|_{\psi}|_{\chi}$ 中，由于 $(1,1,0) \notin V(r)$，有 $\mathcal{M}|_{\varphi}|_{\psi}|_{\chi}, (1,1,0) \vDash \neg r$，所以 $\mathcal{M}|_{\varphi}|_{\psi}|_{\chi}, (1,1,0) \vDash K_c \neg r$。

综上所述，$\mathcal{M}, (1,1,0) \vDash [\varphi][\psi][\chi]K_c \neg r$ 成立。

下面令 $\phi = p \wedge q \wedge \neg r$。直观上说，这时公式 ϕ 已经成为孩子们的公共知识，即通过公开宣告命题 $p \vee q \vee r$，公开宣告命题 ψ 和命题 χ 后，ϕ 成为 $\{a,b,c\}$ 这个群体的公共知识。用 DEL 形式化表示，即为 $\mathcal{M}, (1,1,0) \vDash [\varphi][\psi][\chi]C_{\{a,b,c\}}\phi$ 成立。

整个过程中，父亲和孩子所作的公开宣告这类行动能够不断地改变主体的认知模型，从而更新各个主体的相关知识。如果想验证点 (1,1,0) 是不是现实状态，可以考虑验证下列表述 $M,(1,1,0)\models[\varphi][\psi][\chi]C_{\{a,b,c\}}\phi$ 是否成立。

证明：根据前面的相关工作，我们这里只需验证 $M|_\varphi|_\psi|_\chi,(1,1,0)\models C_{\{a,b,c\}}\phi$。在模型 $M|_\varphi|_\psi|_\chi$ 中，不难验证有 $M|_\varphi|_\psi|_\chi,(1,1,0)\models E_{\{a,b,c\}}\phi$，即 $M|_\varphi|_\psi|_\chi,(1,1,0)\models K_a\phi$，$M|_\varphi|_\psi|_\chi,(1,1,0)\models K_b\phi$ 和 $M|_\varphi|_\psi|_\chi,(1,1,0)\models K_c\phi$ 都成立。因为 $(1,1,0)\in V(\phi)$ 且这个模型只有一个状态 (1,1,0)，故这三个可满足关系成立。所以，ϕ 是群体 $\{a,b,c\}$ 的普遍知识。接下来同理可验证 $M|_\varphi|_\psi|_\chi,(1,1,0)\models E_{\{a,b,c\}^2}\phi$ 和 $M|_\varphi|_\psi|_\chi,(1,1,0)\models E_{\{a,b,c\}^k}\phi$（对任意大于等于 3 的整数）。所以 ϕ 成为群体 $\{a,b,c\}$ 的公共知识，可见点 (1,1,0) 是现实状态。

泥孩谜题的变种有很多，下面给出一个与泥孩谜题类似的认知谜题——聪明人谜题：

假定在某个城堡里，有三位视力和听力正常的智慧人士，他们推理能力足够强并且真实地回答问题。现共有三顶红帽子和两顶白帽子，这一信息也是上述三人的公共知识。该城堡所在国国王将一顶红帽子、两顶白帽子随机地戴在他们三个人的头上，他们可以看到除自己以外的其他两人帽子的颜色。国王接下来问他们三人是否知道自己头上所戴帽子的颜色。三人依次回答：第一个说不知道，第二个也说不知道，第三个说知道。根据上述情节，请问第三个人的帽子是什么颜色的？（第一问）再假设，如果第三个人是个瞎子，其他情况都正常，那他还可以知道自己所戴帽子是什么颜色吗？（第二问）①

限于篇幅，这里只给出自然语言的简单解答，具体如下：

对于第一问，可以推知第三个人的帽子是红色的。在第三个人视力正常的情况下，假定他所戴帽子的颜色是白色，那么另外两人所戴帽子的颜色只能是一红一白。不管是第一个人还是第二个人，如果他所戴的帽子是红色的，那么他看到的另外两人所戴的帽子都是白色的，也就是说，他可根据自己所看到的信息推知自己所戴帽子的颜色是红色的（因为他们都知道总共只有两顶白帽子，既然已经看到了另外两人都戴着白帽子，他自己就只能是戴红帽子的）。但实际的情况却是第一个人和第二个人都回答不知道，表明第三个人所戴帽子

① Fagin R, et al. 1995. Reasoning about Knowledge. Cambridge: The MIT Press.

的颜色是白色的假设不正确,这种情况下我们可以得出第三个人所戴帽子的颜色是红色。

对于第二问,可以断定:即使第三个人是瞎子,只要听力正常,他也可以知道自己所戴帽子的颜色是红色的。具体理由如下:首先当第一个人回答不知道以后,第三个人就可以排除掉自己和第二个人同时戴白帽子的情况。因为一共只有两顶白帽子,如果第二个人和第三个人都戴白色的帽子,那么第一个人根据看到的信息就可以推知自己所戴帽子的颜色是红色。既然实际情况是第一个人回答不知道,可知其他两人所戴帽子颜色不都是白色。第二个人也可根据第一个人的回答知道上述信息。接下来,当第二个人回答说不知道后,第三个人就能推知自己所戴帽子一定是红色。因为,如果他自己所戴的不是红帽子而是白帽子的话,第二个人就可以推知自己所戴帽子的颜色是红色:第二个人看到第三个人戴白帽子,而根据第一个人的回答第二个人还知道自己和第三个人不能都戴白帽子,那么这样,第二个人就能知道自己戴的是红帽子了。然而第二个人的实际回答是不知道,这表明第三个人所戴帽子的颜色一定是红色。第一个人和第二个人的回答第三个人都能听到,所以第三个人能够据此推知自己所戴帽子的颜色是红色,即使他是个瞎子,也可以知道自己帽子的颜色。

用动态认知逻辑的工具为这个谜题构造认知模型进行解析,可以参照泥孩谜题的形式建模方法,在此就不展开讨论了。

3.3.2 纸牌游戏

纸牌游戏:

假设主体 a,b 和 c 有足够的推理能力并且她们真实地说话,他们都知道桌子的抽屉里有 16 张扑克牌:红桃 A、Q、4,黑桃 J、8、4、2、7、3,草花 K、Q、5、4、6,方块 A、5。约翰教授从这 16 张牌中挑出一张牌来,并把这张牌的点数告诉 a,把这张牌的花色告诉 b(a 和 b 被告知了点数和花色这件事成了公共知识)。这时,约翰教授问 a 和 b:"你们能从已知的点数或花色中推知这张牌是什么牌吗?"于是,c 先生听到如下的对话:

a 先生:"我不知道这张牌。"

b 先生:"我知道你不知道这张牌。"

a先生："现在我知道这张牌了。"

b先生："我也知道了。"

听罢以上的对话，c先生想了一想之后，就正确地推出这张牌是什么牌。

请问：这张牌是什么牌？[①]

点数只出现一次的数有（共 7 张）：J、8、2、7、3、K、6；点数只出现两次的数有（共 6 张）：5、Q、A；点数出现三次的数有（共 3 张）：4。

那么c作了如下推理：a知道点数但是一开始并不能断定这张牌，因此这张牌的点数一定不可能只出现一次，因为如果这张牌的点数只出现一次，那么a有足够的推理能力，一定可以判断出这张牌是什么，现在a不知道这张牌，那么这张牌的点数绝对不是J、8、2、7、3、K、6；所以，牌的点数只可能是5、Q、A、4，一共包括 9 种可能的情况。接下来分析b的断言，b知道牌的颜色，并且在a宣告之前做出了下述推论：a不知道这张牌。这就要排除掉包含点数只出现一次的牌所在的那个花色。因为如果花色里包含着点数出现不止一次的牌，那么b不可能早知道a不知道牌是什么。所以这张牌的花色不可能是黑桃或草花。因此，从b早知道a不知道的论述中，可知这张牌是红桃或者方块，这就剩下 5 种可能的情况了。把 11 种情况排除掉，在剩下的 5 种情况中，点数为A的出现 2 次，点数为 5、Q、4 的出现一次。这些信息能够同时传递给a和b，因为他们的推理能力足够强。那么，当a听到b的话后，a可以对这张牌作出断定，a已经知道这张牌是什么，这说明这张牌一定不会是A，因为点数为A的牌出现 2 次，分别是红桃A和方块A，如果这张牌是A，那么a就无法判断了。至此，对c来说，剩下的只有三种可能了：红桃Q、红桃 4 或方块 5。接下来，由b的话可知，b知道这张牌是什么，则这张牌一定不是红桃的，因为红桃还剩两张，b只知道花色，根本无法判断。现在主体b可以判断出这张牌是什么，说明这张牌只能是方块 5。所以c也能够推出这张牌一定是方块 5。

这是从自然语言的推理来进行分析，下面用形式化的方法重新思考一下这个谜题。根据题意，牌的花色一共有红桃、黑桃、草花和方块四种情况，不妨用H、B、C、D分别表示红桃、黑桃、草花和方块，令牌的所有花色的集合

---

① 郭佳宏. 2005. 更新模型下一类推理难题的形式化解释. 逻辑与认知，（3）.

为X，则$X=\{H, B, C, D\}$，令牌的所有点数的集合为Y，则$Y=\{2, 3, 4, 5, 6, 7, 8, J, K, Q, K, A\}$。下面为这个谜题构造状态模型$M=(W, R_a, R_b, []_M)$，以下构造模型的思路主要参考郭佳宏 2005 年发表的《更新模型下一类推理难题的形式化解释》一文[①]，在该文中，作者将 16 张牌的情况减少到 10 张牌的情况，进而构造 10 张牌的模型。这里我们不缩减牌的张数，构造 16 张牌的模型。其中令：

$$W=\{W_{HA}, W_{HQ}, W_{H4}, W_{BJ}, W_{B8}, W_{B4}, W_{B2}, W_{B7}, W_{B3}, W_{CK}, W_{CQ}, W_{C5},$$
$$W_{C4}, W_{C6}, W_{DA}, W_{D5}\}$$

$$R_a=\{(w_{xy}, w_{x'y'})|y=y', x, x'\in X, y, y'\in Y\}$$

$$R_b=\{(w_{xy}, w_{x'y'})|x=x', x, x'\in X, y, y'\in Y\}$$

W是非空的可能世界集，一共有 16 种可能世界。R_a关系表示主体a不能区分的可能世界，a不能区分的可能世界是点数相同但是花色不同的可能世界，像W_{HA}和W_{DA}，即红桃A和方块A。R_b关系表示主体b不能区分的可能世界，b不能区分的可能世界是花色相同但是点数不同的可能世界，像W_{HA}和W_{HQ}，即红桃A和红桃Q。$[\ ]_M$赋值函数，表示的是从原子句子到W的映射。

其中，我们规定原子句子有且只有 16 个。这些句子分别是：这张牌是红桃A，这张牌是红桃Q，这张牌是红桃 4……分别记作HA、HQ、$H4$、BJ、$B8$、$B4$、$B2$、$B7$、$B3$、CK、CQ、$C5$、$C4$、$C6$、DA、$D5$，称此集为S。同时规定，对任意的$p\in S$，$[p]_M=\{w_p\}$。

引入语言L包含经典的命题逻辑语言L_0和知道算子K_a，这里采用经典的认知逻辑系统 **S5**。定义$w\models_M p(w\in W)$：对于任意的$p\in S$，$w\in[p]_M$。其他的语义后承关系同经典认知逻辑。如果在特定语境下不致混淆，我们将省略M记号。根据经典的克里普克关系语义，$[]_M$的定义域可以扩展到语言L上，特别地，$[K_a\varphi]_M=\{w\in W$如果wR_au那么$u\in[\varphi]_M\}$。对于任意L中公式 φ，$w\models_M \varphi(w\in W)$表示$w\in[\varphi]_M$。

在对话开始前，主体a知道牌的点数，主体b知道牌的花色。主体c知道主体a知道牌的点数，但不知道点数具体是什么，主体c知道主体b知道牌的花色，但也不知道花色具体是什么。主体a知道主体b知道牌的花色，主体b知道主体a知道牌的点数，两个主体相互知道对方掌握的信息。即主体a知道牌的点数和主体b知道

---

① 郭佳宏. 2005. 更新模型下一类推理难题的形式化解释. 逻辑与认知，（3）.

牌的花色，这是公共知识。在对话未开始之前，各个主体的知识状态的模型用图 3.5 表示（省略自返箭头，下同）：

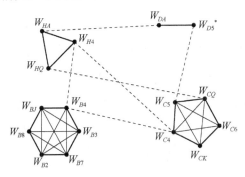

图 3.5 模型 $\mathcal{M}_1$

图中，实线表示主体 b 不能区分的世界，即实线连接的两个可能世界具有 R_b 关系，虚线表示主体 a 不能区分的可能世界，虚线所连接的两个可能世界之间具有 R_a 关系。现实世界是 W_{D5}。

现在开始分析整个对话过程。A 公开宣告"我不知道这张牌是什么"之后，表明在新模型中对任意 $w \in W$ 和 $p \in S$，$w \models \neg K_a p$。删除 $\mathcal{M}_1$ 中不满足条件的状态，则状态 W_{BJ}，W_{B8}，W_{B2}，W_{B7}，W_{B3}，W_{CK}，W_{C6} 被删除。因为根据定义 $w \models_{\mathcal{M}} p(w \in W)$：对于任意的 $p \in S$，$w \in [p]_{\mathcal{M}}$，那么有 $W_{BJ} \models_{\mathcal{M}1} BJ$，$W_{B8} \models_{\mathcal{M}1} B8$，$W_{B2} \models_{\mathcal{M}1} B2$，$W_{B7} \models_{\mathcal{M}1} B7$，$W_{B3} \models_{\mathcal{M}1} B3$，$W_{CK} \models_{\mathcal{M}1} CK$，$W_{C6} \models_{\mathcal{M}1} C6$。这七个状态都不与其他的（自己除外）状态具有 R_a 关系，于是有 $W_{BJ} \models_{\mathcal{M}1} K_a BJ$，$W_{B8} \models_{\mathcal{M}1} K_a B8$，$W_{B2} \models_{\mathcal{M}1} K_a B2$，$W_{B7} \models_{\mathcal{M}1} K_a B7$，$W_{B3} \models_{\mathcal{M}1} K_a B3$，$W_{CK} \models_{\mathcal{M}1} K_a CK$，$W_{C6} \models_{\mathcal{M}1} K_a C6$。于是原模型被更新为 $\mathcal{M}_2$，用图 3.6 表示：

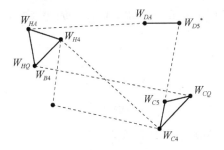

图 3.6 模型 $\mathcal{M}_2$

对话的下一句是b说的话，涉及了过去时，意味着我们应该考察原始模型，即考察模型$\mathcal{M}_1$。由于b的宣告，删除$\mathcal{M}_1$中不能满足这个条件的所有状态。考察模型$\mathcal{M}_1$中有关黑桃和草花的相应状态，即当$w \in \{W_{BJ}, W_{B8}, W_{B4}, W_{B2}, W_{B7}, W_{B3}, W_{CK}, W_{CQ}, W_{C5}, W_{C4}, W_{C6}\}$，有$w \models \neg K_b \neg K_a p$。例如在状态$W_{B4}$中，$W_{B4} \models \neg K_b \neg K_a B8$。因为$\mathcal{M}_1, W_{B8} \models K_a B8$，存在$(B4, B8) \in R_b$，所以$\mathcal{M}_1, W_{B4} \models \langle K_b \rangle K_a B8$，即$\mathcal{M}_1, W_{B4} \models \neg K_b \neg K_a B8$。其余的情况类似。既然$b$说"我早知道你不知道"，表明在新模型中，对任意的状态w，有$w \models K_b \neg K_a p (\forall p \in S)$。因此可以排除掉这张牌是草花和黑桃的情况，此时模型$\mathcal{M}_1$被更新为$\mathcal{M}_3$，如图3.7所示：

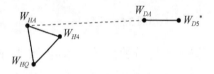

图3.7　模型$\mathcal{M}_3$

这时，a说她知道了这张牌是什么。而在模型$\mathcal{M}_3$中，任一$p \in \{HA, HQ, H4, DA, D5\}$，有$W_{HA} \models \neg K_a HA$ 以及$W_{DA} \models \neg K_a DA$。因此删除$W_{HA}$和$W_{DA}$，于是$\mathcal{M}_3$更新为$\mathcal{M}_4$，如图3.8所示：

图3.8　模型$\mathcal{M}_4$

在a宣告知道了这张牌之后，b接着宣告知道了这张牌是什么。但在模型$\mathcal{M}_4$中有，$W_{HQ} \models \neg K_b HQ$ 和$W_{H4} \models \neg K_b H4$，因此$W_{HQ}$和$W_{H4}$也被删除。于是得到新的模型$\mathcal{M}_5$，在此模型中只有一个状态$W_{D5}$，如图3.9所示：

$$\bullet W_{D5}{}^*$$

图3.9　模型$\mathcal{M}_5$

而在此模型下，有$W_{D5} \models K_a D5$ 和$W_{D5} \models K_b D5$。由于c能分析出上述的整个过程，这就意味着他也知道了这张牌是D5。

主体a和主体b的对话过程用公式表示，第一句话a先生说"我不知道这张牌"，表示为$\neg K_a D5$，第二句话b先生说"我知道你不知道这张牌"，表示为$K_b \neg K_a D5$，

第三句话 a 先生说"现在我知道这张牌了"，表示为 K_aD5，第四句话 b 先生说"我也知道了"，表示为 K_bD5。这是从静态的角度分析每一句话的形式表达，考虑到动态过程，用公开宣告逻辑的语言可以表示为 $[\neg K_aD5][K_b\neg K_a D5][K_a D5]K_bD5$，在点模型 $(\mathcal{M}_1,W_{D5})$ 上验证此命题是否成立，即验证 $\mathcal{M}_1,W_{D5}\vDash[\neg K_a D5][K_b\neg K_aD5][K_aD5]K_bD5$ 是否成立。

$\mathcal{M}_1,W_{D5}\vDash[\neg K_aD5][K_b\neg K_aD5][K_aD5]K_bD5$ 等价于"如果 $\mathcal{M}_1,W_{D5}\vDash\neg K_aD5$，那么 $\mathcal{M}_2,W_{D5}\vDash[K_b\neg K_aD5][K_aD5]K_bD5$ 成立"；在模型 $\mathcal{M}_1$ 中，存在与状态 W_{D5} 有 R_a 关系的 W_{C5}，所以 $\mathcal{M}_1,W_{D5}\vDash\neg K_aD5$。$\mathcal{M}_2,W_{D5}\vDash[K_b\neg K_aD5][K_aD5]K_bD5$ 成立的充分必要条件是"如果 $\mathcal{M}_2,W_{D5}\vDash K_b\neg K_aD5$，那么 $\mathcal{M}_3,W_{D5}\vDash[K_aD5]K_bD5$ 成立"；在模型 $\mathcal{M}_2$ 中，与状态 W_{D5} 有 R_b' 关系的是 W_{DA}，验证 $\mathcal{M}_2,W_{DA}\vDash\neg K_aD5$ 是否成立，等价于验证 $\mathcal{M}_2,W_{DA}\vDash\langle K_a\rangle\neg D5$，存在与状态 W_{DA} 有 R_a' 关系的是 W_{HA}，所以 $\mathcal{M}_2,W_{DA}\vDash\langle K_a\rangle\neg D5$ 成立，即 $\mathcal{M}_2,W_{D5}\vDash K_b\neg K_aD5$ 成立。$\mathcal{M}_3,W_{D5}\vDash[K_aD5]K_bD5$ 成立的充分必要条件是"如果 $\mathcal{M}_3,W_{D5}\vDash K_aD5$，那么 $\mathcal{M}_4,W_{D5}\vDash K_bD5$ 成立"；在模型 $\mathcal{M}_3$ 中，与 W_{D5} 有 R_a'' 关系的点不存在，所以 $\mathcal{M}_3,W_{D5}\vDash K_aD5$ 成立，在模型 $\mathcal{M}_4$ 中，与状态 W_{D5} 有 R_b'' 关系的点也不存在，所以 $\mathcal{M}_4,W_{D5}\vDash K_bD5$ 成立。综上所述，需要验证的公式 $\mathcal{M}_1,W_{D5}\vDash[\neg K_aD5][K_b\neg K_aD5][K_aD5]K_bD5$ 成立。所以 D5 就是所要寻找的现实世界，故这张牌是方块 5。

下面给出一个与纸牌游戏相关的谜题。

生日谜题：

张老师的生日是 M 月 N 日，是下列 10 种可能性中的一种：3 月 4 日、3 月 5 日、3 月 8 日、6 月 4 日、6 月 7 日、9 月 1 日、9 月 5 日、12 月 1 日、12 月 2 日、12 月 8 日。他分别告诉小明和小红 M 值和 N 值。接着小明和小红的对话如下：

小红："我不知道张老师的生日。"

小明："在你说这句话之前，我就可以断定，'如果我不知道，那么你也不知道'。"

小红："现在我知道了。"

小明："现在我也知道了。"

根据上述对话，请问张老师的生日是什么？[①]

答案：张老师的生日是 9 月 1 日。

推理过程：M 值有四种可能情况：3、6、9、12。N 值有五种可能情况：1、2、4、5、7、8。当小红说她不知道张老师的生日，那么 N 的值就不可能为 7 和 2，因为 7 和 2 只出现一次，如果这个值是 7 或者 2，小红就会马上知道张老师的生日，所以 N 的值只能是 1、4、5、8 中的一种。接下来，小明说他早已经可以断定"如果他不知道，那么小红也不知道"，通过这句话我们可以断定 M 值不可能为 6 和 12，因为如果 M 值是 6 的话，那么小明无法判断张老师的生日，但是对于小红来说，因为有 6 月 7 日的可能，所以小红是有可能判断出张老师的生日，故小明断定的这句话就是假的，所以 M 的值不可能为 6。同理 M 的值也不可能是 12。那么 M 的值是 3 和 9 中的一种。这些是小明和小红的公共知识。现在小红知道了张老师的生日，那么 N 值不可能为 5，因为如果是 5 的话，有 3 月 5 日和 9 月 5 日两种情况，那么小红就无法判断张老师的生日了。所以只剩下三种情况：3 月 4 日、3 月 8 日和 9 月 1 日。最后小明也知道了张老师的生日，那么 M 的值就不可能为 3，因为如果 M 值是 3，小明就无法判断了，现在小明能判断出张老师的生日，所以张老师的生日是 9 月 1 日。

这一题和纸牌游戏的谜题差不多，参照纸牌游戏的做法，构造这个谜题的模型图形，通过可能世界的消除，最终能找到正确答案，由于篇幅有限，就不详细讲述了。

3.3.3 和积谜题

和积谜题（The puzzle of Mr. S and Mr. P）：

两个自然数 m 和 n，满足条件 $2 \leqslant m \leqslant n \leqslant 99$。在 S 先生和 P 先生都在场的情况下，S 先生被告知两数的和，P 先生被告知两数的乘积。假设 P 先生和 S 先生的推理能力足够强。P 先生和 S 先生的对话如下：

P 先生："我不知道这两个数字。"

S 先生："我早就知道你不知道，不过我也不知道。"

P 先生："现在我知道这两个数字是什么了。"

S 先生："现在我也知道了。"

根据上述对话，m 和 n 究竟是多少？主体 S 和主体 P 又是如何推出这

① 郭佳宏. 2005. 更新模型下一类推理难题的形式化解释. 逻辑与认知，（3）.

两个数的？[①]

"和积谜题"是历史上一个著名的知识难题。这个问题本身复杂度高，构建认知模型也比较复杂，牵涉的可能世界太多。不仅如此，它还涉及了自然数理论的基础知识。为了方便理解，我们先用自然语言来解释，具体过程是这样的：首先，当 P 宣告自己不知道这两个数字后，可以排除这两个数字是质数的情况，因为两个质数的乘积除了可以被 1 和自身整除，就只能被这两个质数整除，因为 P 先生被告知这两个数的乘积，如果是两个质数的乘积，那么 P 就可以知道这两个数字了。

然后，根据 S 先生的公开宣告，可以排除这两数之和为偶数的情况，因为根据哥德巴赫猜想获得的观测结果，涉及 200 以内的大于 2 的偶数都可以表示成两个质数之和，那么如果这两数之和为偶数，那么 S 先生就不能宣称他早就知道 P 先生不知道了，所以两数之和为偶数的情况都被排除掉了；同理，那些两数之和可以表示成质数加 2 的奇数也需要排除掉，因为如果这两数之和可以表示成质数加 2，那么 S 先生就不能宣称他早就知道 P 先生不知道了。

另外我们还可以排除那些两数之和大于 53 的情况，两数之和大于 53 的偶数已经被排除掉了，只需要排除掉两数之和大于 53 的奇数就好。因为任何一个大于 53 的奇数可以表示成一个大于 50 的质数和一个偶数之和。不妨考察与这样的质数、偶数乘积相同的另外两数，不难找到这样的一对，其中的一个数超过 100，需满足条件 $2 \leqslant m \leqslant n \leqslant 99$。那么也说明在这种情况下，合理的可能性乘积只有一种，P 于是就知道了，S 不能宣称他早知道 P 不知道。既然事实上 S 宣称了他早知道 P 不知道，那么这种情况也同样被排除了。

这样在 S 的宣称后，两数之和的可能性就只剩下以下几种了：11、17、23、27、29、35、37、41、47、51、53。我们列出所有上述两数之和各种可能性中的所有两数之积的可能性，分别如下：

11（18,24,28,30）

17（30,42,52,60,66,70,72）

23（42,60,76,90,102,112,120,126,130,132）

27（50,72,92,110,126,140,152,162,170,176,182）

29（54,78,100,120,138,154,168,180,190,198,204,208,210）

35（66,96,124,150,174,196,216,234,250,264,276,286,294,300,304,306）

① Plaza J A. 1989. Logics of public communications// Emrich M L, Pfeifer M S, Hadzikadic M, Ras Z W (eds.). Proceedings of the 4th International Symposium on Methodologies for Intelligent Systems:201-216.

37（70,102,132,160,186,210,232,252,270,286,300,312,322,330,336,340,342）

41（78,114,148,180,210,238,264,288,310,330,348,364,378,390,400,408,414,418,420）

47（90,132,172,210,246,280,312,342,370,396,420,442,462,480,496,510,522,532,540,546,550,552）

51（98,144,188,230,270,308,344,378,410,440,468,494,518,540,560,578,594,608,620,630,638,644,648,650）

53（102,150,196,240,282,322,360,396,430,462,492,520,546,570,592,612,630,646,660,672,682,690,696,700,702）

运用初等的数学知识，不难发现其中每行数的值都是有一定规律可循的，即每一行的数呈二级等差递减数列，这个二级等差为 2。所以，可以更加简洁地把每行的数表示出来，这里全部列出来的目的是为了更加直观地发现其中重复的数字。因为接下来 P 先生宣称他知道了这两个数字，那么必须要把上述数值中那些重复的数字排除掉，这两个数的乘积数在上述列出来的数中只出现一次，否则 P 先生根本无法判断这两个数是什么。这也是主体 S 所知道的。把上述数值中那些重复的数字排除掉，剩下来的数字如下所示：

11（18,24,28）

17（52）

23（76,112,130）

27（50,92,110,140,152,162,170,176,182）

29（54,100,138,154,168,190,198,204,208）

35（96,124,174,216,234,250,276,294,304,306）

37（160,186,232,252,336,340）

41（114,148,238,288,310,348,364,390,400,408,414,418）

47（172,246,280,370,442,480,496,510,522,532,550,552）

51（98,144,188,230,308,344,378,410,440,468,494,518,560,578,594,608,620,638,644,648,650）

53（240,282,360,430,492,520,570,592,612,646,660,672,682,690,696,700,702）

接下来，S 先生也宣称自己知道了。我们发现，在去掉那些重复的数字后，在两数之和的所有可能的情况中，只有第二行还剩下一种两数之积的可能，因为 S 先生只知道两个数的和，现在他知道这两个数，那么只有第二行只剩下一种乘积的可能，其他行都出现了多于两种的可能情况。既然 S 宣称他也知道了，那么那些对应的两数乘积的可能性还大于两种的两数之和都要被排除掉。所以最后只剩下 17 这种情况，而对应的两数之积为 52。这样我们可以得到这两个数是 4 和 13。

这是基于自然数理论的知识得出的推理过程，接下来尝试为这个谜题构造认知模型，构造模型的方法主要参考收录于 2007 年全国现代逻辑学术研讨会论文集中郭美云撰写的《"和积之谜"的动态认知逻辑分析》一文[①]。

令 $W=\{(m, n)|(m, n)\in N\times N, 2\leqslant m\leqslant n\leqslant 99\}$，这是构造的可能世界集，用 X_5 表示 $X=5$，用 Y_7 表示 $Y=7$。用命题字母 p 表示 "这两个数是 4 和 13"，这句话还可以记作 "X_4 并且 Y_{13}"。用符号 $K_a p$ 表示主体 a 知道这两个数是 4 和 13。主体集为 $G=\{S, P\}$。用 $K_S(X_4\wedge Y_{13})$ 表示命题 "S 先生知道这一有序对是（4,13）"。

构造认知模型 $\mathcal{M}=(W, R_S, R_P, V)$，满足下列条件：

$W=\{(m,n)|(m, n)\in N\times N, 2\leqslant m\leqslant n\leqslant 99\}$

$(m, n)R_S(m', n')$ 当且仅当 $m+n=m'+n'$，$(m, n)\in N\times N, 2\leqslant m\leqslant n\leqslant 99$

$(m, n)R_P(m', n')$ 当且仅当 $m\times n=m'\times n'$，$(m, n)\in N\times N, 2\leqslant m\leqslant n\leqslant 99$

$V(p)=\{(4,13)\}$

W 是所有的非空的可能世界的集合，这里非空的可能世界是由一对对有序对组成的，R_S 和 R_P 是建立在 W 上的可及关系，$(m,n)R_S(m', n')$ 表示主体 S 对于 $(m, n)\in W$ 和 $(m',n')\in W$ 这两个可能世界是无法区分的，即在主体 S 看来，这两个世界对于他来说都是可能的。同理，$(m,n)R_P(m', n')$ 表示主体 P 对于 $(m, n)\in W$ 和 $(m',n')\in W$ 这两个可能世界也是不可区分的。V 是赋值，将命题变元赋给可能世界的集合。

再看 P 先生和 S 先生的对话，把他们的每一句话看作是做了一次公开宣告，那么 S 先生知道这两个数是什么的过程用以下这个公式表示：

$[\neg K_P(X_4\wedge Y_{13})][\neg K_S(X_4\wedge Y_{13})][K_P(X_4\wedge Y_{13})]K_S(X_4\wedge Y_{13})$

首先，P 先生公开宣告他不知道这两个数是什么，然后，S 先生也宣称他不知道这两个数是什么，接着，P 先生就宣称他知道这两个数是什么，最后，S 先生也知道了这两个数是什么。现实世界是有序对 (4,13)，在点模型 $(\mathcal{M}, (4,13))$ 上验证上述公式是否成立，即验证

$\mathcal{M}, (4,13)\vDash[\neg K_P(X_4\wedge Y_{13})][\neg K_S(X_4\wedge Y_{13})][K_P(X_4\wedge Y_{13})]K_S(X_4\wedge Y_{13})$ 是否成立。

---

① 郭美云. 2007. "和积之谜"的动态认知逻辑分析// 2007 年全国现代逻辑学术研讨会论文集: 10.

证明：上述式子成立的充分必要条件是"如果$\mathcal{M},(4,13)\vDash\neg K_P(X_4\wedge Y_{13})$，那么$\mathcal{M}_1,(4,13)\vDash[\neg K_S(X_4\wedge Y_{13})][K_P(X_4\wedge Y_{13})]K_S(X_4\wedge Y_{13})$"。$\mathcal{M}_1$是宣告$\neg K_P(X_4\wedge Y_{13})$之后得到的模型。在模型$\mathcal{M}$中，因为$(4,13)R_P(2,26)$，而$\mathcal{M},(2,26)\vDash(X_2\wedge Y_{26})$，即$\mathcal{M},(2,26)\vDash\neg(X_4\wedge Y_{13})$，所以$\mathcal{M},(4,13)\vDash\langle K_P\rangle\neg(X_4\wedge Y_{13})$，再根据对偶算子的性质，$\mathcal{M},(4,13)\vDash\neg K_P(X_4\wedge Y_{13})$成立。接着只需证明$\mathcal{M}_1,(4,13)\vDash[\neg K_S(X_4\wedge Y_{13})][K_P(X_4\wedge Y_{13})]K_S(X_4\wedge Y_{13})$成立即可。它成立的充分必要条件是"如果$\mathcal{M}_1,(4,13)\vDash\neg K_S(X_4\wedge Y_{13})$，那么$\mathcal{M}_2,(4,13)\vDash[K_P(X_4\wedge Y_{13})]K_S(X_4\wedge Y_{13})$"，其中$\mathcal{M}_1$是$\mathcal{M}$的子模型，$\mathcal{M}_2$是$\mathcal{M}_1$的子模型。$\mathcal{M}_1$中没有状态$(2,26)$。在$\mathcal{M}_1$中，因为$(4,13)R_S(2,15)$，$(4,13)R_S(3,14)$，$(4,13)R_S(5,12)$，$(4,13)R_S(6,11)$，$(4,13)R_S(7,10)$，$(4,13)R_S(8,9)$，可证$\mathcal{M}_1,(4,13)\vDash\langle K_S\rangle\neg(X_4\wedge Y_{13})$。所以再根据对偶算子的性质，可得$\mathcal{M}_1,(4,13)\vDash\neg K_S(X_4\wedge Y_{13})$。接下来只需证明$\mathcal{M}_2,(4,13)\vDash[K_P(X_4\wedge Y_{13})]K_S(X_4\wedge Y_{13})$即可。它成立的条件是"如果$\mathcal{M}_2,(4,13)\vDash K_P(X_4\wedge Y_{13})$，那么$\mathcal{M}_3,(4,13)\vDash K_S(X_4\wedge Y_{13})$"，模型中$\mathcal{M}_2$没有状态$(2,15)$、$(3,14)$、$(5,12)$、$(6,11)$、$(7,10)$、$(8,9)$。在模型$\mathcal{M}_2$中，因为$(4,13)R_P(4,13)$，又因为$\mathcal{M}_2,(4,13)\vDash(X_4\wedge Y_{13})$，所以$\mathcal{M}_2,(4,13)\vDash K_P(X_4\wedge Y_{13})$成立。$\mathcal{M}_3$是$\mathcal{M}_2$的子模型，只有状态$(4,13)$。在模型$\mathcal{M}_3$中，因为$(4,13)R_S(4,13)$和$\mathcal{M}_3,(4,13)\vDash(X_4\wedge Y_{13})$，所以$\mathcal{M}_3,(4,13)\vDash K_S(X_4\wedge Y_{13})$成立。综上所述，点模型$(\mathcal{M},(4,13))$上，整个式子是成立的。这也正说明$(4,13)$是我们所要寻找的现实世界，即这两个数是4和13。

另外，范迪特马什（H. van Ditmash）等学者针对和积谜题也做过专门的逻辑研究，具体请参阅《动态认知逻辑中的和与积》[①]。下面给出一个与和积之谜相关的谜题：

> 一位教授逻辑学的教授，有三个学生，而且三个学生都非常聪明。
> 一天，教授给他们出了一道题，教授在每个人脑门上贴了一张纸条并告诉他们，每个人的纸条上都写了一个正整数，且某两个数的和等于第三个！（每个人可以看见另两个数，但看不见自己的。）
> 教授问第一个学生："你能猜出自己的数吗？"回答："不能。"
> 问第二个，回答："不能。"
> 问第三个，回答："不能。"
> 再问第一个，回答："不能。"

---

① van Ditmash H, Ruan J, Verbrugge L. 2006. Sum and product in dynamic epistemic logic. Journal of Logic and Computation, 16 (6): 923-924.

再问第二个，回答："不能。"

再问第三个，回答："我猜出来了，是 144！"

教授很满意地笑了。

请问您能猜出另外两个人的数吗？[①]

解答过程：

首先将三个人的数分别定为 x、y、z，且问话顺序按 x、y、z。那么如果 x 可以判断自己的数，显然 $y=z$，且 $x=2y=2z$，因为 x 可能的数为 $y+z$ 或 $y-z$，在 $y=z$ 的情况下，$x=0$ 与题目要求正整数不符，所以 x 只可能是 $y+z$。所以如果 x 无法判断，那么 $y\neq z$。如果接下来 y 能判断，那么 $z=x$。另外 $x=2z$，同理，y 可能为 $x+z$ 或 $x-z$。在 $x=2z$ 的情况下，$y=x-z=z$ 与之前 x 不可判断的推论不符，所以 y 只能是 $x+z$。所以如果 y 无法判断，那么 $z\neq x$，$x\neq 2z$。

如果接下来 z 能判断，那么 $y=x$ 或 $y=2x$ 或 $x=2y$，这个推理与之前同。另外 $y=3/2x$（即 $x,3/2x,z$），这个可以用之前的 $x\neq 2z$（$z\neq 1/2x$）推出。所以如果 z 也无法判断，那么 $x\neq y$，$y\neq 2x$，$y\neq 3/2x$，$x\neq 2y$。

再回到 x，如果他又可以判断，那么 $z=2y$，$z=3/2y$，$z=5/3y$，$z=3y$，$y=2z$，$y=3z$。反之 $z\neq 2y$，$z\neq 3/2y$，$z\neq 5/3y$，$z\neq 3y$，$y\neq 2z$，$y\neq 3z$。

再回到 y，如果他可以判断，那么 $z=2x$，$z=3x$，$z=5/2x$，$z=3/2x$，$x=3z$，$x=5/3z$，$x=8/5z$，$x=4/3z$，$x=4z$。反之，则 $x\neq 3z$，$x\neq 5/3z$，$x\neq 8/5z$，$x\neq 4z$，$z\neq 3x$，$z\neq 5/2x$，$z\neq 3/2x$。

再回到 z，如果可以判断，那么 $x=3y$，$x=5/2y$，$x=8/3y$，$x=4y$，$x=3/2y$，$x=4/3y$，$y=3x$，$y=4x$，$y=7/2x$，$y=5/2x$，$y=4/3x$，$y=8/5x$，$y=13/8x$，$y=7/4x$，$y=5/4x$。其中 $z=x+y$。最后，因为 $z=144$，所以只有 $x=3y$ 或 $y=3x$ 或 $y=7/2x$，所以，另两个数为 36 和 108 或者 32 和 112。

限于篇幅，对于这个谜题，亦不采用形式化的方法详细阐述。

3.3.4　意外考试悖论

意外考试悖论（The surprise exam paradox）：

老师在周末放学时对全体学生宣布，下周我将对你们进行一次出

---

① 2015-6-21. 一个教授逻辑学的教授，有三个非常聪明的学生，怎么猜数字的？https://www.zhihu.com/question/23999095.

其不意的考试，仅有一次考试。这次考试将安排在下周一至周五的某一天，但你们不可能事先知道究竟在哪一天，也就是说，即使到了安排考试的前一天晚上你们仍然不知道第二天会有考试。放学后其中一非常聪明的学生运用逻辑知识进行了如下推理：老师一定不会安排在下周五考试，因为如果前四天不考试的话，那么周四晚上我们能事先知道周五考试。以此类推，周一至周四都不可能考试。于是学生得出结论：如果老师所说的话是真的，那么下周就不可能安排考试。但实际情况是老师真的在接下来一周的工作日（周一至周五）的某一天（比如周二）进行了考试，让这个聪明的学生确实感到出其不意。也就是说，老师的宣布最终得到了应验，这让聪明的学生困惑不已。那么，这个悖论的关键问题体现在哪里呢？①

意外考试悖论主要是由老师的公开宣告和学生的推理过程组成的。

首先，学生的推理前提就是老师的公开宣告，它的内容包括两方面：一是在下周一至周五这个时间段有且仅有一天将会进行一次考试，二是学生们不可能事先知道哪天考试。不妨用命题p表示下周一考试，命题q表示下周二考试，命题r表示下周三考试，命题s表示下周四考试，命题t表示下周五考试。那么可用$K_a p$表示主体a知道命题p，其中用a指称那个聪明的学生，那么$K_a p$就表示学生a知道下周一考试，$\neg K_a p$表示学生a不知道下周一考试。于是，学生进行推理的前提可以表示为：

前提一：

$$(p \wedge \neg q \wedge \neg r \wedge \neg s \wedge \neg t) \vee (\neg p \wedge q \wedge \neg r \wedge \neg s \wedge \neg t) \vee (\neg p \wedge \neg q \wedge r \wedge \neg s \wedge \neg t)$$
$$\vee (\neg p \wedge \neg q \wedge \neg r \wedge s \wedge \neg t) \vee (\neg p \wedge \neg q \wedge \neg r \wedge \neg s \wedge t) \tag{3.1}$$

这个公式表示在下周一至周五有且仅有一天安排考试。

前提二：

$$(p \wedge \neg K_a p) \vee (q \wedge \neg K_a q) \vee (r \wedge \neg K_a r) \vee (s \wedge \neg K_a s) \vee (t \wedge \neg K_a t) \tag{3.2}$$

这个公式表示学生们不可能事先知道哪天考试。其中这个析取式的第一个析取支$(p \wedge \neg K_a p)$表示"下周一考试，但学生a不知道下周一考试"。这里用析取式表示周一至周五会有一天安排考试，前提一已表明恰好安排其中一天考试。如果实际情况是下周一考试，那么这个公式在下周一之前是成立的，因为在下周一之前学生a不知道下周一考试，但是这个公式在下周一之后就不能成立，因为考试

① 陈晓平. 2013.意外考试悖论及其解决——兼论求婚者悖论和双信封悖论.湖南科技大学学报（社会科学版），16（3）：25-30.

的时候学生a就已经知道周一考试了。但是学生的推理过程是在下周一之前进行的，所以这个公式在学生的推理过程中是成立的。第二个析取支$(q \wedge \neg K_a q)$表示"下周二考试，并且学生a不知道下周二考试"。跟第一个析取支的道理一样，这个公式在下周二之前都是成立的。第三个析取支$(r \wedge \neg K_a r)$表示"下周三考试，并且学生a不知道下周三考试"。跟第一个析取支的道理一样，这个公式在下周三之前都是成立的。第四个析取支$(s \wedge \neg K_a s)$表示"下周四考试，并且学生a不知道下周四考试"。跟第一个析取支的道理一样，这个公式在下周四之前都是成立的。第五个析取支$(t \wedge \neg K_a t)$表示"下周五考试，并且学生a不知道下周五考试"。跟第一个析取支的道理一样，这个公式在下周五之前都是成立的。所以，这几个析取支成立的条件都是有时间限制的，但是用在学生的推理过程中是可以的，因为学生的推理过程是在下周一之前进行的。

依据这两个前提条件，学生首先判断"周五不考试"的推理过程是这样的：假设周五安排考试，那么意味着周一至周四不考试，即$\neg p$、$\neg q$、$\neg r$、$\neg s$成立。根据公式（3.1），要使此公式成立，那么此公式的第五个析取支$(\neg p \wedge \neg q \wedge \neg r \wedge \neg s \wedge t)$必须成立。根据老师作出的"在下周一至周五之间有且仅有一天将会进行一次考试"这一宣告行为，学生知道公式（3.1）成立，所以$K_a(\neg p \wedge \neg q \wedge \neg r \wedge \neg s \wedge t)$成立，可得$K_a t$。同时学生知道周一至周四不考试，即$K_a \neg p$，$K_a \neg q$，$K_a \neg r$，$K_a \neg s$成立。再根据公式（3.2），此公式的前四个析取支不成立，要想使此公式成立，那么此公式的第五个析取支$(t \wedge \neg K_a t)$必须成立，故$\neg K_a t$必须成立。这与$K_a t$成立相矛盾。所以假设不成立，所以排除周五安排考试的可能。通过推理，学生知道了周五不考试，用公式表示就是$K_a \neg t$。类似地，学生可推知周一至周四都不会安排考试，即在周一之前都有$K_a \neg s$、$K_a \neg r$、$K_a \neg q$、$K_a \neg p$成立。所以根据老师给出的前提为真，该学生推出下周一至周五都没有考试。反过来，如果周一至周五某一天安排考试，那么老师的话就假。所以，前提中下周一至周五有且仅有一次考试与此次考试是出其不意的会导致矛盾。问题是怎么解决这个矛盾呢？

学生推理的前提一的公式表达在直观上是没有问题的，但是推理的前提二用公式表达为$(p \wedge \neg K_a p) \vee (q \wedge \neg K_a q) \vee (r \wedge \neg K_a r) \vee (s \wedge \neg K_a s) \vee (t \wedge \neg K_a t)$是值得再考虑的。如果对其形式化表示是错的话，那么推理前提不正确，则结论也不正确。前提二的自然语言是"你们事先不知道哪天考试"，这里涉及时间概念"事先"，加入公开宣告的语言，这句话的意思应该是或者周一考试但是你们事先不知道周一考试，或者周二考试但是过了周一，到周一晚上，学生还是不知道周二会考试，或者周三考试但是过了周一、周二，到周二晚上，学生还是不知道周三会考试，或者周四考试但是过了周一、周二、周三，到周三晚上，学生还是不知道周四会考试，或者周五考试但是过了周一、周二、周三、周四，到周四晚上，学生还是不知道周五会考试。用 DEL 公式大致表示为：

$$(p \wedge \neg K_a p) \vee (q \wedge [\neg p] \neg K_a q) \vee (r \wedge [\neg p][\neg q] \neg K_a r)$$
$$\vee (s \wedge [\neg p][\neg q][\neg r] \neg K_a s) \vee (t \wedge [\neg p][\neg q][\neg r][\neg s] \neg K_a t) \quad (3.3)$$

我们将公式（3.3）记作 φ，其中 $[\neg p] \neg K_a q$ 表示"公开宣告下周一不考试，学生 a 不知道下周二考试"，加入公开宣告逻辑的语言，就可以在一定程度上表示时间概念"事先"。下面为这个谜题构造认知模型。验证一下 φ 在模型中是否成立。用符号 (1,0,0,0,0) 表示下周一考试，下周二至周五不考试。同理，(0,1,0,0,0) 表示下周二考试，(0,0,1,0,0) 表示下周三考试，(0,0,0,1,0) 表示下周四考试，(0,0,0,0,1) 表示下周五考试。

给定有限命题变元集 $P=\{p, q, r, s, t\}$ 和有限主体集 $G=\{a\}$。现在构造认知模型 $M=(W, R_a, V)$，其中 W 是非空的可能世界的集合，$W=\{w_1, w_2, w_3, w_4, w_5\}$，令 $w_1=(1,0,0,0,0)$，$w_2=(0,1,0,0,0)$，$w_3=(0,0,1,0,0)$，$w_4=(0,0,0,1,0)$，$w_5=(0,0,0,0,1)$。那么 w_2 是现实世界（案例中周二考试）；$R_a=W \times W$，它是建立在 W 上的等价关系（全通关系），表示主体不能区分其中任意两个可能世界；V 是赋值，$V(p)=\{w_1\}$，$V(q)=\{w_2\}$，$V(r)=\{w_3\}$，$V(s)=\{w_4\}$，$V(t)=\{w_5\}$。在图 3.10 中表示如下（省略自返箭头，图 3.11～图 3.14 也如此）：

图 3.10　模型 M

每个点代表一个可能世界，如果两个点有实线连接，则表示主体 a 无法区分相应的两个世界。不妨在这个模型上验证 $M, w_1 \models \varphi$ 是否成立。$M, w_1 \models p \wedge \neg K_a p$ 成立，因为 $V(p)=\{w_1\}$，所以 $M, w_1 \models p$；又因为 $(w_1, w_2) \in R_a$，$M, w_2 \models \neg p$，所以 $M, w_1 \models \langle K_a \rangle \neg p$，再根据对偶算子的定义，可得 $M, w_1 \models \neg K_a p$。这样就有 $M, w_1 \models p \wedge \neg K_a p$ 成立，因此 $M, w_1 \models \varphi$ 成立。

接下来验证$\mathcal{M}$, $w_2\vDash\varphi$ 成立，只需表明$\mathcal{M}$, $w_2\vDash q\wedge[\neg p]\neg K_a q$成立即可。因为$V(p)=\{w_1\}$，$V(q)=\{w_2\}$，所以$\mathcal{M}, w_2\vDash q$，$\mathcal{M}, w_2\vDash\neg p$。接下来验证$\mathcal{M}, w_2\vDash[\neg p]\neg K_a q$成立，要使这个关系成立的等价条件是"如果$\mathcal{M}, w_2\vDash\neg p$，那么$\mathcal{M}|_{\neg p}, w_2\vDash\neg K_a q$"。已经表明$\mathcal{M}, w_2\vDash\neg p$，而模型$\mathcal{M}|_{\neg p}$是模型$\mathcal{M}$的子模型，具体如图 3.11 所示：

图 3.11 模型$\mathcal{M}|_{\neg p}$

因为$(w_2, w_3)\in R_a{}'$（R_a关系的在模型$\mathcal{M}|_{\neg p}$中的限制），$\mathcal{M}|_{\neg p}, w_3\vDash\neg q$，所以$\mathcal{M}|_{\neg p}, w_2\vDash\langle K_a\rangle\neg q$。根据对偶算子的定义，所以$\mathcal{M}|_{\neg p}, w_2\vDash\neg K_a q$。这样就有$\mathcal{M}, w_2\vDash[\neg p]\neg K_a q$成立，因此$\mathcal{M}, w_2\vDash\varphi$ 成立。

接着验证$\mathcal{M}$, $w_3\vDash\varphi$成立，只需表明$\mathcal{M}$, $w_3\vDash r\wedge[\neg p][\neg q]\neg K_a r$成立。因为$V(r)=\{w_3\}$，所以$\mathcal{M}, w_3\vDash r$。现在只需表明$\mathcal{M}, w_3\vDash[\neg p][\neg q]\neg K_a r$，这等价于"如果$\mathcal{M}, w_3\vDash\neg p$，那么$\mathcal{M}|_{\neg p}, w_3\vDash[\neg q]\neg K_a r$"；前件已成立，后件成立的充要条件是"如果$\mathcal{M}|_{\neg p}, w_3\vDash\neg q$，那么$\mathcal{M}|_{\neg p}|_{\neg q}, w_3\vDash\neg K_a r$"。在模型$\mathcal{M}|_{\neg p}$中，$\mathcal{M}|_{\neg p}, w_3\vDash\neg q$成立。而模型$\mathcal{M}|_{\neg p}|_{\neg q}$是模型$\mathcal{M}|_{\neg p}$的子模型，具体表示如图 3.12 所示：

图 3.12 模型$\mathcal{M}|_{\neg p}|_{\neg q}$

因为$(w_3, w_4)\in R_a{}''$（$R_a{}'$关系的在模型$\mathcal{M}|_{\neg p}|_{\neg q}$中的限制），$\mathcal{M}|_{\neg p}|_{\neg q}, w_4\vDash\neg r$，所以$\mathcal{M}|_{\neg p}|_{\neg q}, w_3\vDash\langle K_a\rangle\neg r$。根据对偶算子的定义，所以$\mathcal{M}|_{\neg p}|_{\neg q}, w_3\vDash\neg K_a r$。因此$\mathcal{M}, w_3\vDash\varphi$ 成立。

接着验证$\mathcal{M}$, $w_4\vDash\varphi$成立，只需表明$\mathcal{M}$, $w_4\vDash s\wedge[\neg p][\neg q][\neg r]\neg K_a s$。因为$V(s)=\{w_4\}$，所以$\mathcal{M}, w_4\vDash s$。现在只需验证$\mathcal{M}, w_4\vDash[\neg p][\neg q][\neg r]\neg K_a s$，这等价于表明"如果$\mathcal{M}, w_4\vDash\neg p$，那么$\mathcal{M}|_{\neg p}, w_4\vDash[\neg q][\neg r]\neg K_a s$"。前件已成立，后件成立的充要条件是"如果$\mathcal{M}|_{\neg p}, w_4\vDash\neg q$，那么$\mathcal{M}|_{\neg p}|_{\neg q}, w_4\vDash[\neg r]\neg K_a s$"，在模型$\mathcal{M}|_{\neg p}$中，$\mathcal{M}|_{\neg p}, w_4\vDash\neg q$成立。现在需验证$\mathcal{M}|_{\neg p}|_{\neg q}, w_4\vDash[\neg r]\neg K_a s$，它成立的充要条件是"如果$\mathcal{M}|_{\neg p}|_{\neg q}, w_4\vDash\neg r$，那么$\mathcal{M}|_{\neg p}|_{\neg q}|_{\neg r}, w_4\vDash\neg K_a s$"，其中在模型$\mathcal{M}|_{\neg p}|_{\neg q}$

中，因为$M|_{\neg p}|_{\neg q}$, $w_4 \vDash \neg r$已成立，所以只需验证后件成立即可。而模型$M|_{\neg p}|_{\neg q}|_{\neg r}$是模型$M|_{\neg p}|_{\neg q}$的子模型，用图 3.13 表示如下：

图 3.13　模型$M|_{\neg p}|_{\neg q}|_{\neg r}$

因为$M|_{\neg p}|_{\neg q}|_{\neg r}$, $w_5 \vDash \neg s$，所以$M|_{\neg p}|_{\neg q}|_{\neg r}$, $w_4 \vDash \langle K_a \rangle \neg s$。根据对偶算子的定义，故$M|_{\neg p}|_{\neg q}|_{\neg r}, w_4 \vDash \neg K_a s$。这样就有$M|_{\neg p}|_{\neg q}$, $w_4 \vDash [\neg r]\neg K_a s$成立，意味着$M|_{\neg p}$, $w_4 \vDash [\neg q][\neg r]\neg K_a s$成立；联立前面结果可得$M, w_4 \vDash s \wedge [\neg p][\neg q][\neg r]\neg K_a s$成立，由此可推得$M, w_4 \vDash \varphi$ 成立。

接着再验证$M, w_5 \vDash \varphi$ 成立，只需证明$M, w_5 \vDash t \wedge [\neg p][\neg q][\neg r][\neg s]\neg K_a t$。因为$V(t) = \{w_5\}$，所以有$M, w_5 \vDash t$。现在只需证明$M, w_5 \vDash [\neg p][\neg q][\neg r][\neg s]\neg K_a t$，这等价于证明"如果$M, w_5 \vDash \neg p$，那么$M|_{\neg p}, w_5 \vDash [\neg q][\neg r][\neg s]\neg K_a t$"。前件已成立，后件等价于证明"如果$M|_{\neg p}, w_5 \vDash \neg q$，那么$M|_{\neg p}|_{\neg q}, w_5 \vDash [\neg r][\neg s]\neg K_a t$"。在模型$M|_{\neg p}$中，$M|_{\neg p}, w_5 \vDash \neg q$已成立，后件等价于证明"如果$M|_{\neg p}|_{\neg q}, w_5 \vDash \neg r$，那么$M|_{\neg p}|_{\neg q}|_{\neg r}, w_5 \vDash [\neg s]\neg K_a t$"。在模型$M|_{\neg p}|_{\neg q}$中，$M|_{\neg p}|_{\neg q}, w_5 \vDash \neg r$已成立，后件等价于证明"如果$M|_{\neg p}|_{\neg q}|_{\neg r}, w_5 \vDash \neg s$，那么$M|_{\neg p}|_{\neg q}|_{\neg r}|_{\neg s}, w_5 \vDash \neg K_a t$"。在模型$M|_{\neg p}|_{\neg q}|_{\neg r}$中，$M|_{\neg p}|_{\neg q}|_{\neg r}, w_5 \vDash \neg s$成立。而模型$M|_{\neg p}|_{\neg q}|_{\neg r}|_{\neg s}$是模型$M|_{\neg p}|_{\neg q}|_{\neg r}$的子模型，用下面的图形（图 3.14）表示：

$w_5 \bullet$

图 3.14　模型$M|_{\neg p}|_{\neg q}|_{\neg r}|_{\neg s}$

在此模型中，只有点w_5，它是自返的，因为$M|_{\neg p}|_{\neg q}|_{\neg r}|_{\neg s}$, $w_5 \vDash t$所以$M|_{\neg p}|_{\neg q}|_{\neg r}|_{\neg s}$, $w_5 \vDash K_a t$（这个模型只有一个自返的世界），意味着$M|_{\neg p}|_{\neg q}|_{\neg r}|_{\neg s}$, $w_5 \vDash \neg K_a t$不成立，所以$M, w_5 \vDash \varphi$ 不成立。

至此，通过验证公式（3.3）成立的条件，可以排除可能状态w_5，即下周五考试不成立。那么我们的已知条件就变成下周一至周四有且仅有一次考试，并且学生们事先不知道哪天考试。同样可以对你们事先不知道哪天考试用公式表达，然后建立模型验证此公式是否成立。与上面的推理过程类似，可以排除可能状态w_4，即下周四不考试。重复这样的过程，可以排除可能状态w_3、w_2和w_1。通过对老师的话进行形式化处理，运用动态认知逻辑推理工具，可以得出下周不考试的结论。至此，如果老师的话为真，并且学生相信老师的话为真，就能推出没有一天会考试，于是悖论就产生了。所以，悖论出不出现取决于学生对老师的信任程度以及怎样选择老师的公开宣告中某个或某些命题为真。如果学生充分相信老师，即相信老师所陈述的下周有且只有一次考试且出其不意，那么依据推理他们就得出了下周不考试的结论。然后老师确实在下周某一天考试了，悖论就产生了。

如果学生对老师不那么信任，一种情况是相信下周有考试但是并非出其不意，即相信考试前一天会被告知有考试，那么如果考试安排在下周五，周四晚上学生就会知道周五有考试，悖论就不会产生；如果老师最终把考试安排在周一至周四，仍然会让学生感到出其不意，悖论还会产生。另一种情况是学生相信下周没有考试且不会出其不意，此种情况下和充分信任老师的情况一致。此外，还有一种情况是学生认为老师是故意的，即老师知道整个信息动态过程，他故意这么说，想整蛊学生，那么情况又会不同，可参考巴塔赫（A. Baltag）[①]等的相关工作。

至此，关于如何消解这个悖论还没有给出令人信服的解释，对于涉及时间概念"事先"如何表示还有待商榷，由于本书并未涉及包含时间概念的逻辑，也未涉及包含信念概念的逻辑，公开宣告逻辑的语言表达有限，消解此悖论还有待学者进一步研究。

作为本章结尾，笔者再给出一个意外考试悖论的变形谜题：

求婚者悖论：

> 一年轻人向公主求婚，国王提出如下条件：在五间屋子中藏有一只老虎，求婚者必须依次打开房间，找到并杀死它；否则不允许与公主结婚。承诺在五间屋子中，有且只有一间屋子有老虎，并且求婚者在打开屋子的门之前不知道里面是否有老虎。[②]

求婚者的推理过程与意外考试悖论的一样，得出没有一间屋子藏有老虎。然而事实上，国王在一个屋子里藏了老虎，并且求婚者在打开那间房子之前并不知道。

① Baltag A, Moss L S, Solecki S. 1998. The logic of public announcements, common knowledge and private suspicious// Kaufmann M, Altos L (eds.). Theoretical Aspects of Rationality and Knowledge : Proceedings of the Seventh Conference (TARK-1998): 43-56.

② 陈晓平. 2013.意外考试悖论及其解决——兼论求婚者悖论和双信封悖论.湖南科技大学学报（社会科学版），16（3）：25-30.

　　求婚者的推理过程是这样的：如果第五间屋子有老虎，那么依次打开第一间至第四间都没有老虎，根据有且只有一间屋子有老虎，那么求婚者在打开第四间屋子发现没有老虎后就知道第五间屋子有老虎，那么这和国王的承诺"在打开每间屋子的门之前不知道里面是否有老虎"相矛盾，故假设不成立，所以第五间屋子没有老虎。以此类推，可得出第四间、第三间、第二间、第一间都没有老虎，所以五间屋子都没有老虎。从推理过程不难发现，这个问题的结构和意外考试悖论高度吻合，这里作为意外考试悖论的一个变种。

知道行动逻辑初探

认知逻辑和动态认知逻辑直接表述的知识是命题知识。这一章主要提出并探讨分析了理性主体如何知道一个程序或行动的问题。根据动态逻辑中一些合理的直观，笔者将"知道一个行动"这样的概念定义为"知道相应行动的输入输出二元转换关系"。在程序表达式标准一阶翻译的帮助下，上述思想在"恒常论域"的一阶认知逻辑框架下获得了初步的实现。笔者用这种方式探讨了相关推理有效性的一些基本逻辑原则，并且运用它们总结并证明了一些关于知道行动推理有效的一般性质。然后笔者还将探讨知道通过连续组合、选择和重复等这些不同方式生成的复杂行动和知道它们成分之间的关系，证明一些有效性结果，也为部分无效结果构造一些反例。

4.1 动机和背景

"知识"一直是哲学和认识论等领域关心的最核心问题之一。传统上，认知心理学和认识论对"陈述性知识"和"程序性知识"做了一个粗略的划分。陈述性知识是关于知道命题，"知道那么"的知识。程序性知识是关于与世界互动的，"知道怎样"的知识。

知识论即关于知识的研究，在哲学领域上可追溯到古希腊，有很长的历史。传统上"知识"被粗略地划分为"陈述性知识"和"程序性知识"。"陈述性知识"是关于命题的知识，关于"知道那么"（knowing that）的知识。"程序性知识"是关于程序或行动的知识，关于"知道怎样"（knowing how）的知识。关于"陈述性知识"的研究文献已相当丰富，而对"程序性知识"方面的研究较为匮乏。在动态逻辑的研究领域中，有了一定程度上的关于程序或行动的逻辑研究，再将知识结合到动态逻辑中形成了动态认知逻辑。动态认知逻辑可以很好地描述知识的变化过程，然而它没有直接刻画"知道一个程序或行动"这样的问题。

关于知道行动，我们可以从很多不同的角度进行理解。这一章从理智主义者的角度出发，对"程序性知识"的一种处理方法是将其转化为"陈述性知识"，将"知道行动"还原和归结为"知道某些命题"。这个思想的来源是理智主义者的一个观点，即"知道怎样"是"知道那么"的一个种类。

"知道怎样"和"知道那么"的关系问题，一直是哲学上争论不休的问题。理智主义者认为"知道怎样"是"知道那么"的一个种类，"知道怎样"可以还原为"知道那么"， 二者之间不存在种类差异。在认识论中，这种观点是一种流行教条，赖尔（G. Ryle）称之为"理智主义传奇"。赖尔反对"理智主义传奇"，他认为这二者不能归结在一起，"知道怎样"并不是"知道那么"的一个种类，"知道怎样"是一种的能力，而"知道那么"是思考者和真命题之间的一种关系。

赖尔指出，这种传统教条会导致"恶性循环"。[①] "思考命题本身就是一项活动，它的执行可以或多或少是聪慧的，也可以或多或少是愚蠢的。但是，如果要聪慧地执行一项活动，必须先聪慧地执行一项理论活动，那么，要打断这一循环是逻辑不可能的。"[②] 在赖尔的观点中，"知道那么"和"知道怎样" 对应于理智和智力，理智是一种理论活动，是思考命题的活动，智力则表现为聪慧的和愚蠢的，有创造力的和无创造力的等。"理智主义传奇"将智力归结为理智，理智作为一种理论活动，它本身也是一项活动，要执行这项行动，又必须在这之前执行关于它的理论活动。如此循环下去，就形成赖尔所说的"恶性循环"。

一些理智主义者对赖尔的论证提出了质疑。斯坦利和威廉姆森（J. Stanley and T. Williamson）在《知道怎样》（*Knowing how*）的文中，对赖尔的论证进行了反驳，为"理智主义传奇"这一传统教条进行了辩护。"根据赖尔的观点，如果'知道怎样'是'知道那么'的一个种类，那么，要执行一个行动，就必须先思考一个命题。然而，对命题的思考本身就是一个行动，它本身必须伴有另一个不同的思考命题的行动。'知道怎样'是'知道那么'的一种类型这样的主张要求，'知道怎样'的每一次展现都得伴有另一个思考命题的行动，而这种思考本身就是'知道怎样'的展现，那么任何'知道怎样'都将无从展现。"[③] 斯坦利和威廉姆森指出，在赖尔的论证中有两个前提：前提一是如果一个人做行动*F*，那么他就具有怎么做

---

① Ryle G. 1971. Knowing How and Knowing That.New York: Barnes and Nobles: 213.

② Ryle G. 1949. The Concept of Mind.Chicago: University of Chicago Press: 30.

③ Stanley J, Williamson T. 2001. Knowing how. Journal of Philosophy, 98 (2): 413.

F的知识；前提二是如果一个人具有p的知识，那么他就思考命题p。此外，行动F对应的命题为$\varphi(F)$，根据"理智主义传奇"，知道怎么做F就是知道命题$\varphi(F)$。

赖尔预设了这两个前提的真，从而论证了如果将"知道怎样"归结为"知道那么"，那么无论做什么行动，都会发生恶性循环的现象，即要对无穷多的复杂性不断增加的命题进行思考。斯坦利和威廉姆森对赖尔论证的两个前提提出质疑。首先，针对前提一，如果一个人做行动F，那么他是否就一定要知道怎么做F？他们举了一个简单的例子，某人消化食物，但是他不一定知道怎么消化食物，所以答案显然是否定的。要使前提一为真，就必须将行动F的范围限定为"意向性行动"。其次，前提一为真的条件是行动F是一种"意向性行动"，前提二中"思考命题p"本身也是一项行动，如果这个行动不是一种"意向性行动"，那么它就不是F的一个合适的替代实例。所以赖尔反驳"理智主义传奇"的尝试没有成功。

斯坦利和威廉姆森进而从句法学和语义学的角度出发，论证了"理智主义传奇"，即"知道怎样"是"知道那么"的一个种类。对于这二者的关系问题在哲学上的争论本书不具体展开论述。我们基于理智主义者的观点，将知道行动归结为知道某些命题，在一阶认知逻辑中用一个一阶认知公式来定义关于知道行动的命题，进而对知道行动的一些基本性质进行刻画。

关于陈述性知识的研究已有丰富的文献。从古代开始就有了对事实性知识的研究，并且随着克里普克语义学的出现和辛提卡在可通达的可能世界方面对知识和信念的分析①重新开始研究。这方面的研究在认知科学②、计算机科学③和博弈论④等领域中进行。然而，在计算机科学领域对知识进行研究的同时也带来了动态方面的问题。从基于程序的相关知识到知道程序、知道过程或知道行动只是很小的一步。长期以来，与程序和行动有关的逻辑研究属于动态逻辑领域，它们用来刻画那些已被明确界定的过程所产生的效果和推理性质⑤。动态认知逻辑

① Hintikka J. 1962. Knowledge and Belief. New York: Cornell University Press.

② Gärdenfors P. 1988. Knowledge in Flux: Modeling the Dynamics of Epistemic States. Cambridge: The MIT Press.

③ Fagin R, et al. 1995. Reasoning about Knowledge. Cambridge: The MIT Press; Halpern J. 1987. Using reasoning about knowledge to analyze distributed systems. Annual Review of Computer Science, (2): 37–68; Halpern J, Samet D, Segev E. 2009. Defining knowledge in terms of belief: the modal logic perspective. Review of Symbolic Logic, 2 (3): 469-487.

④ Aumann R J. 1976. Agreeing to disagree . The Annals of Statistics, 4 (6): 1236-1239; Battigalli P, Bonanno G. 1999. Recent results on belief, knowledge and the epistemic foundations of game theory. Research in Economics, Elsevier, 53 (2): 149-225; Perea A. 2012. Epistemic Game Theory. Cambridge: Cambridge University Press.

⑤ Harel D, Kozen D, Tiuryn J. 2000. Dynamic Logic. Cambridge: The MIT Press; Pratt V. 1982. On the composition of processes// 9th POPL: 213-223.

（DEL）自然地把动态逻辑和知识结合起来①，但它还不能直接地处理"知道一个程序意味着什么"这样的问题。

事实上，在研究"知道怎样"时我们可能得到以下多个不同观点：

"知道怎样"是关于怎样通过一些行动或程序来实现某个命题φ，例如怎样赢得一个游戏；

"知道怎样"是关于主体通过一些可控制的行动或程序来保持φ成立；

"知道怎样"是关于行动或程序的全部意义或部分意义；

"知道怎样"是对一个主体的能力而言，能够完整地执行特定的行动或程序，如知道怎样游泳，知道怎么开车等。

直观上还有很多可能的理解，例如，一个人知道一门外语，知道一本书（如《圣经》），知道某个理论（如狭义相对论），或知道某个人的配偶等，这些都是有趣的程序性知识在日常问题中的体现。

本章将集中研究知道行动或程序的哲学逻辑性质以及知道这些行动在改变状态方面的意义。一种简单化的规范化处理是，我们把某个行动或程序（复杂行动）看作一个展示输入-输出行为的黑箱。这就意味着需要把行动或程序看成二元关系，即由输入状态和输出状态组成的有序对的集合。这种观点忽略了所有的中间细节，是一种抽象的近似。本章将对这样的做法能为我们的目标提供什么帮助进行分析，同时也对上述观点的局限性作进一步解释，并由此表明，相关问题的进一步研究需要对行动有更丰富的哲学见解。

在逻辑学上，已有一些关于知道行动的文献研究。对于那些不同的研究途径参见 Singh 的相关文献②。下面简要地介绍与本书相近的途径，并且陈述我们的方案可能比之前的尝试走得更远的原因。在李小五③和刘壮虎④等学者的工作中可以找到更早的关于知道行动逻辑的研究。他们的工作主要基于命题模态语言并且主要考虑认知行动。李小五在《三类知道活动的逻辑》中将知道一个行动定义为

---

① Baltag A, Moss L S, Solecki S. 1998. The logic of public announcements, common knowledge and private suspicious// Kaufmann M, Altos L (eds.). Theoretical Aspects of Rationality and Knowledge : Proceedings of the Seventh Conference (TARK-1998): 43-56; Ditmarsch H V, Hoek W V D, Kooi B. 2006. Dynamic Epistemic Logic. Berlin: Springer.; van Benthem J. 1996. Exploring Logical Dynamics. California: CSLI Publications; van Benthem J. 2011. Logical Dynamics of Information and Interaction. Cambridge: Cambridge University Press.

② Singh M P. 1999. Know-how// Rao A, Wooldridge M (eds.). Foundations of Rational Agency. Dordrecht: Kluwer Academic Publishers: 105-132.

③ 李小五. 2005. 三类知道活动的逻辑. 逻辑与认知, 3（3）：35-59.

④ 刘壮虎, 李小五. 2005. 对动作的认知. 湖南科技大学学报（社会科学版），(6)：33-38.

$$M,s\vDash K\alpha$$

当且仅当对任意$t, t'\in S$，如果sRt并且tRt'，那么（t, t'）$\in R_\alpha$。

这里$M=(S, R, R_{\alpha\{对每个行动符号\alpha\}}, V)$是一个动态认知模型，$S$是状态集（也称可能世界集），$R$是经典的认知可达关系（通常采用等价关系），$R_\alpha$是针对每个行动$\alpha$在$S$上的二元关系。用这种方式，在$s$上知道一个行动$\alpha$可以理解为"在每个有$sRt$关系的$t$的$R$-后继上知道$\alpha$的所有输出状态"。虽然在它的形式发展上有一些很漂亮的技术，但至少有两点可以怀疑这个定义的恰当性：首先，它忽略了行动的输入状态，尽管这看起来对理解一个行动至关重要。其次，主体知道R-后继上的一些事情，但不知道s上的，这看起来很奇怪。在这个框架下能导出一些我们不希望得到的逻辑后承结果。

关于知道复杂行动逻辑的较早的研究见王景周、崔建英的工作[①]，他们将行动α的外延定义为可能世界集W的一个非空子集，使行动简化为命题。但由此导出的一些原则也是可疑的。例如，$K（\alpha;\beta）\to K\alpha$是有效的，直观的意思是从知道两个行动的连续组合导致知道第一个行动。这显然不符合参与其中行动者的直观，因为通常情况下行动者清楚的仅是整体程序的输入输出状态，并不知道这个整体程序是怎么组合而来的。

尽管可以看到上述两种尝试的价值，但由于前面提到的相关问题和局限，我们决定从一个不同的方向开始。

从技术上讲，在动态逻辑方面，一个程序（或行动）α表示为在某个给定的状态空间下的一个有序对集合，并且忽略这个状态下的所有中间过程。如果一个主体能够把包含行动α的输入-输出序对的集合从所有可能的输入-输出序对集合（可能包含某个给定的关系类）中区分出来，那么就可以在一定程度上说他知道行动α。

就给定的认知逻辑的可通达关系R来说，这里有关命题的知识概念是标准的。当φ在所有与世界w有R关系的世界上为真时，$K\varphi$在w上为真。类似地，我们使用一个由动态逻辑和认知逻辑结合的新的符号来定义世界上的知道行动α：

如果"对任意两个状态x、y，如果$xR_\alpha y$，那么主体知道它，否则主体知道$\neg xR_\alpha y$"，那么称$\mathcal{K}\alpha$在世界w上为真。

这里用$\mathcal{K}$表示作用于行动的知道算子，以示与作用于命题的知道算子K的区别。于是在实践上，确定某主体是否知道行动α化归为该主体是否可以判定一对

---

① 王景周，崔建英. 2010. 主体认知正规活动的逻辑刻画. 西南大学学报（社会科学版），36（4）：59-65.

任意给定的状态落在上述行动的转换关系R_α中。

为了能给出描述上述直观想法的逻辑原则，一种自然的想法是在一阶模态语言上做进一步的解释，使我们能够在认知状态和行动转换关系的一个合适论域上进行量化。这就是接下来要研究的技术框架。

总的说来，笔者的主要目的是在一阶认知-动态系统中，通过对行动的外在输入-输出状态的把握来导出一种主体知道行动的初步近似表述。通过重点关注知道复杂行动，笔者将会特别讨论，用这种方式进行的"知道那么"和"知道怎样"的推理是有成效的。最后笔者将评估上述研究所持的出发点，从哲学上探讨有关行动或程序的进一步结构，并且设想需要什么样的相应逻辑以便对它们作出更全面的解释。

4.2　命题动态逻辑简介

形式描述知道行动要求一套合适的语言，我们从命题动态逻辑（PDL）语言开始。这是在一阶认知框架下对核心语义项$\mathcal{K}\alpha$进行定义的基础。

从两个方面来定义 PDL 的语言：公式和程序。命题和行动部分的语言（表示为L_{PDL}）按通常的 BNF 表示如下：

$$\varphi ::= \top\,|\,p\,|\,\neg\varphi\,|\,\varphi\vee\varphi\,|\,[\alpha]\varphi$$
$$\alpha ::= a\,|\,\alpha^{\check{}}\,|\,\alpha;\alpha\,|\,\alpha\cup\alpha\,|\,\alpha^*$$

这里p在Φ（命题变元集）的范围内变动，$[\alpha]\varphi$的对偶表示为$\langle\alpha\rangle\varphi$，其他的布尔联结词像通常那样定义。联结词的结合强度按照¬、∧、∨、→、↔顺序递减，相同联结词则按向右结合优先原则。假定一个基本行动（原子程序）符号集合A已经给定，那么上述行动语言表示的是不含测试（test）的正则程序（regular programs）的一种扩充。这里a在A的范围内，复合行动相应直观表示为"逆"、"持续组合"、"选择"和"重复执行"；为了研究简单，我们先不考虑涉及测试的原子程序。这样就定义了 PDL 的公式，例如，$p\wedge[a;b]q\to q$是一个合式公式。稍后将提到两种原子行动，即"空（abort）行动"ι和"跳（skip）行动"$\Downarrow$，在模型中分别直观表示空关系和等价关系。接下来介绍 PDL 的语义。

PDL 的模型$\mathcal{M}$是一个三元组（S, R_a, V）：S是一个状态集或世界集（一个状态通常表示为s）；$a\in A$；V是从原子命题符号集到可能状态集合S的映射，即

$V(p) \subseteq S$，$s \in V(p)$直观表示p在状态s为真；在S上的二元关系R_a解释为模型$\mathcal{M}$中相应的原子行动a的输入-输出关系。正如在动态逻辑中，模型$\mathcal{M}$中的任意一个行动的解释可以通过行动的结构来进行归纳。于是，PDL 的任意公式在某个模型的一个状态上的真值定义如下[①]：

$\mathcal{M}, s \vDash \top$ 始终成立

$\mathcal{M}, s \vDash p$ $\Leftrightarrow$ $s \in V(p)$,

$\mathcal{M}, s \vDash \neg\varphi$ $\Leftrightarrow$ $\mathcal{M}, s \nvDash \varphi$,

$\mathcal{M}, s \vDash \varphi \vee \psi$ $\Leftrightarrow$ $\mathcal{M}, s \vDash \varphi$或者$\mathcal{M}, s \vDash \psi$,

$\mathcal{M}, s \vDash [\alpha]\varphi$ $\Leftrightarrow$ 对所有t，如果$(s, t) \in \|\alpha\|^{\mathcal{M}}$ 那么$\mathcal{M}, t \vDash \varphi$。

二元关系$\|\alpha\|^{\mathcal{M}}$（$\mathcal{M}$在上下文中清楚时省略为R_α）根据行动α的结构，类似 *Logic in action*[②]，可递归定义如下：

$$\|a\|^{\mathcal{M}} = R_a,$$
$$\|\alpha^{\smile}\|^{\mathcal{M}} = (\|\alpha\|^{\mathcal{M}})^{\smile},$$
$$\|\alpha;\beta\|^{\mathcal{M}} = \|\alpha\|^{\mathcal{M}} \circ \|\beta\|^{\mathcal{M}},$$
$$\|\alpha \cup \beta\|^{\mathcal{M}} = \|\alpha\|^{\mathcal{M}} \cup \|\beta\|^{\mathcal{M}},$$
$$\|\alpha^*\|^{\mathcal{M}} = (\|\alpha\|^{\mathcal{M}})^*.$$

特别的，空行动ι表示为$\emptyset$，跳行动表示为Δ，是S上的同一关系。如果在模型$\mathcal{M}$中$(s, t) \in R_\alpha$，为了直观有时也写成$\mathcal{M}, (s, t) \vDash \alpha$，但是$\alpha$本身不是语言中的一个公式。

4.3　一阶认知框架的扩充

4.3.1　从命题动态逻辑（PDL）到一阶逻辑（FOL）的标准翻译

定义 4.1　令L_{PDL}如前面一样已经给定。用于翻译 PDL 公式的目标语言 FOL 包括Φ中的命题字母p, q, $\cdots$对应的一元谓词符号P, Q, $\cdots$以及每个原子行动a对应的二元关系符号R_a。我们用$F(x)$来表示含自由变元x的一阶公式F。令x为一阶变元。接下来根据布莱克本（P. Blackburn） 等学者的《模态逻辑》[③]一书，从 PDL 系统的命题模态公式到 FOL 的一阶公式的标准翻译ST_x递归定义如下：

---

①②　van Benthem J, van Ditmarsch H, van Eijck J, Jaspars J. 2015-6-4. Logic in action. http://www.logicinaction.org/.

③　Blackburn P, de Rijke M, Venema Y. 2001. Modal Logic. Cambridge: Cambridge University Press.

$$ST_x(\top)=(x{=}x)\,,$$
$$ST_x(p)=P_x\,,$$
$$ST_x(\neg\varphi)=\neg ST_x(\varphi)\,,$$
$$ST_x(\varphi\vee\psi)=ST_x(\varphi)\vee ST_x(\psi)\,,$$
$$ST_x(\varphi\wedge\psi)=ST_x(\varphi)\wedge ST_x(\psi)\,,$$
$$ST_x([\alpha]\varphi)=\forall y(ST_{xy}(\alpha)\rightarrow ST_x(\varphi))\,,$$
$$ST_x(\langle\alpha\rangle\varphi)=\exists y(ST_{xy}(\alpha)\wedge ST_x(\varphi))\,。$$

翻译函数 ST_{xy} 是对行动 α 进行分解，定义二元关系要求有两个自由变元。首先对 PDL 中不包含 $*$ 算子（克林星算子）的部分来说：

$$ST_{xy}(\alpha)=xR_\alpha y\,,$$
$$ST_{xy}(\alpha^\vee)=ST_{yx}(\alpha)\,,$$
$$ST_{xy}(\alpha;\beta)=\exists z(ST_{xz}(\alpha)\wedge ST_{zy}(\beta))\,,$$
$$ST_{xy}(\alpha\cup\beta)=ST_{xy}(\alpha)\vee ST_{xy}(\beta)\,。$$

现在考虑含 $*$ 算子的情况。根据经典结果，我们也把 α^* 解释成 R_α 的自返传递闭包。这种二元关系的闭包在 FOL 中不能表示出来。因为重复行动 α^* 的含义定义为：

$$R_{\alpha^*}=\bigcup_{n\in N}R^n_\alpha\quad（这里 N 表示自然数集）。$$

这里可以通过使用无穷长的析取联结词来理解对 α 进行重复执行的含义：

$$x(R_\alpha)^*y\Longleftrightarrow(x{=}y)\vee xR_\alpha y\vee\bigvee_{n\geqslant 1}\exists z_1\cdots z_n(xR_\alpha z_1\wedge\cdots\wedge z_nR_\alpha y)\,。$$

在一个无穷一阶语言中允许有可数无穷长的析取和合取联结词，所以我们可以对 PDL 的所有公式进行标准翻译。不包含 $*$ 部分的条件已经在上面给出了，下面这个条件是对克林星进行解释：

$$ST_{xy}(\alpha^*)=(x{=}y)\vee xR_\alpha y\vee\bigvee_{n\geqslant 1}\exists z_1\cdots z_n(xR_\alpha z_1\wedge\cdots\wedge z_nR_\alpha y)\,。$$

4.3.2　一阶认知框架的扩充

接下来可以对知道行动进行形式描述。我们直接把知道算子 K、$\mathcal{K}$ 和公式 $\mathcal{K}\alpha$ 增加到 PDL 语言中，但是要完全把这项语义加入到通常的命题系统中不是那么容易。相反，我们的直观思想是把它看成是知道 α 的二元关系：对任意两个状态 x、y，如果 $xR_\alpha y$ 那么主体知道它，否则主体知道 $\neg xR_\alpha y$。实际上，主体可以判断一个给定的状态序对是否落在这个行动关系 R_α 中。这样，我们自然可以在一个扩充的一阶模型上来解释这种直观。

1）语言

首先，一阶认知语言（FOEL）的字母表定义如下（它是基于可数无穷的 FOL，为了后面一些结果的证明，增加常元符号）：

常元符号：$a, b, c, \cdots$；

变元：$x, y, z, \cdots$；

一元谓词符号：$P, Q, \cdots$ 对应 PDL 的命题字母 $p, q, \cdots$；

一个特殊的二元关系符号：$=$；

二元关系符号：$R_a, R_b, \cdots$ 对应 PDL 的原子动作 $a, b, \cdots$；

量词符号：$\forall, \exists$；

知道算子：$K, \langle K \rangle$。

这里只考虑一元谓词和二元谓词。正如 FOL 中含有可数无穷的析取和合取联结词，有从 PDL 到 FOEL 的标准翻译。那么 PDL 的公式和行动就可以翻译到含某些自由变元的一阶公式了（这个公式可能无限长）。按照下面所体现的合成行动的规则，生成新的二元关系符号来表示合成行动是可行的，因为下标涉及的行动可以像前面提到那样标准地翻译到可数无穷的 FOL（和 FOEL）中：

$$R_{\alpha^-}, R_{\alpha;\beta}, R_{\alpha \cup \beta}, R_{\alpha^*}.$$

本质上讲，这就意味着每一个行动都对应一个 FOEL 的二元关系符号；尽管严格来讲，上述语言只包含原子行动的二元关系符号。严格地提出这一点是为了稍后的工作能有一个更简单的表述。此外，上述语言也不包含函数符号，项在这里只有常元和变元，项的集合表示为 $t_1, t_2, \cdots$。于是，FOEL 公式（用 L_{FOEL} 表示）可以根据以下 BNF 方式定义：

$$\varphi ::= P_t \mid t_1 = t_2 \mid t_1 R_\alpha t_2 \mid \neg\varphi \mid \varphi \vee \varphi \mid K\varphi \mid \forall x\varphi.$$

其他的布尔联结词情况、知道算子的对偶和存在量词形式像通常那样定义。

于是，对每一个行动符号 α，我们可以形式地引出公式 $K\alpha$；该公式是下面定义中的一阶认知公式的缩写：

定义 4.2 公式 $K\alpha$ 表示知道行动 α，在一阶认知语言 L_{FOEL} 中，把 $K\alpha$ 定义为下面的一阶认知句子（即不含自由变元的公式），

$$\forall x \forall y((x R_\alpha y \rightarrow K x R_\alpha y) \wedge (\neg x R_\alpha y \rightarrow K \neg x R_\alpha y)).$$

因为这一章的核心议题是探索知道行动的逻辑性质，我们将密切关注那些从 PDL 标准翻译过来的一阶公式和知道行动的缩写。

2）模型

我们已经给定了语言，现在来看看相应的语义结构。

定义4.3　一阶认知模型由 PDL 的初始模型 $\mathcal{M}$ 扩充为一个五元组 $\mathcal{M}^C = \langle W, R, D, I, w^* \rangle$：$W$ 是一个非空的可能世界集合，R 是在 W 上的认知关系（等价关系）；D 和 $\mathcal{M}$ 上的 S 一样（即 $\mathcal{M}$ 上的可能状态集合）；I 是一个解释，它把一元谓词符号解释为关于某个世界的个体集合（对每个 $w \in W$ 来说，$P^{I,w} \subseteq D$），把二元关系符号解释为某个世界 w 中在论域 D 上的二元关系，即 $R_a^{I,w} \subseteq D \times D$。$w^* \in W$ 是现实世界，显示（继承）了初始 PDL 模型的所有信息，对 Φ 中相应的命题字母 $p, q, \cdots$，$P^{I,w^*} = V(p)$，$Q^{I,w^*} = V(q), \cdots$；对 A 中相应的原子行动 $a,b,\cdots$，$R_a^{I,w^*} = R_a$，$R_b^{I,w} = R_b, \cdots$。

这里直观地把 D 看作是每个世界 $w \in W$ 的状态，并且约定 D 在不同的世界上固定不变（也称为不变论域）。正如在动态逻辑中做的那样，我们可以在每个世界上递归定义任意（复杂）行动 α 的二元关系符号的解释：

$$R_a^{I,w} = \text{某个二元关系} R \subseteq D \times D,$$
$$R_{a^{\smallsmile}}^{I,w} = (R_a^{I,w})^{\smallsmile},$$
$$R_{\alpha;\beta}^{I,w} = R_\alpha^{I,w} \circ R_\beta^{I,w},$$
$$R_{\alpha \cup \beta}^{I,w} = R_\alpha^{I,w} \cup R_\beta^{I,w}$$
$$R_{\alpha^*}^{I,w} = (R_\alpha^{I,w})^*。$$

于是，对每个世界 w 和相应的解释 I，任意一个行动符号 α 有 $R_\alpha^{I,w} \subseteq D \times D$。

这里有必要做进一步的说明：每个常量符号在不同的世界中解释为论域中相同的个体。如果上下文明确，我们将省略上标 w。正如在一阶语义中那样，赋值函数 σ 把 D 中相应的个体赋给某个世界上的每个变元和常量。也像一阶逻辑那样定义项：所有的常量和变元（语言中不含函数符号）都是项。有了上述铺垫，接下来就可以定义任意公式在模型的某个赋值下为"真"等这样的语义概念。

定义4.4　公式 φ 的真，被归纳地定义在一个给定的模型 $\mathcal{M}^C$ 中的世界 w 上的某个赋值 σ 下（对每个项 t，根据一阶语义，有 $\sigma(t) \in D$）：

$$\mathcal{M}^C, w, \sigma \models t = t \qquad \text{始终成立，}$$
$$\mathcal{M}^C, w, \sigma \models P_t \qquad \Leftrightarrow \quad \sigma(t) \in P^{I,w},$$
$$\mathcal{M}^C, w, \sigma \models t_1 R_\alpha t_2 \qquad \Leftrightarrow \quad (\sigma(t_1), \sigma(t_2)) \in R_\alpha^{I,w},$$
$$\mathcal{M}^C, w, \sigma \models \neg\varphi \qquad \Leftrightarrow \quad \mathcal{M}^C, w, \sigma \not\models \varphi,$$

$$M^C, w, \sigma \vDash \varphi \vee \psi \qquad \Leftrightarrow \qquad M^C, w, \sigma \vDash \varphi \text{或者} M^C, w, \sigma \vDash \psi,$$

$$M^C, w, \sigma \vDash K\varphi \qquad \Leftrightarrow \qquad \text{对每个} w' \in W, \text{如果} wRw', \text{则} M^C, w', \sigma \vDash \varphi,$$

$$M^C, w, \sigma \vDash \forall_x \varphi \qquad \Leftrightarrow \qquad \text{对每个} d \in D, \ M^C, w, \sigma[x := d] \vDash \varphi.$$

如果一个一阶公式F在世界w上的每个赋值σ下都为真，就说它在世界w上为真，用$M^C, w \vDash F$表示（如果上下文明确，也写成$w \vDash F$）。如果公式在M^C的所有世界上都为真，则称它在模型M^C中有效。如果F在以上一阶认知构建的所有模型中都有效，则称它是有效的，用$\vDash F$表示。

K和$\forall$的对偶同经典认知逻辑和一阶逻辑中的定义。显然，如果一个一阶公式不含自由变元，它的真假就和赋值σ无关。由于一阶认知公式的缩写$K\alpha$不含任何自由变元，所以只在M^C中的某个世界w上就可以考虑$K\alpha$的真假，无需涉及赋值σ，即

$$M^C, w \vDash \forall x \forall y ((xR_\alpha y \to KxR_\alpha y) \wedge (\neg xR_\alpha y \to K\neg xR_\alpha y))$$

可被确定是否成立。

3）逻辑

接下来一个自然的主题是研究在 FOEL 上这些语言和模型上的逻辑。首先，单个主体知道命题的经典认知逻辑是 **S5**（尽管仍有争议）。下面是三个众所周知的公理，它们基于基本模态逻辑 **K**，加上以下几条重要的认知性质：

$$\begin{aligned} \text{真实性} \qquad & K\varphi \ \to \ \varphi, \\ \text{正自省性} \qquad & K\varphi \ \to \ KK\varphi, \\ \text{负自省性} \qquad & \neg K\varphi \ \to \ K\neg K\varphi. \end{aligned}$$

根据基本模态逻辑，相对于所有等价关系的模型类（框架类也是）而言，**S5**是可靠和完全的。

一个直观的解释是，这些公理模式中的第一个（经典认识论传统下）是无可争议的：知识必然是真的，否则不能称为知识。尽管哲学家们已经广泛并且深刻地探讨了自省的性质，在西方文化中可以发现有很多反对者也有很多支持者，但这仍是命题知识的一种合理特征。这里我们不深入探讨这一哲学问题，不过我们相信，即使采取其他的哲学立场，上述对知道行动的处理方式仍然是可行的。

接下来考察我们的逻辑。对标准一阶模态逻辑而言，正如在《非经典逻辑导论》[①]中那样，含不变论域的最小一阶正规模态逻辑（这个系统也称为一阶系统

---

① Priest G. 2008. An Introduction to Non-Classical Logic (2nd). Cambridge: Cambridge University Press.

K）的所有定理在上面 FOEL 的所有模型中都是有效的。在我们的语义中，假设论域不变意味着主体知道相关程序或行动的状态空间，尽管他可能不知道它们的传递结构。特别的，我们可以检测在含不变论域的标准一阶模态逻辑上，巴坎公式（BF）和逆向巴坎公式（CBF）

$$\text{BF:}\quad \forall x KF(x) \rightarrow K \forall x F(x)$$
$$\text{CBF:}\ K \forall x F(x) \rightarrow \forall x KF(x)$$

是有效的。这就固定了我们的基本逻辑：因为 R 是一种等价关系并且论域在不同的世界上保持不变，由上面所有的一阶认知结构生成的最小逻辑是带可数无穷语言的一阶 **S5** 加上 **BF** 和 **CBF** 这样的系统。

4.4 关于知道行动的推理

4.4.1 知道行动的一般性质

像经典认知逻辑那样，我们对知道行动推理的一般性质感兴趣。类似经典认知逻辑，可以证明很多符合直觉的一般性结果的有效性，例如正自省性和负自省性。首先可以证明下面这个相应的知道行动的正自省性质，即公式

$$\mathcal{K}\alpha \rightarrow \mathcal{K}\mathcal{K}\alpha$$

是有效的。

证明：假设在一个给定的一阶认知模型 $\mathcal{M}^C$ 中的任意世界 w 上有 $\mathcal{M}^C, w \vDash \mathcal{K}\alpha$。需要证明在每个满足 wRw' 关系的 $w' \in W$ 上，$w' \vDash \mathcal{K}\alpha$，即

$$w' \vDash \forall x \forall (x R_\alpha y \rightarrow K x R_\alpha y) \wedge (\neg x R_\alpha y \rightarrow K \neg x R_\alpha y)).$$

现在考虑两个任意的 $c, d \in D$，首先假设 $w' \vDash c R_\alpha d$。有两种情况需要考虑。

情况一：$w \vDash c R_\alpha d$

根据 $w \vDash \mathcal{K}\alpha$ 的假设，我们有 $w \vDash K c R_\alpha d$，意味着对每个有 wRu 关系的 $u \in W$ 有 $u \vDash c R_\alpha d$。而我们知道 wRw' 并且 R 是等价关系，所以对每个 $u \in W$ 都有 $w'Ru$。所以 $w' \vDash K c R_\alpha d$。

情况二：$w \nvDash c R_\alpha d$

因为 $c R_\alpha d$ 的真假与一阶赋值无关，所以它等价于 $w \vDash \neg c R_\alpha d$。根据 $w \vDash \mathcal{K}\alpha$ 的假设，我们得到 $w \vDash K \neg c R_\alpha d$。因为 wRw'，于是 $w' \vDash \neg c R_\alpha d$，这与 $w' \vDash c R_\alpha d$ 的假设矛盾。所以这种情况不可能。

接下来假设 $w' \nvDash c R_\alpha d$。同样需要考虑两种情况。第一种是 $w \vDash c R_\alpha d$：可

以通过前面类似方式得出矛盾，于是排除这种情况。现在只需观察另一种情况 $w \nvDash cR_\alpha d$：与上面的原因一样，它等价于 $w \vDash \neg cR_\alpha d$。根据 $w \vDash \mathcal{K}\alpha$ 的假设，我们有 $w \vDash K \neg cR_\alpha d$，意味着对每个满足 wRu 关系的 $u \in W$ 有 $u \vDash \neg cR_\alpha d$；而 wRw' 并且 R 是等价关系，所以对每个 $u \in W$ 都有 $w'Ru$。所以 $w' \vDash K \neg cR_\alpha d$。这就证明了我们想要的结果。

此外，我们也能得到负内省性的一个相应的性质，即公式

$$\neg \mathcal{K}\alpha \to K \neg \mathcal{K}\alpha$$

同样是有效的。

证明： 假设在一个给定的一阶认知模型 $\mathcal{M}^C$ 中的任意世界 w 上有 $\mathcal{M}^C, w \vDash \neg \mathcal{K}\alpha$。我们需要证明在每个有 wRw' 关系的 $w' \in W$ 上，$w' \vDash \neg \mathcal{K}\alpha$，即

$$w' \vDash \neg \forall x \forall y ((xR_\alpha y \to KxR_\alpha y) \wedge (\neg xR_\alpha y \to K \neg xR_\alpha y)),$$

等价于

$$w' \vDash \exists x \exists y ((xR_\alpha y \wedge \neg KxR_\alpha y) \vee (\neg xR_\alpha y \wedge \langle K \rangle > xR_\alpha y)).$$

根据假设 $w \vDash \neg \mathcal{K}\alpha$，我们能找到某个 c 和 d 满足下面的条件：

（1）$\vDash cR_\alpha d \wedge \neg KcR_\alpha d$；

（2）$\vDash \neg cR_\alpha d \wedge \langle K \rangle cR_\alpha d$。

现在考虑情况一，又分两种子情况：

（1）$w' \vDash cR_\alpha d$。根据情况一中的 $w \vDash \neg KcR_\alpha d$ 可得，存在某个满足 wRu 关系的 $u \in W$ 使得 $u \vDash \neg cR_\alpha d$。因为 wRw' 并且 R 是等价关系，所以 $w'Ru$ 成立。这样就有 $w' \vDash \neg KcR_\alpha d$，所以 $w' \vDash cR_\alpha d \wedge \neg KcR_\alpha d$。

（2）$w' \vDash \neg cR_\alpha d$。根据 $w \vDash cR_\alpha d$ 和 $w'Rw$（因为 wRw' 并且 R 是对称的），我们有 $w' \vDash \langle K \rangle cR_\alpha d$，所以 $w' \vDash \neg cR_\alpha d \wedge \langle K \rangle cR_\alpha d$。

在情况一的这两种子情况下，都能证明 $w' \vDash (cR_\alpha d \wedge \neg KcR_\alpha d) \vee (\neg cR_\alpha d \wedge \langle K \rangle cR_\alpha d)$。

接下来考虑情况二，我们同样需要审视两种子情况：

（1）$w' \vDash cR_\alpha d$。根据情况二中的 $w \vDash \neg cR_\alpha d$ 和 $w'Rw$（因为 wRw' 并且 R 是对称的），我们有 $w' \vDash cR_\alpha d \wedge \neg KcR_\alpha d$。

（2）$w' \vDash \neg cR_\alpha d$。根据情况二中的 $w \vDash \langle K \rangle cR_\alpha d$，可得存在某个满足 wRu 关系的 $u \in W$ 使得 $u \vDash cR_\alpha d$。因为 wRw' 并且 R 是等价关系，所以 $w'Ru$ 成立。于是我们有 $w' \vDash \langle K \rangle cR_\alpha d$，所以 $w' \vDash \neg cR_\alpha d \wedge \langle K \rangle cR_\alpha d$ 在这种子情况下成立。

在情况二的两种子情况下，也都能证明 $w' \vDash (cR_\alpha d \wedge \neg KcR_\alpha d) \vee (\neg cR_\alpha d \wedge$

$\langle \mathcal{K}\rangle cR_\alpha d$）。

所以，在任何情况下，都存在个体$c, d \in W$使得在每个有wRw'关系的$w' \in W$上，满足$w' \vDash (cR_\alpha d \wedge \neg \mathcal{K}cR_\alpha d) \vee (\neg cR_\alpha d \wedge \langle \mathcal{K}\rangle cR_\alpha d)$。这表明，对任意给定的模型$\mathcal{M}^C$和世界$w$，$w \vDash \mathcal{K}\neg \mathcal{K}\alpha$成立。

这一节最后，我们通过添加两个否定到$\mathcal{K}\alpha$对应的全称一阶句子中，可以得到一个存在形式，以此用来定义$\mathcal{K}\alpha$的类似对偶形式$\langle \mathcal{K}\rangle \alpha$，即

$$\langle \mathcal{K}\rangle \alpha = \exists x \exists y ((xR_\alpha y \rightarrow \mathcal{K}xR_\alpha y) \wedge (\neg xR_\alpha y \rightarrow \mathcal{K}\neg xR_\alpha y)).$$

有趣的是，在模型论域非空的情况下，我们也可证明下面的一般性质：

$$\mathcal{K}\alpha \rightarrow \langle \mathcal{K}\rangle \alpha,$$
$$\langle \mathcal{K}\rangle \alpha \rightarrow \mathcal{K}\langle \mathcal{K}\rangle \alpha.$$

这或许可以看作是经典认知逻辑中公理 **D** 和公理 **5** 的对应。

4.4.2　知道复合行动

接下来，我们探讨知道复杂行动怎样与知道它们的组成部分关联起来。下面根据复杂 PDL 程序的归纳生成原则，用若干子情况分别来研究知道它们的推理性质。

4.4.2.1　空行动和跳行动

首先考虑最简单的空行动ι。空行动的关系符号R_ι在每个模型中都解释为$\varnothing$。直观上，理性的主体都知道每个世界上的空行动，并且在我们的一阶认知系统中可以证明$\mathcal{K}\iota$的有效性。这个证明是这样的，对$\mathcal{K}\alpha$定义中的第一部分来说，给定一个任意的世界w，因为空关系中不存在一对状态（个体），所以$\forall x \forall y$（$R_\alpha xy \rightarrow \mathcal{K}R_\alpha xy$）空洞成立。对定义的第二部分来说，在每一世界，每一对状态（c, d）$\in D \times D$都不属于$\varnothing$，即$\neg cR_\iota d$在每个世界上都为真。所以$w \vDash \mathcal{K}\neg cR_\iota d$。

接下来考虑行动"跳"$\Downarrow$。它对应的关系符号$R_\Downarrow$在每个一阶模型中的每个世界上，解释为$\Delta_D = \{ (a, b) \in D^2 | a=b \} = \{ (a, a) | a \in D \}$。同样可以证明$\mathcal{K}\Downarrow$是有效的：假设对任意状态$c, d \in D$，如果在世界$w$上$(c, d) \in \Delta_D$，即$c=d$，那么有$w \vDash cR_\Downarrow d$，并且因为$D$是固定的，所以$c=d$在每个世界上都成立，即$\forall x \forall y \mathcal{K}xR_\Downarrow y$在$w$上为真。如果在世界$w$上$(c, d) \notin \Delta_D$，即$c \neq d$，那么$w \vDash \neg cR_\Downarrow d$，并且同样因为$D$是固定的，$c \neq d$在每个世界上都成立。于是，有$\forall x \forall y \mathcal{K}\neg xR_\Downarrow y$在$w$上为真。以上表明$\mathcal{K}\Downarrow$在$w$上为真，而$w$和给定的模型都是任意的，这就意味着$\mathcal{K}\Downarrow$有效。

4.4.2.2　逆行动

接下来探讨知道一个行动α和知道它的逆行动$\alpha^\smile$的关系。假定在某个世界主体知道α。这意味着对该世界每一对状态而言，主体能够判定它是否满足R_α。对一个理性且有足够推理能力的主体来说，他也能够判定它是否满足R_α的逆。反之亦然。下面的命题印证了这一观点，即公式

$$\mathcal{K}\alpha \leftrightarrow \mathcal{K}\alpha^\smile$$

是有效的。

证明：这个证明并不困难。在每个模型$\mathcal{M}^C$的每个世界w上，$R_\alpha^{\;I,\,w}$正好就是$R_\alpha^{\;I,\,w}$关系的逆，并且$\mathcal{K}\alpha = \forall x \forall y((xR_\alpha y \rightarrow KxR_\alpha y) \wedge (\neg xR_\alpha y \rightarrow K \neg xR_\alpha y))$。根据逆关系和一阶逻辑的定义，它等价于$\forall y \forall x((yR_{\alpha^\smile}x \rightarrow KyR_{\alpha^\smile}x) \wedge (\neg yR_{\alpha^\smile}x \rightarrow K \neg yR_{\alpha^\smile}x))$。根据知道行动的定义有$\mathcal{K}\alpha^\smile$。反之亦然。

4.4.2.3　持续组合（sequential combination）

下面我们考虑给定知道程序α和知道程序β的情况下，主体是否知道两个行动α和β的持续组合后的复杂程序的问题。直观地讲，对理性主体而言，如果他能掌握R_α和R_β所有的外延，那么他也可以掌握由关系R_α和R_β组合而成的新关系的外延。即我们期待公式

$$\mathcal{K}\alpha \wedge \mathcal{K}\beta \rightarrow \mathcal{K}(\alpha;\beta)$$

是有效的。有趣的是，可在上述一阶认知语义框架下证明这一点。

证明：设任意给定模型$\mathcal{M}^C$的任意一个世界w上，有$w \vDash \mathcal{K}\alpha \wedge \mathcal{K}\beta$。首先考虑对$\mathcal{M}^C$中$D$上任意个体$a$和$b$满足（为了方便，在不影响理解的情况下，后面的证明直接用变元x, y表示个体a, b）$aR_{\alpha;\beta}b$的情况。在我们的一阶认知模型中，这个新增加的关系符号$R_{\alpha;\beta}$解释为二元关系$R_\alpha^{\;I} \circ R_\beta^{\;I}$；这意味着在$w$上，存在$z \in D$使得$a R_\alpha^{\;I} z \wedge z R_\beta^{\;I} b$成立，即$w \vDash \exists z(aR_\alpha z \wedge zR_\beta b)$。于是，根据知道行动的定义和假设$\mathcal{K}\alpha \wedge \mathcal{K}\beta$，可得$w \vDash \exists z(KaR_\alpha z \wedge KzR_\beta b)$。根据经典认知逻辑，进一步得$w \vDash \exists z K(aR_\alpha z \wedge zR_\beta b)$。按照一阶模态逻辑的经典文献[1][2]所表达的论域固定的一阶模态逻辑 **K**，我们可以安全地得出结论$w \vDash K\exists z(aR_\alpha z \wedge zR_\beta b)$，即$KaR_{\alpha;\beta}b$在$w$上为真。而$a, b$是任意的，所以$\forall x \forall y(KxR_{\alpha;\beta}y)$在$w$上为真。

---

[1]　Priest G. 2008. An Introduction to Non-Classical Logic (2nd). Cambridge: Cambridge University Press.

[2]　Arló-costa H, Pacuit E. 2006. First-order classical modal logic. Studia Logica, 84 (2): 171-210.

接着考虑对任意x, y满足$w \vDash \neg xR_{\alpha;\beta}y$，即$w \vDash \neg \exists z\,(xR_{\alpha}z \wedge zR_{\beta}y)$的情况。根据一阶逻辑，它等价于$\forall z\,(\neg xR_{\alpha}z \vee \neg zR_{\beta}y)$。而我们有假设$\mathcal{K}\alpha \wedge \mathcal{K}\beta$在$w$上为真，所以$\forall z\,(K\neg xR_{\alpha}z \vee K\neg zR_{\beta}y))$在$w$上为真；而$K\neg xR_{\alpha}z \vee K\neg zR_{\beta}y$在基本模态逻辑中蕴含着$K(\neg xR_{\alpha}z \vee \neg zR_{\beta}y)$，再根据命题逻辑可得$K\neg(xR_{\alpha}z \wedge zR_{\beta}y)$。这样就得出$\forall zK\neg(xR_{\alpha}z \wedge zR_{\beta}y)$在$w$上为真。而在固定论域的标准一阶模态模型中 BF 和 CBF 是有效的，据此可以进一步得出w满足$K\forall z\neg(xR_{\alpha}z \wedge zR_{\beta}y)$，即$K\neg \exists z\,(xR_{\alpha}z \wedge zR_{\beta}y)$。所以$w \vDash K\neg xR_{\alpha;\beta}y$。

同时，我们也在思考这个公式的反方向是否成立，然而它并不成立。公式

$$\mathcal{K}(\alpha;\beta) \rightarrow \mathcal{K}\alpha \wedge \mathcal{K}\beta$$

不是有效的。

证明：根据现有的关于二元关系性质的认识，可以得出上述公式并不是普遍有效的。直观地讲，即使主体知道两个组合二元关系外延的所有序对，由于生成这个组合存在不同的可能性，这并不意味着他能据此知道各个子关系外延的所有序对。即使在主体获得更多的信息情况下，如知道组合行动中的其中一个，他也不一定知道另一个。这意味着$\mathcal{K}(\alpha;\beta) \wedge \mathcal{K}\alpha \rightarrow \mathcal{K}\beta$也不是有效的。可以通过构造反模型来说明。设在某个常域的一阶认知模型$\mathcal{M}^{C}_{1}$只有两个世界w和u满足Rwu，其中w是现实世界。论域D是自然数集，并且有$R_{a}^{I,\,w} = \{(1, 2),\ (1, 3)\}$和$R_{b}^{I,\,w} = \{(2, 2), (3, 2)\}$，$R_{a}^{I,\,u} = \{(1, 2), (1, 3)\}$且$R_{b}^{I,\,u} = \{(3, 2)\}$。它们各自表示原子行动$a$和$b$在不同世界可能的输入-输出状态序。然后有$R_{a;b}^{I,\,w} = \{(1, 2)\} = R_{a;b}^{I,\,u}$。于是，不难验证$w \vDash \mathcal{K}a \wedge \mathcal{K}(\alpha;\beta)$但显然$w \vDash \mathcal{K}b$不成立。直观地说，主体无法从$R_{a;b}$和$R_{a}$的解释信息中明确得出$R_{b}$信息，他可能得出不同于现实世界$w$中$R_{b}^{I}$的结果。

我们也可借用 Priest 提到的方法[①]，上述两个公式在表列系统（tableaux）上也可验证，它们都不是普遍有效的。

4.4.2.4　选择（choice）

对于合成复杂行动的"选择"算子，我们可以作出类似"持续组合"的结论，即公式

$$\mathcal{K}\alpha \wedge \mathcal{K}\beta \rightarrow \mathcal{K}(\alpha \cup \beta)$$

---

① Priest G. 2008. An Introduction to Non-Classical Logic (2nd). Cambridge: Cambridge University Press.

是有效的。

证明：任意给定模型 M^C 的任意一个世界 w 上，有 $w \vDash \mathcal{K}\alpha \wedge \mathcal{K}\beta$。对任意的 x,y，先考虑情况 $w \vDash xR_{\alpha \cup \beta} y$：根据我们的语义不难验证 $w \vDash xR_\alpha y$ 或者 $w \vDash xR_\beta y$ 成立。结合 $w \vDash \mathcal{K}\alpha \wedge \mathcal{K}\beta$ 可得 $w \vDash \mathcal{K}xR_\alpha y$ 或者 $w \vDash \mathcal{K}xR_\beta y$。根据正规模态逻辑的性质，我们得出 $w \vDash \mathcal{K}(xR_\alpha y \vee xR_\beta y)$，就是 $w \vDash \mathcal{K}xR_{\alpha \cup \beta} y$。再考虑情况 $w \vDash \neg xR_{\alpha \cup \beta} y$：这意味着 $w \vDash \neg xR_\alpha y \wedge \neg xR_\beta y$。结合 $w \vDash \mathcal{K}\alpha \wedge \mathcal{K}\beta$ 可得 $w \vDash \mathcal{K}\neg xR_\alpha y$ 并且 $w \vDash \mathcal{K}\neg xR_\beta y$，根据命题认知逻辑，这也就是 $w \vDash \mathcal{K}(\neg xR_\alpha y \wedge \neg xR_\beta y)$。再根据命题逻辑，它等价于 $w \vDash \mathcal{K}\neg(xR_\alpha y \vee xR_\beta y)$，也就是 $w \vDash \mathcal{K}\neg xR_{\alpha \cup \beta} y$。

与持续组合一样，这个公式的反方向也不成立，即公式

$$\mathcal{K}(\alpha \cup \beta) \rightarrow \mathcal{K}\alpha \wedge \mathcal{K}\beta$$

不是有效的。

证明：这在直观上很容易理解，主体知道 $R_\alpha \cup R_\beta$ 的意义不足以使他知道这一复合关系的每个组成部分。实际上我们可以证明一个更弱的版本，通过寻找反模型方式表明

$$\mathcal{K}(\alpha \cup \beta) \rightarrow \mathcal{K}\alpha \vee \mathcal{K}\beta$$

在上面的一阶认知框架中不是有效的。下面通过给出一个反例来理解它。假设在模型 M^C_2 中只有两个世界 w 和 u，有 $R_\alpha^{I,w} = \{(1,2),\ (1,3)\}$ 和 $R_\beta^{I,w} = \{(2,1),(1,3)\}$，$R_\alpha^{I,u} = \{(1,3)\}$ 和 $R_\beta^{I,u} = \{(1,2),(2,1),(1,3)\}$，且 wRu，则 $R_{\alpha \cup \beta}^{I,u} = R_{\alpha \cup \beta}^{I,w} = R_\alpha^{I,w} \cup R_\beta^{I,w} = \{(1,2),(1,3),(2,1)\}$。于是有 $w \vDash \mathcal{K}(\alpha \cup \beta)$，但显然 $w \nvDash \mathcal{K}\alpha$（$w$ 中在 α 解释中的序对 $(1,2)$ 没有出现在 u 中）并且 $w \nvDash \mathcal{K}\beta$（$w$ 中不在 β 解释中的序对 $(1,2)$ 出现在 u 中）。直观地说，在世界 w，主体不能完全确定 $\{(1,2),(1,3),(2,1)\}$ 这个并集中的元素究竟来自哪一个具体的关系集，如 $(1,3)$，它可能来自于 R_α^I 或者 R_β^I 或者来自这两个集合。所以即使在确定 $R_\alpha^I \cup R_\beta^I$ 的情况下，主体仍不能明确界定 R_α^I 和 R_β^I 的各自外延，这意味着他不能知道 α 和 β 中任何一个。

此外，由于知道程序中的部分组成不足以使主体知道整个大的程序，所以上面更弱版本的反方向

$$\mathcal{K}\alpha \vee \mathcal{K}\beta \rightarrow \mathcal{K}(\alpha \cup \beta)$$

也不是有效的。进一步，在我们的一阶认知框架中，

$$\mathcal{K}\alpha \rightarrow \mathcal{K}(\alpha \cup \beta) \text{ 和 } \mathcal{K}(\alpha \cup \beta) \wedge \neg \mathcal{K}\alpha \rightarrow \mathcal{K}\beta$$

都不是有效的。限于篇幅，这里我们省略相关的证明。它们符合我们关于确定二元关系任意合并的直观。

4.4.2.5 克林闭包

现在我们研究知道重复执行 α^* 的性质，可以说它是结构化行动中最复杂的形式。在经典动态逻辑中，对正则程序（行动）而言，我们把关系 R_{α^*} 理解成 $(R_\alpha)^*$，是 R_α 的自返传递闭包[1]，它意味着

$$(R_\alpha)^* = \Delta \cup R_\alpha \cup R_{\alpha^2} \cup R_{\alpha^3} \cup \cdots$$

在含可数无限语言的上述一阶认知模型的任意世界 w 中，R_{α^n} 的解释 $R_{\alpha^n}^I$ 定义如下：

$$R_{\alpha^0}^I = \Delta_D,$$
$$R_{\alpha^n}^I = R_\alpha^I \circ R_{\alpha^{n-1}}^I \quad (n>0)。$$

这样就可以把 R_{α^*} 的解释用不含省略号的式子表达，正如标准翻译中提到的那样：

$$R_{\alpha^*}^I = \bigcup_{n \in N} R_{\alpha^n}^I。$$

由此引发的一个自然问题是，一个理性主体在知道行动 α 的情况下，他能知道由 α 生成的复杂行动 α^* 吗？一个直观的回答是"可以"，至少在本书界定的意义上可以。确实，我们可以证明公式

$$\mathcal{K}\alpha \to \mathcal{K}\alpha^*$$

在 FOEL 框架下是有效的。

证明：为了证明它，我们首先定义 $\alpha^n (n \in N)$ 的概念。

$$\alpha^0 = \Downarrow,$$
$$\alpha^n = \alpha;\alpha^{n-1} (n>0)。$$

接着我们证明下面这个引理：

$$对每一 n \in N, \mathcal{K}\alpha \to \mathcal{K}\alpha^n。$$

$n=0$ 时，$\mathcal{K}\alpha \to \mathcal{K}\alpha^0$ 就是 $\mathcal{K}\alpha \to \mathcal{K}\Downarrow$，而我们已经证明了 $\mathcal{K}\Downarrow$ 是有效的。$n=1$ 时，显然 $\mathcal{K}\alpha \to \mathcal{K}\alpha$ 也是有效的。现在假设当 $n=k \in N$ 时 $\mathcal{K}\alpha \to \mathcal{K}\alpha^k$ 有效。则 $\mathcal{K}\alpha \to \mathcal{K}\alpha \wedge \mathcal{K}\alpha^k$ 也是有效的。我们已经证明了 $\mathcal{K}\alpha \wedge \mathcal{K}\alpha^k \to \mathcal{K}(\alpha;\alpha^k)$ 是有效的，所以 $\mathcal{K}\alpha \to \mathcal{K}(\alpha;\alpha^k)$，即 $\mathcal{K}\alpha \to \mathcal{K}\alpha^{k+1}$ 也是有效的。这就证明了上述引理。

---

[1] van Benthem J, van Ditmarsch H, van Eijck J, Jaspars J. 2015-6-4. Logic in action. http://www.logicinaction. org/; Doets K, Van Eijck J. 2004. The Haskell Road to Logic, Maths and Programming. London : King's College Publication.

现在我们证明$\mathcal{K}\alpha \to \mathcal{K}\alpha^*$是有效的：假设在任意模型$\mathcal{M}^C$中的任意世界$w$上$\mathcal{K}\alpha$为真。根据引理，对任意$n \in N$，有$w \vDash \mathcal{K}\alpha^n$。首先考虑对任意$x, y, w \vDash x R_{\alpha^*} y$情况，这意味着在$w$上，下面情况中至少有一种成立：$x \Delta y, x R_\alpha y, \cdots, x R_{\alpha^n} y, \cdots$（$n>1$）。不失一般性，假设它是$x R_{\alpha^i} y (i>1)$。根据我们刚刚证明的引理，$Kx R_{\alpha^i} y$在$w$上为真。这意味着对所有满足$wRw'$的$w'$，$x R_{\alpha^i} y$在$w'$上为真。因为$R^I_{\alpha^i} \subseteq R^I_{\alpha^*}$，可以得出$x R_{\alpha^*} y$在每个$w'$上为真。所以，$Kx R_{\alpha^*} y$在$w$上为真。

接下来考虑$w \vDash \neg x R_{\alpha^*} y$的情况。这意味着在$w$世界，下面的情况都不成立：$x \Delta y, x R_\alpha y, \cdots, x R_{\alpha^n} y, \cdots$（$n>1$），即$\neg x \Delta y, \neg x R_\alpha y, \cdots, \neg x R_{\alpha^n} y, \cdots$在$w$上都为真。根据上面的引理，可得$K \neg x \Delta y, K \neg x R_\alpha y, \cdots, K \neg x R_{\alpha^n} y, \cdots$在$w$上都为真。所以在每个满足$wRw'$的$w'$上$\neg x \Delta y, \neg x R_\alpha y, \cdots, \neg x R_{\alpha^n} y, \ldots$也都为真。这就意味着$x R_{\alpha^*} y$在每个$w'$上为假（$\neg x R_{\alpha^*} y$为真）。这就证明了$w \vDash K \neg x R_{\alpha^*} y$。

然而，如同"持续组合"和"选择"的情形，上述结论的反方向，即蕴涵式

$$\mathcal{K}\alpha^* \to \mathcal{K}\alpha$$

不是有效的。类似地，也不难通过给出一个反例证明它。限于篇幅，这里也不进行证明。

根据上面关于知道复杂行动的结果，我们可以得出两个更一般性的结论：①如果一个主体知道一个行动的复合组成部分，那么他就知道这个复杂行动。②然而，它们的反方向不一定成立，不难找到相应的反模型来证明之。换句话说，仅仅知道复杂行动的外延这样的前提不能提供足够的信息使主体把握它的组成部分行动的具体细节。如果我们想要走得更远，应该给出更多关于行动知识对象的结构。

4.5 本章小结

这一章提出并探讨分析了理性主体如何知道一个程序或行动的问题。根据动态逻辑中一些合理的直观，笔者将"知道一个行动"这样的概念定义为"知道这个行动的二元转换关系"（外延上是输入-输出状态序对集）。在程序表达式标准一阶翻译的帮助下，上述思想在无穷一阶认知语言框架下进行初步的实现。笔者用这种方式探讨了相关推理有效性的一些基本逻辑原则，并且运用它们总结并证明了一些关于知道行动推理有效的一般性质。由于上述定义的局限性，正如基本

命题认知逻辑预设的那样，这里知道一个行动在根本上具有和它们类似的一般自省性质（包括正自省和负自省）。同时，笔者还探讨了知道通过连续组合、选择和重复等这些不同方式生成的复杂行动和知道它们成分的关系，证明了一些有效性结果，也对部分无效的结果给出了一些反例。其中相应系统的基本逻辑是无穷一阶认知谓词逻辑 S5 加上公理 BF 和 CBF（恒常论域下）。在整个系统中，知道行动的逻辑只包含整个语言中的较小部分，然而我们并没有确定它究竟是什么。

上述系统中另一个明显需要迫切关注的是一种不平衡。我们已经有关于知道程序的命题知识，但这些程序自身不是知识。当然，关注那些自身包含认知结构的程序是有意思的。例如，在《关于知识的推理》①和《认知程序的逻辑》②中研究了含认知测试条件的"知识程序"。例如，在引入测试算子?到程序语言后，知识程序$\pi=$IF Kp THEN α ELSE skip 在上述语言中直观等价于$\mathcal{K}((?Kp;\alpha)\cup\Downarrow)$。我们需要做更多的工作来把它引进至可以分析的范围。上述系统提到的具体方法也可能应用于不完美信息游戏③，当一个人说他知道一个策略，就是说他知道程序的"统一策略"。

知识程序也仅仅是来自传统模态逻辑和动态逻辑中的"认知化"概念中那些更加普遍有趣的内容中的一种情况。为了提及其他更多例子，我们或许可以用一种与书中不同的方法将各种概念联系起来。例如，考虑在模态逻辑下，互模拟的基本不变性。知道两个模型间的互模拟意味着什么（一种再次指向关系概念的知识）？从描述那些模型为真的命题知识里又能推出什么呢？

这里的观点是从一个比较简单直观的行动概念开始，因为它是简单的，所以很容易丰富其中的一些细节。不难看到，此问题还有一个未探索的方面是外延的种类。再有就是有些动态逻辑的语义（以及它的扩充，如模态μ-演算）并不仅仅给出输入-输出关系，而且还有一些对中间"痕迹（或线索）"的描述。本章的做法或许也能应用于更多关于行动的语义结构中，但精确的逻辑结果还有待进一步探索。

最后笔者想强调一点，上述研究领域确实需要更加细致的有关行动或程序

① Fagin R, et al. 1995. Reasoning about Knowledge. Cambridge: The MIT Press.

② Baltag A, Moss L. 2004. Logics for epistemic programs. Synthese,139 (2): 165-224.

③ van Benthem J. 2001. Games in dynamic epistemic logic. Bulletin of Economic Research, 53: 216-248; van Benthem J, Liu F. 2004. Diversity of logical agents in games. Philosophia Scientiae, 8 (2): 163-178.

内部结构的观点来丰富知识算子的结构。这些更加丰富的内容可能来自计算机科学的程序理论，也可能来自基于结构化的交互计算模型的博弈（游戏）。在那些情况下，本章提及的各种原则有效性和非有效性的直观就可能会反过来。对于上述角度，笔者承认自己做不了什么，但希望书中的方法可为它们提供某种起点，去引导人们对这些领域进行进一步的研究；同时，正如夸大描述行动和过程的意义那样，让我们努力去筹划那些能够带来回报的方案。

信念、博弈与社会互动

　　与上篇的侧重点有所不同，下篇一开始，信息变化的核心就由"知识"转向"信念"，笔者首先探索信念改变的某种规范性描述。第5章的工作主要研究完全理性自省主体的信念修正（belief revision）问题。稳定集（stable sets）可以看作是对理想自省主体的信念状态的描述，因此对稳定集的修正可以在一定程度上反映理想自省主体的信念变化过程。根据历史文献，笔者接下来考察和总结稳定集的一些重要性质，基于主体信念集一致性的要求分析了稳定集修正的难点。然后，根据相关文献的一些结果，在只涉及客观新信息的前提下，对给定稳定集的客观部分进行修正表述，进而表明修正后的客观部分可以扩充为一个唯一的稳定集。另外，笔者还借助普遍模型（universal models）尝试发展一种相关的语义表述。然而，经典的信念修正理论（包括 AGM① 传统）对于理性人的预设太过理想，一些"合理"的法则并未真正描述人们实际的信念改变情况。

　　在批判继承经典理论的基础上，笔者在第6章考察由坦南特（N. Tennant）提出的一种哲学上可靠、数学上严密、计算上可实现的信念修正理论。这种也是一种规范性理论，它并不描述人类的实际信念修正行为，而是试图给出信念修正应该如何进行的合理说明。坦南特给出了他认为能够在一定程度上解决问题的"有穷依赖网络"（FDNs）模型。笔者将展示他的新信念修正模型的核心思想和方法，同时对他的信念修正理论做简评。通过系统深入了解并与其他理论比较发现，有穷依赖网络确实可以区分经典理论所不能区分的不同的信念变化过程。

　　信念变化研究通常针对某个或某些主体，主体互动性还不是其核心主题。一种自然的想法是回到更广阔的社会背景中，这就需要我们考虑主体间的互动。人们生活在一个充满竞争与合作的社会中，相互之间的博弈行为是常见的社会行为。第7章用逻辑的方法分析这些社会程序问题，把博弈论和逻辑联系了起来。有趣的是，也可以用博弈的某些结构规律来解释逻辑的一些重要性质和定理，这样就使得博弈和逻辑之间有某种对应关系。这也是逻辑博弈研究的核心主题。反过来，用逻辑的方法分析博弈过程，为博弈结构和规律构建某些逻辑系统这样的做法通常是博弈逻辑的主要工作。实际生活中，主体有时候会与其他主体合作完成某个活动或程序，这就涉及联盟（coalition）的问题。关于合作博弈的逻辑理

---

① AGM 的含义详见 5.1 节。

论比较多，这里主要展示波利（M. Pauly）对联盟逻辑的研究。

博弈和逻辑的交叉研究自然有其理论本身的兴趣点，但不可否认的是其中一个重要目标是用来解释和预测社会行为规律。虽然有些博弈并没有直接涉及集体目标，例如用来比喻分配的"蛋糕切割法则"，每个参与切蛋糕的人均有自己的目标，而在这种博弈的结构中，应该确保不论其他参与人采取什么行动，每个人都可以得到自己想要的那一份。我们期望相应的结果是公开、透明、有效的。但诸如公共地悲剧这样的博弈反映的是诸多个体的理性行为、理性能力却最终导致了整个集体的非理性行为，参与行动的诸方得到的却是相对较劣的结果；如果多个主体有相同的目标，每个主体都试图通过了解对方的意图来制定自己的策略，使得自身效用最大化，这就会使博弈过程很纠结。

逻辑分析和推理可以应用于人们社会生活的各个方面，从简单的烹饪技巧到大规模的投票选举，大多数社会过程包含着推理结构。试图把这些具有一定规律的社会过程形式化就是"社会软件"（social software）的核心任务。本篇最后一章（第8章）的主要工作就是采用逻辑形式化的分析方式展示其中的一些经典案例，肯定形式化的分析方法在社会过程研究中的积极意义，突出博弈论工具和多主体认知逻辑（比如，具有博弈化的动态认知逻辑和联盟逻辑）在分析和解释社会互动中的作用，来进一步展示社会变化过程在某些特殊情境下的精细结构。同时，社会互动及其变化的复杂性反过来又可以为逻辑形式化本身的研究提供思想源泉，从而激发它向更高的要求发展，促进新的逻辑分支和分析工具的产生。

5

经典信念修正理论及其发展

5.1 信念改变研究现状

笔者在上篇的第 1 章就强调，知识一直是哲学研究的主题之一。哲学一直在探索知识的本质。古希腊的传统是把知识定义为"有辩护且为真的信念"（justified true belief），这等于是说知识是有证据支持或辩护的真信念，这一思想影响深远。在 20 世纪，如其他哲学概念一样，知识开始借助于逻辑工具加以分析，并最终形成了模态逻辑的一个分支。模态化的认知逻辑始于辛提卡《知识与信念》一书[①]，他将模型论的方法运用于认知研究中，认知逻辑被视为一种特殊的模态逻辑，其模型是克里普克模型，这是认知逻辑发展的里程碑。

用模态逻辑的方法刻画知识和信念的经典系统分别是 **S5** 和 **KD45**。**S5** 刻画的框架中的二元关系是等价关系，而 **KD45** 刻画的框架中的二元关系则是持续的、传递的、欧性的，尽管存在如静态化刻画无法反映动态变化这样的问题，但这些系统较好地反映了知识和信念的一些直观性质，为后来的研究奠定了基础[②]。

知识和信念不是静止不变的，而是动态变化的，当我们面对新知识或新信念，需要对原有知识集进行调整时，就发生了知识更新和信念改变。知识更新或信念改变可以分为两大研究方向。第一个在计算机领域内，计算机编程人员关注数据库的更新，随着人工智能的兴起激发了一批计算机科学家研究数据库更新的复杂模型，由多伊尔（J. Doyle）提出的真值维护系统具有非常重要的历史地位。在他的真值维护系统中，一个典型的语义网包括结点的集合和环的集合，结点表示信念，环表示信念之间的关系。多伊尔的语义网系统与其他系统的区别就在于重视信念之间的证成关系。表示信念的结点可以加入到语义网中也可以从语义网中删

① Hintikka J. 1962. Knowledge and Belief. New York: Cornell University Press.
② 郭佳宏. 2006. 理想自省主体的信念修正. 广州：中山大学.

除。一个命题被相信可在语义网中表示为一个结点的加入，这时应该至少存在一个支持它成立的信念①。这样一种信念和关系结构与下一章中坦南特（N. Tennant）的思想相似。此外较为重要的理论还包括由法进（R. Fagin）、乌尔曼（J. Ullman）和瓦迪（M. Vardi）在 1983 年提出的数据库优先理论②。

第二个分支是哲学的研究传统，事实上信念修正的相关想法早在古时候就开始引起哲学家的注意了，但历史上重要的里程碑式的理论是由阿尔创伦（C. Alchourrón）、嘎登福斯（P. Gärdenfors）和马金森（D. Makinson）（以下简写为 AGM）提出的 AGM 理论。AGM 理论为收缩和修正分别提出了八条假设，并给出了构造收缩函数等信念修正的方法③。但随着计算机和人工智能的发展，考虑到主体实际的信念变化情况，AGM 理论的缺点越来越明显，AGM 关注的信念集合通常含有无穷多的语句，这使得构造修正函数和收缩函数的可计算性成了问题。此外，由于选择逻辑后承下封闭的信念集，这使得在经典认知系统基础上建立的各种理论面临逻辑全知的问题。在 AGM 理论之后有不少人提出了改进和进一步深入研究的方法，比如贝叶斯模型、可能世界的模型、信念基的模型等，每个新理论的提出都会与 AGM 进行比较以突出其优点和特色，每一种新理论都尽可能地满足 AGM 的八条假设。

AGM 刻画信念状态的变化过程并非是动态逻辑的方法，一种自然的想法是用动态逻辑的方法研究知识和信念变化，这一工作首先来自于斯齐格伯格（K. Segerberg）。他的动态信念逻辑是较早为信念变化所建立的动态系统，详细内容请参阅斯齐格伯格等学者的相关文献④。近年来，在模态逻辑的基础上，用动态认知逻辑研究信念改变成为一种热门研究趋势，代表性人物比如范迪特马什、范本特姆及奥炫（G. Aucher）等，产生了如涉及信念变化的公开宣告逻辑和偏好改

① Fagin R, Ullman J D, Vardi M Y. 1983. On the semantics of updates in databases// Proceedings of the 2nd ACM SIGACT-SIGMOD symposium on Principles of database systems.ACM: 352-365.

② Gärdenfors P. 2003. Belief Revision.Cambridge: Cambridge University Press.

③ Gärdenfors P. 1988. Knowledge in Flux: Modeling the Dynamics of Epistemic States. Cambridge: The MIT Press; Gärdenfors P. 2003. Belief Revision.Cambridge: Cambridge University Press; Alchourrón C E, Gärdenfors P, Makinson D. 1985. On the logic of theory change: Partial meet contraction and revision functions. The journal of Symbolic Logic, 50 (02): 510-530.

④ Segerberg K. 1995. Belief revision from the point of view of doxastic logic. Logic Journal of IGPL, 3(4): 535-553; Segerberg K.1998. Irrevocable belief revision in dynamic doxastic logic. Notre Dame Journal of Formal Logic, 39(3): 287-306; Segerberg K. 2001. The basic dynamic doxastic logic of AGM// Williams M A，Rott H(eds.). Frontiers in Belief Revision. Dordrecht: Kluwer Academic Publishers: 57-84.

变的动态逻辑等一些交叉领域[①]。另外，由于 AGM 只关心单一主体面对新信念时应该如何做，但实际的社会交往是多主体的，伴随主体间信息交流而产生的群体性知识更新和信念变化成为 21 世纪以来的又一热点领域，参见郭美云《带有群体知识的动态认知逻辑》[②]一文。

5.2 描述信念改变的 AGM 理论

由于 AGM 理论的支配地位，笔者这里简单介绍三点与本章相关的基础知识。它们是信念与信念改变的表示方法、构造修正函数和收缩函数的若干公设以及信念修正的三条基本原则。

5.2.1 信念和信念改变的表示方法

在 AGM 理论和大多数其他信念修正理论中，信念大都用形式语言的句子来表示，虽然这样的句子不能反映信念的全部特征，但却是较长一段时间内学界约定的一种表达形式。理性主体的信念状态用一个表达信念的句子集（belief sets）来表示，AGM 传统假设这样的集合是在逻辑后承下封闭的理论，即集合中每一个句子的逻辑推论也都在该集合中。这显然是一种理想化的假设，但这样的假设可以使针对信念改变的操作更加简单。

在 AGM 传统中，关于世界知识的理性主体信念改变主要可以分为三类变化过程：膨胀、收缩和修正。以下是对它们的简单解释。

膨胀（expansion）：主体在不放弃任何旧信念的基础上直接把新信息（比如p）加到它的信念库中，然后再得到一个在逻辑后承下封闭的信念集。如果K是主体原来的旧信念集，那么我们用$K+p$来表示用p膨胀K后的信念集。形式地，$K+p=|K\cup\{p\}|$（$|\cdot|$表示逻辑后承下封闭的命题集；为了方便，我们有时也记作 Cn。）。不难看出，如果$\neg p$在K中，那么$K+p$是不一致的。而在修正中我们总是尽力想得到一致的结果。所以还需要有别的办法来克服不一致的困难。

收缩（contraction）：主体放弃原来相信的信息，比如命题p。在通常情况下，为了放弃p还需要放弃它更多的旧信念，比如那些逻辑地蕴涵p的信念。我们用$K-p$表示主体在原来信念集K的基础上放弃p后的信念状态。

① van Benthem J. 2007. Dynamic logic for belief revision. Journal of Applied Non-Classical Logics, 17 (2): 129-155.

② 郭美云. 2006. 带有群体知识的动态认知逻辑. 北京：北京大学.

修正（revision）：主体接受新的信息比如p，在p本身一致的情况下它获得一致的新的信念状态。我们把整个变化过程看作是信念修正。AGM 传统预设了"新信息优先原则"，即在主体接受新信息的情况下考察修正。另外，为了给新信息p腾出位置，对旧信念状态的改变要尽可能的小。这也称为"信息经济原则"。我们用$K*p$来表示用p修正K后的信念状态。

5.2.2 修正函数公设

上述介绍表明膨胀比较简单，而收缩和修正相对复杂。我们希望有桥梁来连接这三种过程。以下定义中的两个等式使得收缩和修正成为了"一个硬币的两面"[①]。

定义 5.1 令K为信念集，A为新信息。符号−、+、*分别表示"收缩""膨胀""修正"，那么有

$$K*A =(K-\neg A) +A \qquad [莱维（Levi）等式]，$$
$$K-A =(K*A)\cap(K*A) [（哈珀（Harper）等式]。$$

句法地，我们可以给出以下信念修正的公设：

（R1）　　$|K*A|=K*A$　　　　　　　（闭包，*Closure*）；

（R2）　　$A\in K*A$　　　　　　　　（成功，*Success*）；

（R3）　　$K*A\subseteq K+A$　　　　　　（包含，*Inclusion*）；

（R4）　　如果$\neg A\notin K$，那么$K\subseteq K*A$　（保持，*Preservation*）；

（R5）　　如果$\bot\notin|\{A\}|$，那么$\bot\notin K*A$　（一致，*Consistency*）；

（R6）　　如果$\vdash A\leftrightarrow B$，

　　　　　那么$K*A=K*B$　　　　　　（外延，*Extensionality*）；

（R7）　　$K*(A\wedge B)\subseteq K*A+B$　　（合取包含，*Conjunctive inclusion*）；

（R8）　　如果$\neg B\notin K*A$，

　　　　　那么$(K*A)+B\subseteq K*(A\wedge B)$　（合取虚空，*Conjunctive vacuity*）。

在 AGM 中，R1~R6 是基本公设，R7、R8 是附加公设。对于收缩，这里不给出详细的公设，只是强调一下最具争议的恢复公设（recovery postulate）：如果$A\in K$，那么$K\subseteq|(K-A)+A|$（其中，K表示一个理论，A表示一个信念，$|\cdot|$表示取逻辑后承下封闭的信念集）。这一公设直观的意思是，如果从信念集中删除某一信念后，再次获得这一信念将重新得到原来的信念集。从某种意义上说，对

① 郭佳宏. 2008. 研究主体信念变化的不同路径. 暨南学报，（3）：149-151.

恢复公设的态度影响着相关信念改变理论的不同,在第 6 章还会进一步讨论这个问题。

5.2.3 预设的若干基本原则

另外,我们也不难理解,AGM 其实为理性信念变化的描述提出了三条最基本的原则:第一是一致性原则,我们直觉上认为理性主体的信念系统应该是一致的,不能包含矛盾的信念。第二,最小改变原则,也称经济原则,是当对原有信念集作出改变时,要求尽可能小地改变已有的信念集。第三,在修正中提到的新信息优先原则。AGM 理论作为信念改变领域经典理论,是目前为止研究较为深入、全面的理论,人们基于 AGM 理论提出了信念修正的各种方法,比如通过极大一致集方法、认知牢固度方法、核收缩方法等。

5.3 基于 AGM 的一种稳定集修正尝试

按照自省和动态能力的不同,林斯特罗姆(S. Lindström)和拉宾诺维奇(W. Rabinowicz)[①]把信念主体(doxastic agents)分成以下五类:①非自省的静止主体;②自省的静止主体;③非自省的动态主体;④信念输入局限于客观世界命题的自省的动态主体;⑤信念输入可以是自己信念状态或动态描述的自省的动态主体。第一类主体的能力最弱,例如静态数据库;第二类主体具有自省的能力,但无法处理信念的变化,例如辛提卡信念逻辑刻画的主体;第三类主体能够处理信念的变化,但只是处理对于客观世界信念的变化,没有自省能力,例如 AGM 的信念修正理论。最后两类主体受到现阶段学者越来越多的关注,它们不但是自省的,而且能够处理信念的变化,包括有关自身信念状态和自身信念状态变化的信念变化。为了研究自省主体的信念变化,首先我们需要找到某类合适的理论,它们能够很好地表达自省主体的信念状态。

---

① Lindström S, Rabinowicz W. 1997. Extending dynamic doxastic logic: accommodating iterated beliefs and ramsey conditionals within DDL// Lindahl L, Needham P, Sliwinski R(eds.). Uppsala Philosophical Studies (46): For Good Measure: Philosophical Essays Dedicated to Jan Odelstad on the Occasion of his Fiftieth Birthday, Uppsala: Department of Philosophy, Uppsala University: 126-153; Lindström S, Rabinowicz W. 1999. DDL unlimited: dynamic doxastic logic for introspective agents. Erkenntnis, 50 (2): 353-385.

5.3.1　饱和信念与稳定集

我们希望能够找到一类特殊的集合，它们能够反映理性的充分自省主体的信念状态。在阿洛科斯塔（H. Arló Costa）看来[①]，概念"浸润集（saturated sets）"是比较合适的选择。此概念需要通过另一概念——"饱和信念（full belief）"——得以表达。阿洛科斯塔还认为[②]，"承诺饱和信念（完全相信）可以表示为承诺接受为真，不承诺饱和信念则可以表示为不承诺接受为真"。上述观点可以通过扩张的语言 L（在经典命题语言 L_0 的基础上加上信念算子B）来表达。阿洛科斯塔认为，我们可以关注语言L中的一类满足下列 A1~A2 的理论σ：

（A1）　　$A \in \sigma$ 当且仅当 $BA \in \sigma$

（A2）　　$A \notin \sigma$ 当且仅当 $\neg BA \in \sigma$

阿洛科斯塔称这样的理论为浸润集。在计算机科学中，也把σ称为稳定集，严格地说它们是稳定理论（stable theories，即在经典逻辑后承下封闭。由于稳定集一定是理论，所以我们以后简称稳定理论为稳定集）。稳定集和浸润集的细微区别是：前者可以不一致，而后者总是一致的。稳定集这一概念由斯塔内克（R. Stalnaker）[③]提出，关于稳定集的研究集中在摩尔（R. C. Moore）[④]等学者的自认知逻辑中。以下简单展示相关结果：

命题 5.1　称T是X的 AE-扩张当且仅当它满足等式$T=\{\varphi | X \cup LT \cup \neg L\bar{T} \vdash \varphi\}$，其中，$\bar{T}$表示$T$的补集，$\vdash$是经典的逻辑推演关系。

接下来给出概念稳定膨胀（Stable expansions）的定义。

定义 5.2　如果每一个T的 AE-赋值是X的模型时，它也是T的模型，那么称L_L中的公式集T相对于前提集X是可靠的；如果T包含每一个在T的任意 AE-模型下都真的句子，那么称T是语义完全的。如果T相对于X是可靠的和完全的，那么称T是X的稳定膨胀。

不难证明，稳定膨胀其实就是 AE-扩张[⑤]。

① Hintikka J. 1962. Knowledge and Belief. New York: Cornell University Press.

② Arló Costa H. 2010. Qualitative and probabilistic models of full belief// Proceedings of Logic Colloquim'98, Lecture Notes on Logic:25-43.

③ Stalnaker R. 1993. A note on non-monotonic modal logic. Artificial Intelligence, 64 (2): 183-196.

④ Moore R C. 1984. Possible-world semantics for autoepistemic logic// Readings in Nonmonotonic Reasoning: 344-354; Moore R C. 1985. Semantical considerations on nonmonotonic logic. Artificial intelligence, 25 (1): 75-94; Moore R C. 1988. Autoepistemic logic// Smets P, Mamdani E H, Dubious D (eds.).Non-Standard Logic for Automated Reasoning. London: Academic Press: 105-136.

⑤ Marek V W, Truszczynski M. 2013. Nonmonotonic Logic: Context-Dependent Reasoning. Berlin: Springer Science & Business Media.

命题 5.2[①]　假定某个主体的基始集X仅含有客观句子,那么这些句子确定一个唯一的包含X的 AE-扩张;即如果X是客观句子集的话,那么它恰好有个 AE-扩张T。

下面可以给出稳定集的确切定义。

定义 5.3[②]　称信念集Γ是稳定的,如果它满足下列条件:

（1）Γ在逻辑后承下封闭;

（2）如果$\varphi\in\Gamma$,那么$L\varphi\in\Gamma$;

（3）如果$\varphi\notin\Gamma$,那么$\neg L\varphi\in\Gamma$。

根据斯塔内克的上述定义,不难发现不一致的稳定集（语言L_L中的所有公式）是允许的,因为由所有公式组成的集合满足上述全部条件。

一个有意思的想法是研究 AE-扩张和稳定集之间的关系:首先不难发现,每一个X的 AE-扩张是一个包含X的稳定集;但是反过来在一般情况下不成立,不过,如果我们考察的稳定集是其自身客观句子集的 AE-扩张的话,反过来也可以成立。

命题 5.3[③]　每一个稳定集Γ是Γ_0($\Gamma_0=L_0\cap\Gamma$)的 AE-扩张。

命题 5.4[④]　如果两个稳定集的客观句子部分是相同的,那么它们也是相同的。

命题 5.5[⑤]　令W是一个在重言式后承下封闭的客观句子集,那么存在一个唯一的稳定集Γ使得$\Gamma_0=W$,我们称W是稳定集Γ的内核（kernel）。

5.3.2　传统 AGM 公设修正稳定集可能出现的问题

接下来我们准备分析在采用传统的 AGM 公设的情况下修正（或者收缩）稳定集将会遇到的麻烦。我们考察的是理性的完全自省主体,所以它原先的信念状态是一个稳定集。既然它能从原先的前提信息形成一个稳定集,那么我们有理由相信,在它放弃一定的信息后又能自动获得一个新的稳定集。同样,当它接受某些新信息后,也能自动形成一个稳定集。从整个过程而言,收缩或修正是从稳定集到稳定集。而这就是我们想要的"稳定（stability）公设"。不过正是由于这个

① Marek V W, Truszczynski M. 2013. Nonmonotonic Logic: Context-Dependent Reasoning. Berlin: Springer Science & Business Media.

② Stalnaker R. 1993. A note on non-monotonic modal logic. Artificial Intelligence, 64 (2): 183-196.

③④ Moore R C. 1984. Possible-world semantics for autoepistemic logic// Redaings in Nonmonotonic Reasoning: 344-354.

⑤ Konolige K. 1988. On the relation between default and autoepistemic logic. Artificial intelligence, 35 (3): 343-382; Konolige K. 1994. Autoepistemic logic// Gabbay D, Hogger C, Robinson J. Handbook of Logic in Artificial Intelligence and Logic Programming (Vol.3: Nonmonotonic Reasoning and Uncertain Reasoning). Oxford: Oxford University Press.

性质，许多经典理论中收缩或修正所具有的结果在这里就不成立了。

首先让我们来看看收缩中的问题。直观地，收缩意味着放弃一些主体原来相信的东西。但是在稳定集的情况下，放弃并不是简单减少。这样，原来的"包含"（inclusion，$S-A \subseteq S$）公设就可能不成立。我们知道，在放弃某些信息之后，有些关于自己不相信的信息会出现在新的稳定集中，而这些信息非常有可能是不出现在原来的稳定集中的。令 S 是一个稳定集，A 是句子。假定用 A 收缩 S 后的理论 $S-A$ 是一个稳定集。我们不难发现，$\neg BA \in S-A$ 但是有可能 $\neg BA \notin S$。这意味着 $S-A \subseteq S$ 不成立。

接下来我们再看看修正。同理我们也假定稳定公设。比如现在有一个稳定集 T^* 来自于基集 $T=\{B \neg broken \rightarrow runs\}$。如果主体接受新信息 $\neg broken$，那么根据新信息优先原则它会相信小汽车没有损坏。然后根据分离规则还能得到 $runs$（表示小汽车能开）。所以根据正自省，在新的稳定集 $T^{*\prime}$ 中应该有 $Bruns$。 但是我们知道原子 $runs$ 并不出现在原来的稳定集 T^* 中，那么根据负自省，$Bruns$ 应该出现在 T^* 中。 同样不难发现原子 $broken$ 也不在 T^* 中，所以根据保持公设 R4（preservation），在用 $\neg broken$ 修正后，T^* 应该包含于新的稳定集 $T^{*\prime}$ 中。这意味着 $\neg Bruns$ 也在 $T^{*\prime}$ 中。于是主体的信念状态变成了不一致，而这仅仅是因为接受了新信息 $\neg broken$。显然这样的说法是不合直观的，所以在考虑修正稳定集的时候公设 R4 应该被抛弃。

我们也不难发现，当涉及稳定集到稳定集的收缩和修正时，莱维等式和哈珀等式失效了。所以 AGM 原有的从收缩到修正的桥梁坍塌了。更不幸的是，上述例子中我们仅仅考察了客观的新信息用来收缩或者修正稳定集；但现实中主体非常有可能接受了有关它们自身信念状态的新信息，进而作出修正达到另外一个信念状态；传统 AGM 所考察的新信息是客观的，所以在这个层面下我们需要引入新的规则来处理关于自身信念状态的新信息。

既然直接的办法难以做到，一种自然的修正稳定集的想法是：首先通过经典方法的变种修正稳定集，以获得一个中间理论，即这时的修正算子是从稳定集到中间理论（不是稳定集到稳定集），然后再通过某种扩张得到想要的稳定集。在第一阶段的修正过程，不少经典的公设可以保留下来。当然如果我们最终考虑从稳定集到稳定集的整个过程修正算子，那么它很有可能与经典算子大相径庭了。但是第一阶段的修正也不是件容易的事，关键的问题是保持一致性和最小信息丢失（经典意义下）并不能总是实现。比如，$A \wedge \neg BA$ 可能出现在修正后的中间理论中（既然在经典意义下此公式是一致的）。但是我们无法从含有此类公式的中间理论扩张获取一个一致的稳定集。所以在第一阶段的修正过程中，除了维持经典的一致性外，我们还需要排除此类公式。另外，如果新信息不是此类公式的话，我们还要保证在第一阶段修正后的中间理论能够扩张成一个一致的稳定集。

5.3.3 修正稳定集的可能方法及其局限性

接下来，笔者将介绍一些间接修正稳定集（从稳定集到中间理论然后再扩张得到稳定集）的可能方法。这些方法相对比较简单，但是它们只能处理相应的一类特殊的稳定集。然后笔者将说明它们的局限性，解释它们不能在一般意义下处理稳定集的原因。而这些局限性有可能为解决修正稳定集的一般问题提供重要线索。

既然我们已经知道，每一个稳定集都可以由它的客观句子部分确定，那么关于稳定集修正的一个非常直观的想法是首先修正给定稳定集的客观句子部分。如果用来修正的新信息是客观句子的话，根据经典办法修正后的理论也是一个客观句子集。并且如果对于每个客观句子理论 X，我们总是能够得到一个唯一的稳定集使得它的客观句子部分正好就是 X；那么用这样的办法来修正稳定集看起来不失一种简单合理的办法。现在我们需要验证这样的想法成不成立。实际上，根据命题 5.5，这个结果是成立的。我们给出另外一种证明方法。

命题 5.6 对于任意客观句子理论 $K \subseteq L_0$，总是存在一个由 K 扩张而来的稳定集 $S(S \subseteq L)$ 使得 $K \subseteq S$ 并且 $S \cap L_0 = K$。

证明：如果 K 是不一致的，即 $K = L_0$。取 $S = L$，这是一个不一致的稳定集，它由 K 扩张而来。显然我们有 $S \cap L_0 = L_0 = K$。

接下来考虑一致的情况。取 $K' = K \cup \{BA : A \in K\} \cup \{\neg BA \in S : A \notin K$ 且 $A \in L_0\}$，令 $I = \mathrm{Thm}(\mathbf{S5}) + K'$（$\mathrm{Thm}(\mathbf{S5})$ 表示 $\mathbf{S5}$ 的定理集，$+$ 表示并上后在逻辑后承下封闭）。我们证明 I 是一致的。假定它不是，那么有两种可能的情况：第一种是存在一个客观句子 $A \in K$ 使得 $\neg A$ 或者 $\neg BA$ 是 $\mathbf{S5}$ 的定理。这意味着 A 是 $\bot$，与 K 是一致的预设相矛盾。另外一种情况是存在一个客观句子 $A \notin K$ 使得 BA 是 $\mathbf{S5}$ 的定理。由此我们有 A 也是 $\mathbf{S5}$ 中的定理。既然 A 是客观句子，它一定是 L_0 的重言式。而我们知道重言式一定在理论 K 中，这就矛盾于 $A \notin K$。这就证明了 I 是一致的。现在我们列出 L 中的所有公式 $\psi_1, \cdots, \psi_i, \cdots$ 定义如下的无穷序列 $J_0, \cdots, J_i, \cdots$：

$$J_0 = I$$

$$\vdots$$

$$J_{i+1} = \begin{cases} \mathrm{Cn}(J_i \cup \{\psi_{i+1}\}) & \text{如果}\psi_{i+1}\text{跟}J_i\text{一致} \\ J_i & \text{否则} \end{cases}$$

$$\vdots$$

令$J = \mathrm{Cn}(\cup J_i)$。不难验证$J$是一个极大一致的 **S5** 理论。现取$M = \{A: BA \in J\}$。我们将证明$M$是一致的 **S5** 理论，而且事实上它是一个稳定集。

证明：假定$\bot \in M$。那么$B\bot \in J$。我们知道所有的 **S5** 定理都在理论J中，所以根据公理 **T**$(B\bot \to \bot)$我们有$\bot$也在J中，矛盾于J的一致性。不难发现所有 **S5** 定理在M中（既然所有 **S5** 定理在J中）。接下来我们检验M在经典逻辑后承下封闭。设A和$A \to C$（A，C是L中任意公式）在M中，那么根据M的构造，BA和$B(A \to C)$在J中。根据公理 **K** 和分离规则我们有BC在J中。这意味着C在M中。再设A，C在M中，那么根据构造，BA和BC（即$BA \wedge BC$）在J中。我们知道$BA \wedge BC \to B(A \wedge C)$是 **S5** 的定理，所以$B(A \wedge C)$也在$J$中。再根据构造，有$A \wedge C$在$M$中。这就证明了$M$是一个一致的 **S5** 理论。

接下来验证M在 A1 和 A2 下封闭。首先我们考察 A1。设$BA \in M$，那么$BBA \in J$。而$BBA \to BA$是 **S5** 的定理，于是有$BA \in J$，所以$A \in M$。反过来设$A \in M$，那么$BA \in J$。根据 **4** 公理我们有$BBA \in J$。所以根据构造，$BA \in M$。然后我们检查 A2。先设$A \notin M$，那么$BA \notin J$。而$BA \leftrightarrow \neg B \neg BA$是 **S5** 中的定理，于是有$\neg B \neg BA \in J$。既然$J$是一个极大理论，我们有$B \neg BA \in J$，于是$\neg BA \in M$。反过来设$\neg BA \in M$。假定相反的结果$A \in M$。那么我们有 $BA \in J$，然后再根据模态逻辑 **4** 公理，$BBA \in J$。所以再根据M的构造，有$BA \in M$。这表明M是不一致的，矛盾于M的一致性。这就证明了M是一个稳定集（实际上还是浸润集）。

最后，检验稳定集M满足$K \subseteq M$并且$M \cap L_0 = K$。

证明：首先考察任意一个来自K的客观公式A。根据J的构造，$BA \in J$，于是$A \in M$。这就证明了第一部分。

接着证明$M \cap L_0 = K$。既然$K \subseteq M$并且$K \subseteq L_0$，我们有$K \subseteq M \cap L_0$。反过来，设布尔公式A，$A \notin K$。那么根据构造，有$\neg BA \in J$。而$BA \leftrightarrow \neg B \neg BA$是 **S5** 的定理，于是$B \neg BA \in J$。再根据$M$的构造，有$\neg BA \in M$。但我们已经证明$M$是浸润的，于是有$A \notin M$。所以$M \cap L_0 \subseteq K$。这样我们完成了整个证明。

实际上根据命题 5.4，我们构造的M是K的唯一稳定扩张集。

　　然而有些稳定集是由含有信念公式的基始集扩张而来的。如果在修正它们的时候仅仅考虑它们的客观句子部分就会导致信息丢失。信念公式也是有一定的信息量的。例如，现有一个稳定集S含有$BA \rightarrow C$但$A \notin S$，$C \notin S$并且$A \rightarrow C \notin S$。如果有新信息A用来修正S。根据新信息优先原则，我们期待A在修正后的新的稳定集S'中；根据正自省，BA也在S'中；我们可能没有理由把$BA \rightarrow C$扔掉，这样C会在S'中。但是既然$A \rightarrow C \notin S$，C有可能不出现在用A修正S的客观句子部分得到的客观公式集中。这样C就不出现在扩张修正后的客观公式集得到的稳定集中。以上的例子说明，许多信念公式（尤其是基始集中的）在修正的时候是有一定表达力的；如果仅仅考虑客观句子部分，就有可能把这部分的信息表达力给抹杀了。更麻烦的是，如果用来修正的新信息不是客观句子的话，那么我们无法用经典的办法来处理修正。所以，上述提到的办法只适用于部分稳定集。

　　根据阿洛科斯塔方案，用于修正的新信息可以是信念命题的一般情况，修正稳定集的具体做法大致如下。整个修正的过程也是由两个部分组成的：修正稳定集的某个部分获得一个中间理论，然后扩张中间理论获得一个新的稳定集。如果S是一个准备修正的稳定集，那么第一阶段的修正对象是$T = \mathrm{Cn}((S \cap L_0) \cup \mathrm{Thm}(\mathbf{S5}))$。在这一阶段的修正过程中采用经典的收缩和Levi-等式。不幸的是，这样的做法也可能引起信息丢失；而且还有可能无法保证在修正后的理论中扩张得到一个一致的稳定集。下面请看例子：

　　假定$\neg Bp \vee q \in S$但$q \notin S$，$\neg p \vee q \notin S$，其中p和q是相互独立的原子句子。假定现在主体学到新信息p。根据新信息优先原则，不难发现，需要放弃原来的$\neg p$，$\neg Bp$等信息；但是由于某种原因，$\neg Bp \vee q$可以保留下来。这样的话$\neg Bp \vee q$就出现在了用p修正S后的稳定集S'中。既然p也在S'中，根据正自省原则，Bp也在S'中。所以根据S'的逻辑后承封闭性，q在S'中。但如果我们考察$T*p$，既然有$\neg Bp \vee q \notin S \cap L_0$且$\neg Bp \vee q \notin \mathrm{Thm}(\mathbf{S5})$，那么就有$\neg Bp \vee q \notin T*p$。这样可能找到一个包含$T*p$的稳定集$T'$，但是$\neg Bp \vee q \notin T'$。既然$\neg p \vee q \notin S$，那么$q \notin S$。此例表明依上面的办法用$p$修正$S$会导致信息$\neg Bp \vee q$的丢失，而在我们所期待的稳定集修正中，这个恰恰可以帮助我们获得新的信息q。

　　上述方案的另外一个问题是可能无法维持一致性。既然新的信息有可能是涉及主体自身信念状态的公式，比如$\neg Bp$（p是原子命题）可以作为新信息来修正稳定集S。然而p有可能在$\mathrm{Cn}((S \cap L_0) \cap \mathrm{Thm}(\mathbf{S5}))$。从经典的角度看，$p$是跟$\mathrm{Thm}(\mathbf{S5}) \cup \{\neg Bp\}$一致的。根据经典的信念修正办法我们可以得到新的理论$\mathrm{Cn}((S \cap L_0) \cup \mathrm{Thm}(\mathbf{S5})$

$\cup\{\neg Bp\}$），而这个是无法扩张成一个一致的稳定集的。

为了克服上述问题，我们接下来尝试一种新的修正方案，直观想法是，通过修正稳定集的典范模型从而达到修正稳定集的目的。

对于稳定集S和新信息A，我们考虑$\neg BA\in S$的情况。既然对于任意的$A\in L$，一定有$A\in S$或者$A\notin S$；那么根据稳定集的定义，有$BA\in S$或者$\neg BA\in S$。如果$BA\in S$，那么有$A\in S$；在这种情况下用A修正S，不用进行任何调整，或者说修正后仍然是S。所以$\neg BA\in S$才是有趣的情况。如果S极大的，那么我们将采用"极大-选择收缩"（maxi-choice contraction）和Levi-等式的修正办法来获取一个新的极大集（根据类似经典的"极大-选择收缩"和Levi-等式的修正结果总是极大集）。如果S不是极大的（不难找到这样的稳定集使得某个客观句子A和$\neg A$都不在里面），则不能直接用上述方法对它修正，因为这样修正得来的不但是极大的，而且可能不是稳定集。所以需要一种更一般的方法。

现在为S构造一个典范的克里普克模型 $\mathcal{M}^*=\langle W^*, \{R^*_A:A\in L\},V^*\rangle$，其中$W^*$是由$S$-极大一致集为世界组成的可能世界集。对于任意的$A\in L$，定义二元关系$R^*_A\subseteq W\times W$：$(w,u)\in R^*_A$当且仅当$BA\notin w$或$A\in u$。定义赋值映射$V^*$：如果$p\in w$，$V^*(w)(p)=t$；如果$p\notin w$，$V^*(w)(p)=f$。

关于模态逻辑可能世界语义学和典范模型的详细内容，请参阅克里普克等学者的相关文献①。

实际上在定义典范模型之前应该先给出模型中的世界和任意公式的语义后承关系$\vDash$，它的递归定义如下。

定义5.4 对每一个标准克里普克模型 $\mathcal{M}=\langle W, R_A\{A\in L\}, V\rangle$中的$w\in W$和任意的$A\in L$，

如果A是原子句子p，那么$(\mathcal{M},w)\vDash p$当且仅当$V(w)(p)=t$。

如果$A=\neg C$，那么$(\mathcal{M},w)\vDash A$当且仅当$(\mathcal{M},w)\nvDash C$。

如果$A=C\to D$，那么$(\mathcal{M},w)\vDash A$当且仅当$(\mathcal{M},w)\vDash\neg C$或$(\mathcal{M},w)\vDash D$。

如果$A=BC$，那么$(\mathcal{M},w)\vDash A$当且仅当对任意的$w'\in W$满足$wR_C w'$，有$(\mathcal{M},w')\vDash C$。

接下来证明典范模型的基本定理。

① Kripke S A. 1959. A completeness theorem in modal logic.The Journal of Symbolic Logic, 24 (01): 1-14;Kripke S A. 1963. Semantical considerations on modal logics. Acta Philosophica Fennica, (24): 83-94；李小五. 2005. 模态逻辑讲义. 广州：中山大学出版社.

命题 5.7 对于典范模型M^*中的任意w和任意公式$A \in L$，$(M^*, w) \models A$当且仅当$A \in w$。

证明：施归纳于公式A的结构。如果A是原子句子p，假定$(M^*, w) \models p$。那么根据定义 5.4 有$V^*(w)(p) = t$。在根据典范模型M^*中V^*的定义，有$p \in w$。反过来设$p \in w$。根据V^*的定义，有$V^*(w)(p) = t$。根据定义 5.4，有$(M^*, w) \models p$。如果A是$\neg C$，先设$(M^*, w) \models A$（也就是$(M^*, w) \not\models C$）。根据归纳假设有$C \notin w$。但由于w是极大的，所以$\neg C \in w$，即为所要结果。反过来，设$\neg C \in w$。根据w的一致性，得$C \notin w$；再根据归纳假设得$(M^*, w) \not\models C$，即$(M^*, w) \models \neg C$。类似地，我们可以证明A为其他复合布尔公式的情况。最有意思的情况是A为BC，先设$(M^*, w) \not\models BC$。然后根据定义 5.4，有存在某个$w' \in W^*$使得$wR^*_C w'$并且$(M^*, w') \not\models C$。根据归纳假设，有$C \notin w'$。既然$wR^*_C w'$，那么根据典范模型M^*中R^*_C的定义，有$BC \notin w$。反过来，设$BC \notin w$。既然$S \subseteq w$，那么$BC \notin S$。而S是稳定集，所以$C \notin S$。这意味着$\{\neg C\}$跟S一致（假设不是，那么$C \in S$，那么$BC \in S$，矛盾）。于是根据林登鲍姆（A. Lindenbaum）引理，可以把$S \cup \{\neg C\}$扩张为一个极大一致集w'，显然有$C \notin w'$。根据归纳假设，有$(M^*, w') \not\models C$。既然$BC \notin w$，根据典范模型M^*中R^*_C的定义有$wR^*_C w'$。所以$(M, w) \not\models BC$。

接着我们说明典范模型M^*刻画S。

命题 5.8 令S是稳定集，M^*是由S根据前面提到的方法构造而来的典范模型。那么$S = \mathrm{Th}(M^*)$，并且对于每个$A \in L$，$R^*_A = W^* \times W^*$。其中$\mathrm{Th}(M^*)$表示在模型M^*中有效的L中的公式集。

证明：既然W^*中的每一个w都包含S，那么根据命题 5.7，每一个S中的公式都在w下真，也就是说，S在M^*中是有效的。所以$S \subseteq \mathrm{Th}(M^*)$。反过来，设任意公式$A \in \mathrm{Th}(M^*)$，这意味着$A$在每一个$w$下真。然后根据命题 5.7，$A$属于每一个$w$，即$A \in \bigcap W^*$。而$S = \bigcap W^*$，所以$A \in S$。

接下来不难证明每一个二元关系R^*_A是全通关系。令w, u是W^*中任意两个可能世界。对于L中的任意公式A，如果$A \in S$，那么$A \in u$；于是根据R^*_A的定义有$wR^*_A u$。如果$A \notin S$，既然S是稳定集，那么$\neg BA \in S$，于是$\neg BA \in w$。而w是一致的，因此$BA \notin w$。所以再根据R^*_A的定义有$wR^*_A u$。

现在考虑用A（与 **S5** 一致的）修正非极大的稳定集S。根据命题 5.8，可以为S构造一个典范模型M^*使得$S = \mathrm{Th}(M^*)$。考察$A \notin S$的情形。既然$S = \bigcap W^*$，那么存在某些$w_1, \cdots, w_n \in W^*$ $(n > 0)$使得$A \notin w_i$(对每一个w_i，$1 \leqslant i \leqslant n$)。而$w_i$是极

大的，所以有$\neg A \in w_i$。然后我们采用"极大选择收缩"和 Levi-等式，用A修正每一个w_i。之后我们可以得到相应的世界$w'_i = w_i \div \neg A + A$。既然在收缩阶段采用了"极大选择"函数，每一个$w'_i$是极大的。

相应地，我们得到一个新的典范模型$\mathcal{M}' = \langle W', \{R'_A : A \in L\}, V' \rangle$：其中$W' = (W \setminus \{w_1, \cdots, w_n\}) \cup \{w'_1, \cdots, w'_n\}$，$R'_A = (R^*_A \setminus (\{w_1, \cdots, w_n\} \times \{w_1, \cdots, w_n\}))$ $\cup (\{w'_1, \cdots, w'_n\} \times \{w'_1, \cdots, w'_n\}) = W' \times W'$，$V' = (V' {\restriction} (W \setminus \{w_1, \cdots, w_n\})) \cup V''$，$V''$是从$\{w'_1, \cdots, w'_n\} \times P$（命题变文集）到$\{t, f\}$的典范赋值。直观地说，就是把原模型的世界$\{w_1, \cdots, w_n\}$换成$\{w'_1, \cdots, w'_n\}$，其他的结构比如二元关系保持不变，依然是全通关系。下面证明典范模型基本定理的一个方向在$\mathcal{M}'$中也成立。

命题 5.9 对于典范模型$\mathcal{M}'$中的任意w和任意公式$A \in L$，如果$A \in w$，那么$(\mathcal{M}', w) \vDash A$。

证明：施归纳A的结构。对于布尔部分的证明同命题 5.7。现考虑情况$A = BC$，假设$BC \in w$。由于$BC \to C \in w$，可得$C \in w$。根据归纳假设，有$(\mathcal{M}', w) \vDash C$。而$w$是任意的，所以$(\mathcal{M}', w) \vDash BC$。

定理 5.1 假定全通模型$\mathcal{M}'$来自于M^*：通过用A修正w_i后的极大一致集w'_i替换每一个相应的w_i得到的。令$S' = \mathrm{Th}(\mathcal{M}')$，那么$A \in S'$并且$S'$是稳定集。

证明：既然A修正了M^*中的每一个w_i，那么对每一个$w \in W'$，$A \in w$。根据命题 5.9 可得，对每一个$u \in W'$，$(\mathcal{M}', u) \vDash A$。这意味着$\mathcal{M}' \vDash A$，即$A \in \mathrm{Th}(\mathcal{M}') = S'$。接下来不难验证$S'$是稳定集。首先显然$S'$是在逻辑后承 Cn 下封闭，我们只需检查正自省和负自省。对于正自省，设任意的 $A \in S' = \mathrm{Th}(\mathcal{M}')$。那么对于每一个$u \in W'$，$(\mathcal{M}', u) \vDash A$；既然$u$是任意的，那么对于每一个$w' \in W'$，$(\mathcal{M}', w') \vDash BA$，即$BA \in S'$。对于负自省，设$A \notin S'$。那么存在某个$u \in W'$使得$(\mathcal{M}', u) \nvDash A$。因为$\mathcal{M}'$是全通模型，对于每一个$w' \in W'$，有$w' R'_A u$，于是$(\mathcal{M}', w') \nvDash BA$，即$(\mathcal{M}', w') \vDash \neg BA$。既然$w'$是任意的，那么$\mathcal{M}' \vDash \neg BA$，即$\neg BA \in S'$。

然而在上述的修正过程中，"极大选择"收缩是有一定问题的。它导致了修正极大一致集后得到的还是极大一致集。而在现实的修正中并不总是这样的，因为主体在修正过程中为了给新信息腾出位置，有可能放弃比较多的旧信息；而新信息的加入并不一定得到所有旧信息的反面。因此上述修正方案是在假定"极大选择"收缩的前提下的一种尝试。

6

══════ ~⚬~⚬~ ⚬ ~⚬~ ══════

信念修正的有穷依赖网络

坦南特（Neil Tennant）是美国俄亥俄州立大学哲学系教授，2012 年牛津大学出版社出版了他的专著《心灵变化：理性信念修正理论》（*Change of Mind: An Essay on Rational Belief Revision*）。坦南特认为，以往的信念修正理论（包括 AGM 传统）对于理性人的预设太过理想，一些"合理"的法则并未真正描述人们实际的信念改变情况。在批评以往理论的基础上，他提出一种哲学上可靠、数学上严密、计算上可实现的信念修正理论①。这种理论也是规范的，它并不描述人类的实际信念修正行为，而是试图给出信念修正应该如何进行的合理说明。在上述专著中，坦南特给出了他认为能够在一定程度上解决问题的"有穷依赖网络"（FDNs）模型。接下来，笔者将展示他的新信念修正模型的核心思想和方法，同时对他的信念修正理论做简评。

坦南特这一工作的主要贡献体现在以下几个方面：第一，坦南特对"逻辑圣人"（logical saints）和"逻辑典范"（logical paragons）作了一个重要的区分，他认为后者才真正适合描述理性主体。第二，有穷依赖网络模型不仅关注理性主体所相信的信念本身，也关注主体之所以持有这一信念的不同原因，即信念之间的证成关系（justification），使得我们可以利用它来从数学上精确表述和定义诸如信念收缩所需时间、空间这样的概念。第三，坦南特提出了一种直觉有效的图示工具——有穷依赖网络（FDNs）来刻画理性信念修正过程的原则。由于 FDNs 出发的前件集是有穷的，所以坦南特工作的可计算性结果要优于基于"逻辑圣人"传统的结果。这些结果应用于计算机算法可以更好地模拟理性主体的信念修正过程，他已经实现了部分结果。第四，有穷依赖网络作为一种新的刻画信念状态和变化模型，能够克服传统的 AGM 理论中的一些问题。比如，FDNs 可以克服 AGM

──────────────

① Tennant N. 2012. Changes of Mind: An Essay on Rational Belief Revision. Oxford: Oxford University Press.

传统理论对信念修正的一般情况缺乏计算可实现性；AGM 理论中的"恢复假设"（the postulate of recovery）不合直觉的问题，在 FDNs 中也可以避免。

在本章中我们将系统介绍坦南特的有穷依赖网络理论，包括基本概念、基本特性、有穷依赖网络的形式化理论和信念收缩的核心机制等问题。

6.1 有穷依赖网络理论评述

6.1.1 基本概念

这里提出的信念网络系统是用一种更为形式化的方法处理信念及其改变，我们首先应该熟悉这里提到的一些基本的认识论概念，包括节点（nodes）、步骤（steps）和网络（networks）等，这些概念为后面形式化模型中的概念提供解释，然后在此基础上讨论形式化模型。依赖网络（dependency network）是一个理性主体信念图的形式化表现方式。

6.1.1.1 节点和步骤

首先我们应该明确，如何表达信念的持有与放弃，即如何表达理性主体所持有的信念所形成的状态结构以及放弃某些旧的信念对原有信念系统的影响。这里用黑点（black nodes）表示持有某一信念，用白点（white nodes）表示不持有某一信念；应当注意的是，后者包含两种情况，即持有此信念相反的信念和既不持有此信念也不持有与此信念相反的信念。信念图谱（belief scheme）中既包括所有信念集中的黑点也包括连接点的证成关系步骤（justificatory steps）。在信念图中我们不需要对白点的两种情况做区分，因为不持有某一信念的两种情况都可以被视为信念图谱中可以剔除或忽略的部分。

如果主体持有一个信念a，不需要任何证明，那么a就是起始步（initial step）。

如图 6.1 所示，起始步是由一个黑色的推理横线（inference stroke）发出一个箭头指向黑点。没有箭头指向推理横线，这说明起始步的信念是被主体完全相信的，不需要任何证明，我们叫这种没有接收到箭头的推理横线为起点横线（starting stroke）。

图 6.1　起始步（initial step）

　　坦南特提出，从认识论上来讲，如何确定起始信念是有争议的，不同学派提出过不同的看法。这里他选取了一个最简单的较为安全的直觉看法，即眼见为实，通过观察感知得到的认识，如通过观察触摸我知道"这是一个一分钱硬币"。而事实上关于作为起始步的信念到底可以包括哪些，他并未描述得特别清楚。来自范本特姆的想法可以给我们一些启示，他将我们收到的信息划分为"硬信息"和"软信息"，这与信念的情形类似。实际上我们的信念中有相当一部分是作为"硬信息"的基本信念（basic beliefs）而存在的，它们通常无需寻找其他证据证明就被人们相信为真；而另一部分则是不那么可靠的"软信念"，软信念需要得到其他证据支持和证明才能被相信，在有穷依赖网络里，这样需要证明才能相信的信念可以表示为导出信念。

　　从前件集$\{b_1, \cdots, b_n\}$到结论，这一步骤称为传递步（transitional step），如图 6.2，这里把点和推理横线涂为灰色以示与黑点和白点的区别。

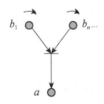

图 6.2　传递步

　　上述步骤可直观解释为：如果主体获得相信$b_1, \cdots, b_n$的证成，那么主体也获得相信a的证成。如果一个句子a被相信是基于信念$b_1, \cdots, b_n$，那么所有点和这一传递步以及推理横线都表示成黑色。

　　实际上并不是所有的推理横线和节点都是黑色的，有些可以是白色的，推理横线和节点的白色代表不持有某一信念，比如从信念$b_1, \cdots, b_n$ 到a，结论是不持有a，这说明主体并不是持有$b_1, \cdots, b_n$中的所有信念。假设他不相信a或者b_1但相信$b_2, \cdots, b_n$，这样的一步可以表示为图 6.3：

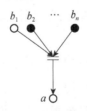

图 6.3　双横线推理

注意，坦南特用单横线代表黑色的推理横线，双横线代表白色的推理横线。每一个推理横线只能射出一个箭头，这使得我们只能讨论单一结论的信念推理步骤。

与以往信念网络不同的是，坦南特提出了证成关系（justification）这一想法，它的提出使得整体化地看待这种由前提集经过推理横线到达结论的结构成为可能。这与传统的信念集、以点为主表示信念的方法相比有着很大的优越性，它不仅能描述主体的某一信念状态，而且能够表示到达这一信念状态的原因或证据。此外，借助后面提到的推理规则，带有方向性的动态信念改变可以通过机械化的操作得到结论，这对于处理信念改变而言无疑是一件好事。

对于主体而言，证成关系一旦获得就不能被放弃。这意味着推理步骤从 $\{b_1, \cdots, b_n\}$ 到 a 一旦获得就会永远留在主体的关系集合中，是不能放弃的，而节点是可以放弃的。这样的规定使得我们的理论基础局限于只能改变某些信念，但不能轻易改变理性主体的内在逻辑。这也预示着在描述信念收缩和修正时，可以通过改变节点的颜色以示持有和放弃某些信念，但不能改变节点与推理横线相连接的逻辑结构。坦南特在这里只说明了证成关系不能被放弃，即他所申明的一旦获得，就存在于依赖网络中，但证成关系是否可以修改和增加这个问题他并未明确提及。根据本章后面的应用举例可以发现，证成关系步骤实际上是可以更改的，并可通过更改，影响前件与结论之间的关系，这也是证成关系思想的意义所在。至于增加证成关系步骤，虽然坦南特并未明确指出，但一个十分自然的想法是，增加证成关系步骤相当于发现一个或一系列新的证明，它与原有信念集一致将强化某一信念的牢固程度，与原有信念集中的某些信念产生矛盾将导致新一轮的信念修正。

6.1.1.2 依赖网络的公理和规则

依赖网络的基本元素只有节点和推理横线，每一元素或者是节点或者是推理横线，但不能同时兼备。另外还有一种二元关系 Axy 连接节点和推理横线，可以读为"x 向 y 发出箭头"或者"x 指向 y"，但箭头本身不是依赖网络的元素而是借以表示元素间结构的图形化手段。

二元关系 Axy 满足八条配置公理（Axioms of Configuration），这些公理决定由箭头连接的节点与推理横线如何构成一个合格的依赖网络。这些配置公理没有直接的认识论解释，它们的作用是刻画由点、推理横线和箭头组成的依赖网络，而依赖网络中的不同步骤可以赋予不同的认识论解释。

公理 6.1 任一元素或者是节点或者是推理横线。

$$\forall x (Nx \lor Sx)$$

公理 6.2 没有任何东西可以既是节点又是推理横线。

$$\neg \exists x (Nx \land Sx)$$

公理 6.3 推理横线只向节点发出箭头。

$$\forall x (Sx \to \forall y (Axy \to Ny))$$

公理 6.4 节点只向推理横线发出箭头。

$$\forall x (Nx \to \forall y (Axy \to Sy))$$

公理 6.5 每一个推理横线只发出一个箭头。

$$\forall x (Sx \to \exists y \forall z (y = z \leftrightarrow Axz))$$

公理 6.6 箭头是单向的。

$$\forall x \forall y (Axy \to \neg Ayx)$$

公理 6.7 任何一个节点，如果两个推理横线向其发出箭头，并且这些从其中一个接受箭头的节点在其他接受箭头的节点之中，那么这两个推理横线是同一个。

$$\forall x \forall y (Sx \land Sy) \to \forall z ((Axz \land Ayz) \to (\forall w (Awx \to Awy) \to x = y))$$

公理 6.8 每一个节点只接受一个箭头。

$$\forall x (Nx \to (\exists y \exists z (Ayx \land Azx) \to y = z))$$

关于公理 6.7，更直观地说，如果一个推理步骤的前提和结论都相同，那么该推理步骤也相同。这一公理还解释了，如果一个推理步骤包括了前提 $b_1, \cdots, b_n$ 和结论 a，那么不存在其他步骤拥有结论 a 并且包括全部的前提 $b_1, \cdots, b_n$，这也说明前件集是相对于包含关系的最小子集。

除了上述约定二元关系 Axy 的配置公理，还有四条着色公理，它们规定了点和推理横线如何改变颜色。它们刻画了一个信念的持有与放弃如何影响其他信念的持有与放弃。

公理 6.9 每一个黑点从一些黑色推理横线处收到一个箭头。

$$\forall x (Bx \land Nx) \to \exists y (By \land Sy \land Ayx))$$

公理 6.10 每一个白点只从白色推理横线处接受箭头。

$$\forall x ((Wx \land Nx) \to \forall y (Ayx \to (Wy \land Sy)))$$

公理 6.11 每一个黑色推理横线只从黑点接受箭头。

$$\forall x (Bx \land Sx) \to \forall y (Ayx \to (By \land Ny))$$

公理 6.12 每一个白色推理横线从某些白点处接受一个箭头。

$$\forall x((Wx \wedge Sx \wedge \exists z Azx) \rightarrow \exists y(Wy \wedge Ny \wedge Ayx))$$

除了以上配置公理和着色公理外，还有两条重要的规则白色锁（white locks）和黑色锁（black locks），这两条规则将规定在收缩和扩张时应该如何具体操作，具体内容可参见坦南特的相关文献[①]。

6.1.2　信念收缩的基本特性

经典理论谈到的知识集或信念集被认为是在逻辑后承下封闭的，所以我们说起知识的扩张时，好像是在为已经存在于知识集合中的某个命题找到了新的证明，也就是说这些命题在我们知道之前已经存在于集合之中了。这样的封闭集合理论不太适合用来刻画人们实际的知识或信念状态，当然，即使是放弃封闭性知识集或信念集这样的预设，相应的理论依然不能很好地表现真实的信念网络，因为信念网络是由有穷多个命题以不同方式相互连接的依赖关系组成的。带有依赖关系的信念网络称之为依赖网络，信念集可以看作是依赖网络的核心，它代表了那些出现在图中的命题，即主体相信的命题；但依赖网络远比信念集更丰富，由于它的依赖关系结构，它还展示了主体为什么会相信某一信念。因此，一个典型的依赖网络的原子是一个已知的或被主体相信了的命题，并且这个命题已经有一个至有穷多个证据来支持它成立。

6.1.2.1　有穷的发展

当我们谈到信念集的时候要非常谨慎，因为笼统地说信念集是有歧义的，为信念改变找到合适的信念集是至关重要的。这一点笔者将在本章 6.3 节继续讨论，从不同的集合出发对信念进行收缩或修正会带来明显不同的结果。由于 AGM 传统在信念修正理论领域的巨大影响，人们通常用句子的集合来表示信念集；但如果先悬置句子间的关系，信念集的说法就变得模糊而有歧义了。坦南特则对信念基础、发展和理论做了一个重要的区分，从而将 AGM 传统中处理的信念集归入"理论"，将有穷依赖网络所持的信念集归入"发展"。

理论是一个典型的在逻辑后承下封闭的句子集，即能从这个句子集逻辑地推出的所有句子的集合，通常称逻辑后承下封闭的句子集为理论。理论通常是无穷集，它包含了所有的逻辑真理[②]。

① Tennant N. 2012. Changes of Mind: An Essay on Rational Belief Revision. Oxford: Oxford University Press.
② 陈波. 2005. 经典逻辑和变异逻辑. 哲学研究，（10）：57-63.

　　"基础"（bases）相当于理论的公理集，它本身并不是逻辑封闭的。称一个基础是不可缩短的意味着，如果移除其中任何一个元素都会得到一个不同的理论。不难理解，一个理论可以拥有不同的不可缩短的基础，比如不可缩短的基础{a,b}和{a, a→b}，每个基础到理论的过程中都分别产生了同样一步发展{a, b, a→b}，从两者出发得到的是同一个理论|{a, b}|。这个例子也可以用来解释"发展"。

　　发展是一个有穷的集合，处于基础和它的逻辑封闭集之间，比如在{a,b}和|a,b|之间的是有穷的发展{a, b, a→b}，这里如果单纯加入已知的逻辑重言式还不能构成发展。我们加入的是句子a→b，它不是基础中的元素并且是逻辑可能的。为了区别基础和发展，我们要求发展必须包含可以缩减的部分，至少有一个元素不在基础中，比如这里的a→b，发展本身不能是一个不可缩减的基础。当一个发展开始用证据证明发展中句子间的关系时，则称它为系统化的发展。每个系统化的发展都是有穷的，即使它有一个无穷的基础。一个有穷依赖网络就是一个系统化的有穷发展。

6.1.2.2　信念收缩的非确定性

　　在处理信念收缩问题时常常面临多种选择，有时光靠逻辑无法很好地解决，一种通常的解决办法就是引入偏好。

　　例6.1　信念网络如图6.4。首先我们假设信念网络中某一结论被涂成白色，那么前提集应该如何取舍？

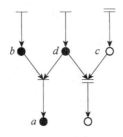

图6.4　信念网络（1）

　　如图6.4，这个信念网络图满足全部公理。现在我们尝试用a收缩这个网络图。首先将a涂成白色，涂白后的网络图违背公理 6.10 "每一个白点只从白色推理横线处接受箭头"，因此必须继续做出修改。我们有两种选择，第一是把点a再次涂黑，这显然不是我们想要做的收缩；第二种选择就是把a上边的推理横线也涂白，这样我们得到图6.5。

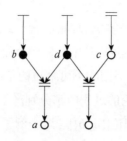

图 6.5　信念网络（2）

　　然而，现在的图 6.5，违背公理 6.12 "每一个白色推理横线从某些白点处接受一个箭头"，我们需要继续进行修改。现在同样面对两种选择，第一是可以把推理横线再次涂黑回到上一步；第二是不得不选择涂白a的某些前提。假设我们涂白最左边的b，那么d则是信念图中唯一剩下的信念，于是得到图 6.6。

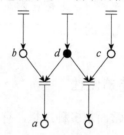

图 6.6　信念网络（3）

　　如果我们选择涂白d而不是最左边的b，那么会得到图 6.7。

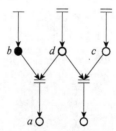

图 6.7　信念网络（4）

　　这个例子说明，在处理信念收缩时我们常常面临多种选择。解决这一问题或许可以采用认知牢固度的方法。

　　不妨重新考虑"有穷的发展"中的例子，主体可能对于放弃a或b没有特殊偏好，也可能由于某个特殊原因，主体有了特殊偏好。不妨假设与a相比主体更喜好$a\rightarrow b$：这种情况下，两个不可缩减基础$\{a, b\}$和$\{a, a\rightarrow b\}$产生同一个理论。

　　比如现在要求用$a\wedge b$来收缩理论，首先考虑由基础$\{a, b\}$产生的理论。放弃

$a \wedge b$有三种可能选择,第一是放弃a和b,收缩后的理论变成了空集;第二是放弃a,即使没有特别理由偏好b,收缩后的理论是$|\{b\}|$;第三是放弃b,即使没有特别的理由偏好a,收缩后的结果是$|\{a\}|$。由于主体对$a \rightarrow b$更偏好,第三种情况失去了$a \rightarrow b$,反而剩下了a,可能被认为是主体偏好a。而 AGM 理论只允许第一种情况,但如果考虑到偏好的因素,第二种情况由于考虑到了对$a \rightarrow b$的偏好,反而是主体实际上最好的选择。现在考虑由基础$\{a, a \rightarrow b\}$产生的理论,首先要用$a \wedge b$来收缩它,我们需要放弃a或b中的一个或全部;如果首先选择放弃a,那么由于b是由a得到的,我们也必须放弃b;如果我们首先选择放弃b,那么由推理规则可知也必须放弃a或$a \rightarrow b$中的一个,由于我们预设了与a相比主体更偏好$a \rightarrow b$,主体放弃a与b后,最后剩下$|\{a \rightarrow b\}|$。

由此我们看到在收缩信念时有了更多内涵的考量,这是因为在依赖网络中,信念α与命题a相比内涵更丰富。每个信念α都以所持有的命题a作为核心,同时又有一些作为a在某一阶段已经获得的依赖关系和派生物。依赖网络中的α展示了命题a以外更多的有关a的角色和状态的信息。信念网络中证明a的一般形式是$\alpha = \langle a, \{\prod_1, \cdots, \prod_n\} \rangle$,其中$\prod_i$表示目前为$a$提供的证据,这样说明了依赖网络不是简单的信念集。每个信念所连接的多样依赖关系共同构成了整个依赖网络。依赖网络以信念集为核心,但如果没有那些为信念提供的证成关系,它将是不完整的。

6.1.2.3 恢复假设

前面刚刚提到过,信念集与信念网络的区别。如果认识到这一点,当我们用集合A中的结论p收缩某个给定信念集合时需要非常小心。$A-p$不但不能推出p,而且必须与$\neg p$一致,即$A-p$,$\neg p \nvdash \perp$。在经典逻辑中这两个条件是同等的,但在直觉主义逻辑中并非如此,直觉主义坚持$A-p$与$\neg p$必须保持一致。这条将保证$A-p$不能推出p。而如果只有$A-p$不能推出p,不一定能保证$A-p$与$\neg p$一致。

现在用依赖网络A的结论p去收缩A,要求是使收缩后的信念集与$\neg p$一致,并且使得收缩后的子网络尽可能大。前一点要求就是成功假设,第二点要求就是最小改变原则。

信念收缩过程中,之所以要求做到最小改变,是因为获得任何信念及其有关的证据都是需要花费时间和精力的。如果不是必须放弃,从经济的角度而言失去的信息越少越好。虽然这样的描述比较含糊,但这一思想是重要的,这里我们需要确定的是，恢复假设是否能够达成最小改变的要求。

首先来看 AGM 理论中最具争议性的恢复假设。

在 AGM 的理论中，通常把信念状态看作是一个逻辑封闭的信念集（a belief set）。但在另一些研究分支中，信念状态也被看作是非逻辑封闭的信念集，通常称为信念基（belief bases）。在信念修正的众多假设中，恢复假设争议最大，获得批评也最多；根据这一假设，如果一个信念先被移除然后再重新获得，那么所有原来的信念都会重新获得。

恢复假设：如果 $p \in A$，那么 $A \subseteq |(A-p)+p|$

需要注意的是，恢复假设中的收缩是针对信念集 A 的逻辑结论 p 而言的，但经过前面的讨论，A 通常并非是逻辑封闭的信念集，而是一个有穷的发展。两者的区别不仅在于信念集是否封闭，更重要的是后者作为信念网络的组成部分，包含了与信念相关的证成关系和偏好这样的内涵因素。这就是说，当我们讨论的恢复假设是对逻辑封闭的信念集而言时，针对信念集中元素的收缩和针对信念集逻辑结论的收缩是一样的，两者没有任何区别；因为在逻辑后承封闭的情况下，所有信念集中的逻辑结论都是集合中的元素，恢复假设在这样的情况下是成立的。但当我们讨论的恢复假设是针对非逻辑封闭的信念集时，却有重大不同，因为有些逻辑结论并非信念集中的元素。后一种情况的恢复假设可能反映一种有趣情形，即用逻辑结论收缩某个信念集 A，前面被禁止的信念又重新获得使用，但它本身不一定是 A 中的元素。因此恢复假设在 AGM 传统中是成立的，但在后一种信念基模型中不一定成立。坦南特的依赖网络模型选取的信念集就是非逻辑封闭的。

恢复假设与最小改变看似无关，实际上却密切相关。我们看到，恢复假设是为了保证在收缩时减少不必要的损失，最小改变说的是收缩时要尽可能多地保留原有信念，使收缩后得到的信念集相对于其他可能的收缩是极大的。

6.1.3　有穷依赖网络的形式化理论

在处理信念改变时，哲学上和技术上更为基础的操作是信念收缩，扩张和修正也可以通过某些等式转化为收缩。因此我们首先给出一种形式化的收缩理论为讨论信念系统及其收缩提供一种抽象的、普遍的框架。并以此理论为基础给出最小改变的严格定义，精确刻画信念收缩从而解决收缩的计算复杂度等问题。

6.1.3.1 预备知识

首先作为背景知识，坦南特指出，对于计算复杂度而言，两种资源很重要，一是计算所需记忆空间，二是计算所需时间。理想的计算力求做到的是，占据最小的时间和空间，从而达到最大化的效果。一个可计算问题是 NP 完全的，意味着它能够在不定多项式时间内解决，并且其他问题可以通过归约为这一问题在多项式时间内解决。坦南特为可计算性理论的外行读者简单介绍了 P、NP、NP 完全的含义，并引述了逻辑中一些可判定问题有关计算复杂性的已知结果。

然后坦南特提及了信念的牢固度问题，比如说，主体 X 对于信念 b 来说更倾向于选择信念 a，或者简单说来，对于主体 X，信念 a 比 b 更牢固。他强调这种说法不涉及主体自身方面的偏好排序或者其他意愿，而仅仅涉及事实方面；这就表现在信念图谱中，a 比 b 牢固。当我们发现信念集中的信念发生冲突时，必须放弃其中之一以保持一致性，或者当我们接纳一个新信念，造成与原有信念集中某些信念冲突时必须重新评估支持这些原有信念的证据，从而确定要放弃哪一个。为此，坦南特提出了一种简单的确定牢固度的方法，即把图谱中的黑点支持度记为 1，把白点支持度记为 0，支持度越高可信度越高。这一方法是基于只考虑依赖网络中的证成关系结构而不进一步分析信念的内部逻辑结构和内容而提出的，虽然简便易行但仍然存在问题。

之后，坦南特阐述了关于信念修正的四个直觉，具体如下：①如果某信念需要被放弃，那么支持它的信念中至少应该放弃一个；②如果在信念主体眼里支持信念中的某些比其他一些更可信，那么他应该放弃后者而非前者；③主体应该放弃尽可能少的信念；④如果一个信念获得来自多组信念的支持，并且只要有其中任何一组信念被全部接受，这个信念应该被接受；那么如果每组这样的支持信念中都有被放弃的，则这个信念也应该被放弃。

坦南特主张，证成关系步骤只是简单的步骤，不必特别区分为演绎和归纳。然而证成关系步骤并非都是良基构造的，这要求依赖网络的定义必须对良基的和非良基的情况都适用。

虽然从结构上看，信念修正处理的合适结构是依赖网络中的一个证成关系步骤，但节点是组成步骤的更基本单位。这里的主要原因是，如果主体知道某一个步骤，他可以不持有相关步骤中的任何一个信念。当然，如果主体相信步骤中前提的节点，那他也必须相信步骤的结论。可见，把证成关系步骤作为一种基本的操作单位，不用过度分析其内部逻辑结构和内容，这体现出很多便捷性。

6.1.3.2　形式化定义

在坦南特的形式化模型中，理性主体的信念网络可表示为由有穷多句子（或节点）组成、按有穷多步骤组合起来的有穷依赖网络。在作出相关说明后，坦南特给出了信念图谱模型化所需的一些新定义，包括节点、步骤、依赖网络、核心网络、封闭子网络、收缩网络和最小改变的定义，并对这些定义所反映的信念系统性质进行了详细的解释。

定义 6.1　节点是无结构无特征的，它们用来表现主体信念网络中某些具体信念。

定义 6.2　步骤：称有序对 (U, x) 为一个步骤，那么须满足以下条件：

（1）U 是由节点组成的非空集合，并且 x 是一个节点，

（2）当且仅当 $U=\{x\}$ 时，x 在 U 中。

U 称作步骤的前提集，x 称作步骤的结论。对于指定点 x，存在两种以 x 为结论的步骤分别是：①y_1，…，$y_n|x$，其中 y_i 不同于 x（$1 \leqslant i \leqslant n$）；②$x|x$。前者称为传递步骤，后者称为起始步骤，起始步骤的前提与结论同一。

这里需要注意几点：首先为了让步骤看上去更准确简洁，这里预设，理性主体的信念网络中，一个结论如果能从两个不同步骤得到，并且其中一步是另一步的子集，那么主体会自觉选择较短的步骤作为前提。其次，这里采用了一种弱化的一致性要求，它并不要求从头至尾保持一致性，而是要求涉及的步骤保持一致性。也就是说，主体一旦得知某一步产生了矛盾的结论，他必须进行必要的收缩以保持一致性，而不是不切实际地要求绝不能产生矛盾。

虽然一个步骤是由前提、结论和证成关系连接起来的，但主体已知的一个步骤与主体相信前件并由此相信后件这种逻辑推理也是不同的。我们前边已经提到，节点是可以被放弃的，而步骤一旦获得就存在于主体的信念网络之中，就不能删除。某一步骤中的节点和推理横线的颜色可以发生改变，但这一步骤的逻辑结构不变。已知的某一步骤，节点可以有不同颜色。比如，上面提到的传递步骤，我们可以把它表示为主体相信所有前提并相信结论，如图 6.8 所示：

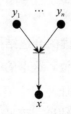

图 6.8　主体相信所有前提并相信结论

也可以表示为主体相信部分前提，如图 6.9：

图 6.9　主体相信部分前提

以上两图都是主体已知某一步骤，但这却与前提和结论的颜色无关，即与主体是否相信前提与结论无关。

关于传递步骤与已知的信念集C和主体所持有的信念集B之间的关系，坦南特在他的书[①]中作了说明。需要补充说明的是，C包含了所有已知的传递步骤，B作为主体的信念图是依赖网络，而C不必是依赖网络；当C中含有以⊥为结论的步骤时，自然不能成为依赖网络。那些在$C\backslash B$中的步骤是那些被主体所知道的，但它们的前提中也有一些未被主体相信的步骤。主体知道它们是因为它们在C中，它们与收缩B无关，但是与B的扩张相关；一旦主体接受一些新信念p_1，…，p_n，就会将这些新信念插入到那些与B无关的步骤的前提中，然后收集插入新信念的传递步骤产生的结论q_1，…，q_m；重复上述的操作直到新加入的传递步骤不包含新结论。这种迭代操作简单易行。我们只要求理性主体有很好的记忆力来完成有穷多步的迭代，计算出需要的结论。

这里非常重要的一点是信念收缩的操作仅在B中进行，而与$C\backslash B$中的步骤无关，也就是说，主体收缩的肯定是他们持有的信念网络中的步骤。

定义 6.3　依赖网络：令T为一个步骤集，其中每一步骤的结论均不为矛盾，T是一个依赖网络当且仅当T是有穷的并且

（1）对于T中的每个步骤(U, x)和U中的每个y来说，存在(V, y)在T中。

（2）如果(U, x)和(W, x)在T中，并且U和W都不是$\{x\}$，那么W不是U的一个子集。

定义 6.4　满足下列条件的R是依赖网络T用p收缩后的子网络。

（诚实）R是在T下封闭的子网络

（成功）$|R|$不包含p

① Tennant N. 2012. Changes of Mind: An Essay on Rational Belief Revision. Oxford: Oxford University Press.

定义 6.5　如果进一步满足下列条件，则用 p 收缩依赖网络 T 的子网络 R 就是最小改变的，

（最小改变）R 是满足定义 6.3 中（1）和（2）的子网络中一个最大的一个。

这一最小改变原则的条件保证了收缩尽可能精简，直觉上是 T-步骤从 T 过渡到 T-p 尽可能少的放弃步。放弃一步意味着将改变推理横线的颜色，直观表示在前提集中至少需要放弃一个元素，但被放弃的步骤仍然存在于信念网络中，为将来可能的扩张备用。我们要求最小改变收缩得到的是一个最大化的，不含 p 的，T 封闭的子网络。因此包含了所有 T-步骤的最小改变收缩 T-p 与 p 不在 $|T$-$p|$ 中这一要求一致。这一结论就是我们在寻找的直觉上清晰、数学上解释严密的最小改变的形式化定义。

在这些定义的基础上，坦南特给出了关于收缩问题的复杂度的四条定理，这些定理表明，在有穷依赖网络中，如果不考虑最小改变，收缩的复杂性是多项式完全的。

6.1.4　信念收缩的核心机制

信念收缩要解决的另外一大难题是，在进行信念收缩时，放弃某些信念后，还应该进一步放弃哪些信念。这时常常面临多种选择。在结论被删除后我们至少要把一个前提也涂白，但是到底要涂白哪一个？哲学家称这个问题为奎因-迪昂（Quine-Duhem）问题（奎因-迪昂问题是指根据 $(T \wedge H) \rightarrow O, \neg O \vdash \neg(T \wedge H)$ 和 $(T \wedge H) \rightarrow O, \neg O$ 两前提可得 $\neg(T \wedge H)$ 成立（$T \wedge H$ 为假），但不能确定 T 和 H 究竟哪个为假），计算机科学家认为这是一个非确定性的算法问题，经验性的测试无法解决。

在上述定义的依赖网络中可以包含一些子网络（subnetworks），用点 p 收缩依赖网络 T 可以当作寻找一个合适的子网络 R 的过程，R 在逻辑后承下是封闭的，并且在所有不包含点 p 的子网络中，R 应该是最大的，也就是说，R 应该是对原有网络 T 进行最小改变收缩后得到的结果。坦南特在他的文章[①]中指出，在 AGM 理论中，研究者致力于通过一种"收缩程序"确定地告诉我们如何去做，但通常来说这是不可能的，因为收缩并不满足函数性质，对于给定的某个输入，它并非是一个具有唯一确定输出值的操作；相反，对于任一给定信念用以收缩某个信念集，可以

---

① Tennant N. 2006. New foundations for a relational theory of theory-revision. Journal of Philosophical Logic, 35(5): 489-528.

存在多于一个的同样好的收缩结果。有穷依赖网络的方法能够有效规范这样的可能性而不是否定它们。

在进一步修正的过程中，可能涉及节点的删除和加入，具体伴随着某些点的删除和某些点的加入。而产生的新结论应该如何处理？真实的信念修正问题可能是相当复杂的，我们需要一些精致的分析，以提供一种可行的方法来规范信念改变，具体体现为以什么样的步骤进行以及在每一步如何做出合适选择等。总的来说，在信念收缩时，依赖网络的核心运作机制是以下两种步骤的迭代操作。

第一步，向下通过（downward pass）删除那些以白点为前提的信念，在这里通过向下放大（downward amplification）对删除集进行检查，提高预见性，以保证得到的结果是最小改变的。如果首轮没有需要向下通过的任务，那么直接进入下一步。

第二步，向上通过（upward pass）至少删除一个以白点为结论的前提，在向上通过时通过障碍集的选择保证被涂白的节点一旦重新获得就能再次得到删除前的网络。有穷依赖网络正是通过这一与恢复假设等效的性质保证了最后结论是最小改变的。如此迭代进行，直到最终得到收缩结果。

最小改变原则是信念改变的理想性质，我们希望尽可能保留它，然而 AGM 的恢复假设无法保证最小改变。坦南特引入了贪心算法，它是一种在计算的每一步都给出局部最优解的算法，优点在于速度快、节省存储空间。这一算法虽然无法保证得到的是最小改变收缩的最优解，但是如果寻找最优解的算法过于耗费时间和空间，且一定范围内的次优解也是可以接受的，那么这一算法是一种现实的、合理的选择。

另外，在向上通过步骤中，关于选择删除哪个前件通常会有多种选择，一种办法是引入了主体对信念的偏好排序。信念集中的一些信念比其他信念更为可靠或牢固，我们在删除信念时应该删掉那些最不重要的也就是牢固度低的信念，引入对信念的偏好有助于缩小可能的收缩结果数量。

6.1.4.1 算法一：向下放大

坦南特的主要工作是通过三种贪心算法实现了有穷依赖网络上最小改变的收缩。首先提出问题：局部最优解能否保证是全局上的最优解？答案是否定的。因为在信念收缩时，每一阶段删除集都要快速被决定并进入到下一阶段。那么，局部最优的选择是不是全局意义上的最小改变收缩？答案也是否定的。坦南特给出了一个局部最优但不满足全局最优的例子：

例 6.2　如图 6.10。

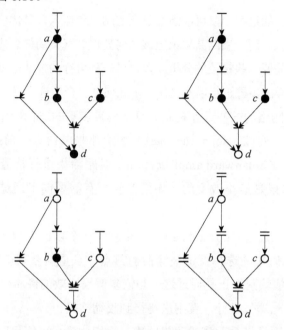

图 6.10　局部最优而不满足全局最优

按照上边的程序，用 d 收缩网络，首先，涂白 d；因为没任何信息依赖于 d，第一轮向下通过跳过；第一轮向上通过中，我们有两组前件 $\{a\}$ 和 $\{b, c\}$，备选的删除集一个是 $\{a, c\}$ 另一个是 $\{a, b\}$。假设我们选择 $\{a, c\}$，那么在下一轮向下通过时，所有点都被涂白，使这个网络变成空集。

由于有效的收缩未必满足最小改变原则，通过例 6.2 我们发现，如果涂白 a、b、d 同样是一种有效收缩，而 c 得以继续保留在网络中，与上边的选择相比，这显然是一种最小改变收缩。这种算法的弱点是显而易见的，由于删除集选择的非确定性，它无法预测到在局部范围内某一轮删除集的选择是否能得到一个最终的最优解。例 6.2 中，面对 d 推理的前件组合 $\{a\}$ 和 $\{b,c\}$，作出的是非确定性的选择，即把 $\{a, c\}$ 作为删除集，这最终导致了非最优解。如果可以在寻找到备选删除集 $\{a,c\}$ 的时候暂停，考虑一下是否存在一个满足条件 $\{a, c\}$ 的非空子集，之后再将结论向下通过，将可能弥补这一缺陷。在本例中如果选定这样的合适非空子集 $\{a\}$ 代替 $\{a, c\}$，那么在下一轮的向下通过中，由于 b 依赖于 a，点 b 将会被涂白收缩后的依赖网络中留下了 c，请看图 6.11。

当然，在本例中，如果幸运的话，主体直接选择$\{a, b\}$作为删除集，那么将得到最优解。但是刚刚提到的这种反思和补救措施是重要的，也是必要的。

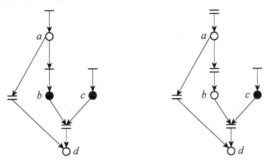

图 6.11   直接选择$\{a, b\}$作为删除集

为了解决这一问题，坦南特首先限制了删除集的选择范围，$\delta(Y)$是他所定义的一个"向前看"函数，它能帮助我们确定，如果删除集Y被选定，那么在下一轮向下通过时哪些点将被涂白。你也可以将它理解为，如果涂白Y，那么还将涂白某些点。如例 6.2，我们称$Y \cup (\delta(Y) \cap (\bigcup X))$为$X$向下放大$Y$，在例 6.2 中，$d$推理的前提集是$X=\{\{a\},\{b,c\}\}$，并且有$\delta(\{a\}=\{a,b,d\})$成立。定义的$\{a\} \cup (\delta(\{a\}) \cap (\bigcup X))=\{a,b\}$。作为对比，$\delta(\{a,c\})=\{a, b, c, d\}$，并且$\{a, c\} \cup (\delta(\{a, c\}) \cap (\bigcup X))=\{a, b, c\}$。当然，这也是有效的，但不是最优解。

在向上通过步骤的过程中，删除集中可能包含了一些不必要的元素，像例 6.2 中的点c，这样的可能性让信念主体不得不认真思考到底如何选择删除集。我们不能选择一个过大的删除集Y，虽然Y满足收缩的全部需要，但Y可能不是最小改变的。因为即使没有c，四元组还是可以通过一个不含c的Y的非空子集Z来完成收缩，这说明c不是必须删除的。

我们已经看到，第一种贪心算法的局限性，它无法预测到当前删除集的选择能否得到最终的最优解，而例 6.2 说明，如果不对删除集进行检查，那么很可能获得的就不满足最小改变原则。下面的两种算法将降低贪心程度，以获得更好的长远结果。

6.1.4.2   算法二和障碍集

我们用例 6.3 说明在向上通过步骤中通过障碍集来获得类似于向下放大的预见性。

例 6.3   用j收缩信念网络，如图 6.12，由于j不是任何结论的前提，因此跳过第一轮的向下通过。第一轮向上通过，j推理的前提集X包括$\{\{g, h\}, \{d, i\}\}$，为保证信念网络不会重新获得j，我们至少在两组集合中各涂白一个。通过算法二，我们需要找到一个删除集既是X封闭的，又满足最小改变原则。备选的删除集包括$\{g, d\}$、$\{g, i\}$、$\{h, d\}$、$\{h, i\}$，每一个集合都是X封闭的，检查是否存在一个非空子集W，使$W \cup (\delta(\{W\}) \cap (\bigcup X))$在$X$下封闭。这里不存在这样的子集，使得它的向下放大在$X$下封闭。$W$一共只有四种可能的存在方式，即$\{g\}$、$\{h\}$、$\{i\}$、$\{d\}$，分别检查后都不满足$X$下封闭。所以，这里我们不能通过检查删除集的向下放大，用来避免非最优解的出现。

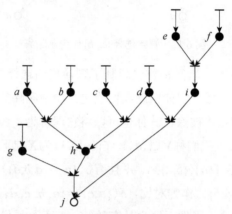

图6.12　用j收缩信念网络

这时，我们不得不在四种备选删除集中做出选择，假设我们取$\{h, i\}$，这个选择是任意的非确定性的。在第一轮向上通过中涂白h和i，因为j作为上一轮涂白的点，现在已经是旧的白点了，这里涂灰以示区别，见图6.13。

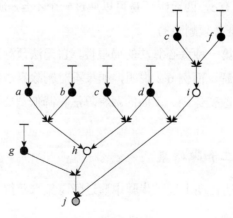

图6.13　取$\{h, i\}$

第二轮向下通过，涂白步骤($\{g, h\}, j$)和($\{d, i\}, j$)，现在将彻底删除j，因为在这一轮的向下通过后j失去了所有的前件支持。相应的依赖网络如图 6.14 所示，简化到这一阶段的依赖网络包含一些黑色推理横线的步骤，涂白h和i，尚未在以它们为结论的步骤中起作用。再次实施向上通过，h推理和i推理的前提集X是$\{\{a, b\}, \{c, d\}, \{e, f\}\}$，重复前面的步骤，每个集合中至少要涂白一个元素以使网络不至于重新返回上一步。假设选择$\{b, d, e\}$作为X的删除集，h和i在这一轮都是旧的白点了，因为$\{b, d, e\}$的每个元素都是自我支持的，向下通过使网络变成图 6.15，那里h、i以及自我支持的b、d、e被彻底删除。

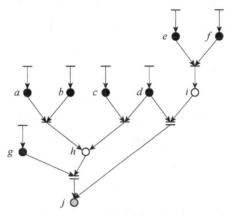

图 6.14　彻底删除j

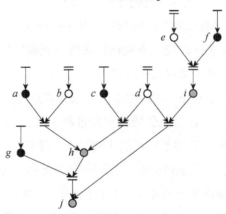

图 6.15　将h, i以及自我支持的b, d, e彻底删除

在剩余的网络中已经没有需要涂白的点了，于是算法停止，输出结果。

在本例中，我们可以得出如下结果：如果重新获得e，在网络中无法还原j；如果重新获得d，在网络中可以还原j；如果一个点在网络中的重新获得对还原j没有影响，那么它不是必须被删除的，根据最小改变原则，这样的点应该保留。

前面已经说明了，在向下通过步骤中可以借助向下放大来提升预见性，而这一方法不涉及向上通过步，我们需要一种方法在向上通过步骤中获得类似的预见性。在任意给定的向上通过步骤中可以利用上一轮向上通过产生的信息：首先，我们记录在任意向上通过步中产生的信息，为下一轮更新做准备；然后描述下一轮向上通过中如何利用这些记录下来的新信息。

在任意向上通过的时候，存在集合 M 是最新涂白节点的集合，这步的目标是涂白更多合适的节点，这些被选节点来自删除集 Z。假设向上通过步骤针对的是子网络 R，结果是涂白 M 中的某个前件元素 x。现在需要记录的是 M 中元素的推理集合，它在 Z 中的唯一元素是 x，我们记为 x-baffle

$$\bigcup_{y \in M} \mathcal{C}_T(x, y, Z).$$

于是，对于每个 Z 中的 x，这个 x-baffle 都是非空集，因为删除集中至少有一个 x。

那么对于多轮序列中的向上通过，比如当前是第 k 阶段，上一阶段是 i（其中 $i<k$），最新涂白的节点在 M_i 中；如果 z 在 M_i 中，那么在第 i 次的向上通过应记录的 z-baffle 是

$$\bigcup_{y \in M_{i-1}} \mathcal{C}_T(z, y, M_i).$$

在接下来的向下通过步骤中，这样的障碍都会被剩下的非空子集取代，障碍集 $\mathcal{B}$ 为这样的向上通过步骤更新提供了约束性条件

(β)：保证被选定的删除集 Z 使得没有 x 在 $\mathcal{B}$ 中是 x-baffle 满足 $(Z \cup \delta T(Z)) \setminus \{x\}$。

(β) 是一个最优化条件，我们不能保证它的一般满足性，如果一个删除集满足了 (β) 将被称为无障碍的（unbaffled）。如果 Y 是障碍的，那么它的障碍（bafflement）是 $\{x\text{-baffle } B \text{ in } \mathcal{B} | (Y \cup \delta T(Y)) \setminus \{x\}$ 满足 $B\}$。很显然当我们面对障碍时，希望障碍最小化。在合适的障碍更新过程中，(β) 在障碍集 Y 的选择上变得更为紧急，因为在障碍集的子集上禁止满足比在障碍集上更难。

非空障碍集 Y 将会触发还原机制，直到一些合适的非障碍可选被发现，当然这个集合也必须满足前面的所有要求，如果没有这样的非障碍集存在，那么我们或许应该考虑是否这是一个合适的讨论话题。我们对于无障碍的删除集的选择只是延伸了前边关于向下放大的条件。

6.1.4.3 算法三与限制定理

我们用例 6.4 说明向上通过步骤中障碍集的作用。

例 6.4 本例再次用到上例中的依赖网络，图 6.12 中，不妨采用包含了新限

制条件（β）的扩展算法，重新收缩网络。首先由于没有信念依赖于j，因此第一轮向下通过跳过，第一轮向上通过。我们选择j推理的集合X，包含$\{\{g,h\}, \{d,i\}\}$；我们再次选择涂白h和i，这里是非确定的选择，障碍集是空的。第二轮向下中涂白步骤（$\{g,h\}$,j）和（$\{d,i\}$,j）并且把j传递到E中，如图6.16。

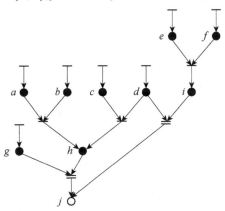

图 6.16　涂白步骤（$\{g, h\}, j$）和（$\{d, i\}, j$）

接下来我们记录h-baffle $\mathcal{C}_T(h, j, \{h, i\})$和$i$-baffle $\mathcal{C}_T(i, j, \{h, i\})$，分别是$\{\{g, h\}\}$和$\{\{d, i\}\}$，一般而言，这样的障碍不一定是唯一的。

现在再次考虑向上通过，h推理和i推理的前提集X是$\{\{a, b\}, \{c, d\}, \{e,f\}\}$。

这样，删除集的选择就没那么直接了，Y不得不包含a或b，c或d，以及e或f。根据限制条件(β)，Y不能含有d，因为$\{d\}$在i-baffle$\{\{d, i\}\}$下是封闭的并且不能含有i。不妨假设Y是$\{b, c, e\}$，现在h和i都是旧的白点，把它们涂灰以示区别。由于b、c、e都是自我支持的，在下一轮向下通过后，如图6.17，网络变为：

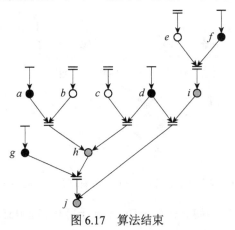

图 6.17　算法结束

这里不存在黑色步骤以白色点位作为结论，于是算法结束。现在例6.3中不能返回j的问题已经可以避免了，如果我们重新获得某个在向上通过步骤中被涂白的自我支持的节点，那么将重新获得j。再回头考虑这个例子，如果c不存在了，从d直接可以得到h，依赖网络变为图 6.18：

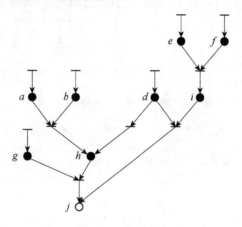

图 6.18　c不存在

像前边一样，用j来收缩网络，第一轮因为没有节点依赖于j，所以跳过第一轮向下通过。在第一轮向上通过时，出于同样的考量，我们还是选择涂白h和i。第二轮向下通过中涂白步骤（$\{g, h\}, j$）和（$\{d, i\}, j$）并且将j彻底删除，因为此时j已经失去了所有前件的支持，如图 6.19：

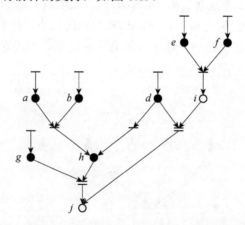

图 6.19　涂白（$\{g, h\}, j$）和（$\{d, i\}, j$）并且将j彻底删除

需要再次被记录的障碍集是h-baffle $\{\{g, h\}\}$和i-baffle$\{\{d, i\}\}$，现在我们再次实施向上通过，h推理和i推理的前提集X是$\{\{a, b\}, \{d, \{e, f\}\}\}$。删除集$Y$的选择现在是不可以的，因为$Y$不得不含有$d$，但这又违反限制条件（$\beta$）对于

i-baffle$\{\{d,i\}\}$的约束。因此，如果再执行算法，我们不得不原路返回。事实上，当我们重新思考在最早的删除集中的选择时，如果选择$\{d, h\}$而不是$\{h,i\}$，那么得到图 6.20 的表述：

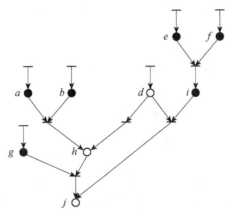

图 6.20　选择删除集$\{d, h\}$

向下通过后剩下的网络如图 6.21。

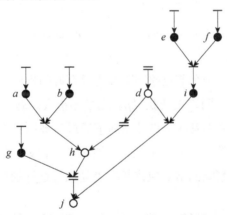

图 6.21　向下通过后剩下的网络

不妨记录h-baffle$\{\{g, h\}\}$，d-baffle$\{\{d,i\}\}$，现在白色步骤的前件集中都有白点，向下步骤完成。但是有白点是黑色推理横线的结论，（即$a, b|h^*$），因此还要进行下一轮的向上通过；我们选择删除集$\{b\}$，它满足限制条件（β）对于目前所有记录的障碍要求。最后一轮向下通过的结果如图 6.22 所示：

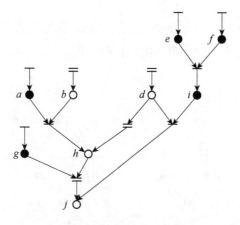

图 6.22　选择删除集{*b*}

现在没有白点是黑色推理横线后的结论了，可以输出结果。注意，现在的收缩满足最小改变的条件（*β*）。在收缩过程中的向上传递步骤中涂白了*b*、*d*、*h*和*j*。通过检测可以看到，重新获得任意其中一个节点都会导致*j*的恢复。

坦南特已经证明这一算法是一般性成立的①，通过给贪心算法在向下步骤中加上向下放大的最小封闭集提高预见性，然后检查潜在的逃脱了涂白的节点。限制条件（*β*）提供了合适的辨别标准，不论何时通过这一方法获得的输出结果都是满足最小改变的。

在收缩过程中，每一个节点的删除都需要有好的理由。如果重新获得这个删除的节点将会通过依赖网络重新获得*p*。当然不能要求每个在收缩中被涂白的点都具有同样的作用，因为有些节点是在向下通过时被删除的，这些节点由于不是向上通过步骤时删去的，因此重新获得与否可能对*p*没有影响。因此这里要求的是向上通过步骤中被删除的节点应该具有"复原"这样的属性。

6.2　有穷依赖网络与其他信念修正理论的比较研究

有穷依赖网络作为一种新的信念修正方法有必要与以往的信念修正理论进行比较。然而，由于近年来这一领域提出过许多种不同的方法，限于篇幅，笔者不可能把所有的信念修正方法都拿来进行对比。下面主要对比三种信念修正理论：第一，开始提到的真值保持系统（TMSs）与坦南特的思想具有相似性，笔

---

① 证明见 Tennant N. 2012. Changes of Mind: An Essay on Rational Belief Revision. Oxford: Oxford University Press: 180-181.

者将对比他们的不同之处。第二，AGM 理论作为信念修正领域最有代表性和影响力的理论，自然有必要将它与坦南特的工作进行对比。第三，近年来发展起来的动态认知逻辑（DEL）为研究信念变化问题提供了另一种全新的视角，笔者也将简单介绍其技术特点。

6.2.1　与 TMSs 的异同之处

前边提到了一些有穷依赖网络与真值保持系统类似的想法，比如带有结点和统一关系结构。此外，系统必须是一致的，当出现矛盾时，系统使用一种原路返回的程序，寻找直接或间接导致矛盾的基本假设，并删除其中一个假设。这一想法也符合坦南特的四个直觉。这里指出与真值保持系统不同的几点：基于多伊尔（Doyle）等的工作，人工智能专家提出的相关系统包括真值保持系统（TMSs）、推理保持系统（RMSs）以及基于证明的真值保持系统（JTMSs）。

首先，不像 JTMSs 要求信念是良基的，有穷依赖网络允许信念网络中的信念是非良基的，即信念网络中的信念可能没有良基的起始信念序列作为支持，可以将良基的信念网络视为有穷依赖网络的一个特例。

其次，在有穷依赖网络中关注的核心是推理步骤，而非节点，选择合适的基本结构，在处理推理和信念改变时是重要的。FDNs 将推理步骤而非节点作为基本结构是相对于上述其他方法的一个重要区别，在这里，节点作为步骤的组成部分而存在。

6.2.2　与 AGM 相比的特点和优势

AGM 理论作为信念修正的经典理论自然应作为 FDNs 的主要对比对象。笔者前面简单介绍了 AGM 的基本理论，已经知道可以通过莱维等式和哈珀等式实现收缩、扩张和修正的转化。信念修正理论的核心是要说明进行信念收缩的操作方法，前边提到 AGM 选择的是理论即逻辑封闭的句子集，当一个理论 K 针对它的一个元素 A 进行收缩时，收缩的结果 K-A 需要满足收缩函数的 8 条假设，并且任何满足这 8 条假设的函数都可以定义为收缩函数，这就是所谓的表示定理（representation theorem）。AGM 理论通过构造满足假设的部分交收缩（partial meet contraction）函数达到处理信念收缩的目的。然而坦南特已经证明，可以构造出符合 AGM 的基本假设的修正函数和收缩函数，而它们却具有像最大改变和最大膨胀这样的荒谬性质①。

有穷依赖网络与 AGM 相比有三点不同：第一，AGM 理论缺乏计算可操作性，因为它处理的是逻辑封闭的无穷句子集，而有穷依赖网络处理有穷集，计算上具有可实现性（implementability）；第二，AGM 的恢复假设一直存在很大争议，有穷依赖网络理论并不存在这个问题；第三，AGM 的方法不能获得最小改变，而有穷依赖网络通过对贪心算法进行限制从而得到理想的解。具体如下。

6.2.2.1 可实现性

首先提出的不同之处是可实现性，因为有穷依赖网络理论不关注无穷的逻辑闭包，直接处理的对象和结构却是有穷的，对象之间的关系也是可判定的。存在一个元哲学和元逻辑的证明将上述理论的处理限制在有穷和可计算性之中。推导任何定理都只要有穷多个最小的逻辑公理的集合。部分交函数不是一般可计算的，因为它的无穷性特点和逻辑结论之间关系的不可判定性，使其难以成为一个令人满意的解决方案。AGM 理论没有提供一种有说服力的计算可实现的收缩算法。坦南特在他的相关文献②中为收缩理论提出了一种初步的粗略着色算法，这一算法利用了有穷的概念和结构，使得它与 AGM 理论的无穷非可判定性的概念有明显差异。嘎登福斯曾提到，自己认为 AGM 理论应该能解决计算可实现性，但事实是 AGM 理论不具备这样的性质，它处理那些逻辑封闭的无穷句子集，并且没有给出任何收缩和修正的具体算法，这一批评也被众多逻辑学家所认同，比如汉森（S. Hansson）曾在他的相关文献③中指出信念集是逻辑封闭的句子集看上去不自然，因为要改变信念就要处理如此巨大的信念集以至于它包含了各种不相关的和不曾被想到过的句子。仅仅这一点原因就足够促使我们去寻找其他替代方案了。

AGM 并没有找到最合适的解决信念收缩的方法，即使是在有穷的信念基（base）理论中，提出的"基收缩"（base contraction）的方法同样不能保证是最小改变的。AGM 希望具备的计算可实现性最终证明是不现实的。这对计算机或人工智能来说是个巨大的缺陷。可能有人认为，这是为了达到整体目的而不得不付出的可计算性代价，如果为了实现收缩或修正的整体描述，这样做或许可以被原谅，但事实上 AGM 理论并非如此。

---

① Tennant N. 2006. On the degeneracy of the full AGM-theory of theory-revision. The Journal of Symbolic Logic, 71 (02): 661-676.

② Tennant N. 1994. Changing the theory of theory change: towards a computational approach. British Journal for the Philosophy of Science, 45 (3): 865-897.

③ Hansson S O. 1996. Knowledge-level analysis of belief base operations. Artificial Intelligence, 82 (1): 215-235.

6.2.2.2 恢复假设和最小改变

AGM 的假设中争议最大的是恢复（Recovery）假设，恢复假设实际上揭示了向前的表示定理①。但是恢复假设违反了一些自然直觉，下面展示一个恢复假设不能成立的例子。

例 6.5 主体相信

（*a*）小陈有一个女儿

并且意识到这蕴涵着

（*b*）小陈有一个孩子

因此，如图 6.23 所示，主体是在相信 *a* 的基础上才相信 *b* 的（子图 1），但是主体后来对"小陈有一个女儿"这一信息来源失去了信心，于是放弃了信念 *a*（子图 2）。因为 *a* 是主体相信信念 *b* 的唯一支撑，于是主体也放弃了信念 *b*（子图 3）。现在如果主体又得到一个确实可靠的消息称"小陈有一个孩子"，但孩子的性别不确定，点 *b* 就要再次涂黑了。这次 *b* 的颜色是由起始横线规定的，不再依赖 *a* 了（子图 4）。

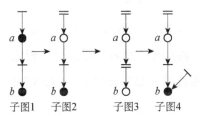

图 6.23 恢复假设和最小改变（1）

例 6.6 这个例子来自汉森的相关文献②。关于信念集 *K*，在第一阶段，主体不妨设为"我"。如图 6.24 所示，"我"持有两个信念：a. "乔治是个罪犯"；b. "乔治是个杀人犯"。现在"我"接收到信息 *i*，*i* 的信息让"我"放弃 *a*，由此"我"也必须放弃 *b*，因为 *a* 依赖于 *b*，那么"我"的信念进入第二阶段；之后"我"又收到新信息 *j*，*j* 让"我"相信 *c*（"乔治是个小偷"）是真的，扩张后的结果为信念第三阶段，|(*K-a*)+*c*|。因为 *a* 依赖于 *c*，|(*K-a*)+*a*| 是 |(*K-a*)+*c*| 的一个子集。根据恢复假设，|(*K-a*)+*a*| 包含 *b*，那么 |(*K-a*)+ *c*| 也包含 *b*。因此，由于"我"开始时相信乔治是个杀人犯，现在如果"我"不相信他是个杀人犯"我"就无法相信

---

① 当一个理论 *K* 针对它的一个元素 *A* 进行收缩时，收缩的结果 *K-A* 需要满足收缩函数的 8 条假设，并且任何满足这 8 条假设的函数都可以定义为收缩函数，这就是所谓的表示定理。

② Hansson S O. 1996. Knowledge-level analysis of belief base operations. Artificial Intelligence, 82 (1): 219-220.

他是个小偷了。

显然信息 i 和 j 是矛盾的，假定一开始"我"就认识到某人是一个小偷蕴涵着他是一个罪犯，尽管"我"当时不知道乔治是个小偷。

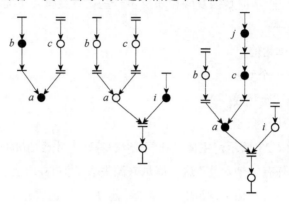

图 6.24 恢复假设和最小改变（2）

这些例子反映的缺陷是由于 AGM 理论没有深入细致地分析信念改变造成的，嘎登福斯只是草草地提到了多伊尔的真值保持系统。尽管认识到了包含证成关系的信念更为丰富合理，但他们并没有深入研究。同时也没人注意爱舍灵顿（D. W. Etherington）的违约推理，后者直觉清晰地表达了以下原则：如果我们放弃一些信念，那么我们必须放弃那些依赖于它们的信念，新的信息可以使原来得出的结论作废。

具有讽刺意味的是，为了获得收缩，AGM 需要抛弃恢复假设，从这样的收缩出发，AGM 理论是否还能得到认可值得重新思考。为了说明最小改变，我们先提到了恢复假设。从 AGM 三人的观点看恢复假设，不难理解，这样做其实是为了保证收缩过程中的最小损失，也即最小改变原则①。因此可以说恢复假设和最小改变原则这二者是紧密相关的。信念修正理论传统中主要有两种收缩方法，一种是部分交收缩，一种是所谓的安全收缩，但它们都不能保证收缩结果是最小改变的；当然，前边已经提到的信念基收缩方法也一样。前面已经花费很多篇幅来解释 FDNs 在求解最小改变上的努力，尽管局部的最优解可能不是最终的最优解，但对于具体的有穷步收缩而言，这是有效的而且已经足够了。

---

① Alchourrón C, Makinson D. 1981. Hierarchies of regulations and their logic// Hilpinen, R (eds). New Studies in Deontic Logic: Norms, Actions and the Foundation of Ethics. Dordrech: D Reidel Publish Company: 125-148.

6.2.3 与信念修正的动态逻辑比较

通常说来，信念修正有两大传统，其一是沿着 AGM 理论发展而来的，通过假设合理性条件，构造收缩和修正函数，刻画信念变化。另一种就是这里要介绍的动态认知逻辑，这一传统采用的是模态逻辑的分析方法，通过引入动态算子刻画信念变化，由于两种方法源于不同的思想，虽然都能处理信念改变但还是有显著的区别，笔者这里仅简单介绍如何从认知逻辑的角度刻画证成关系步骤以及信念改变的动态逻辑。

6.2.3.1 对证成关系步骤的认知逻辑刻画

由于证成关系步骤是有穷依赖网络的核心和重要贡献，我们有必要弄清它的概念。第 2 章中提到传递步骤的概念，一个步就是从前件集$\{b_1, \cdots, b_n\}$到一个不同的结论a。传递步骤的解释是，如果主体有理由相信$b_1, \cdots, b_n$那么主体也有理由相信a。

坦南特将这一解释表示成如下自然推理形式：

$$Jb_1, \cdots, Jb_n \vdash Ja$$

其中$J\varphi$的意思是主体有理由相信φ，这一步骤的核心之处不仅是前件，更是前后件之间的逻辑关系。这种逻辑关系是什么？我们首先想到的就是命题逻辑推理规则$\{b_1, \cdots, b_n\} \vdash a$，不难检查$b_1 \wedge \cdots \wedge b_n \rightarrow a$是有效的，这意味着只要$\{b_1, \cdots, b_n\} \vdash a$在命题逻辑中是客观成立的，那么主体知道证成步骤可以从$\{b_1, \cdots, b_n\}$到a。

尽管坦南特提出了最简记忆的规则，然而理性主体还是可能不知道$\{b_2, \cdots, b_n\} \vdash a$是有效的，即前件的子集是结论成立的充分条件，这种逻辑关系不能是基本的命题推演规则。

郭佳宏等指出[①]，这种带有穷前提集的证成关系步骤在命题信念逻辑中，可以简化表达为：

$$\mathcal{B}b_1, \cdots, \mathcal{B}b_n \vdash \mathcal{B}a$$

其中$\mathcal{B}\varphi$的意思是主体相信φ，一种经典的信念逻辑理解成 **KD45**。那么以上推理模式等价于

$$\mathcal{B}(b_1 \wedge \cdots \wedge b_n) \vdash \mathcal{B}a$$

因为信念在有穷交下是封闭的。假设$\mathcal{B}a$是由前件$\mathcal{B}(b_1 \wedge \cdots \wedge b_n)$得到的，也

---

① Guo J H, Zhang L. 2013. Review on "Changes of Mind: An Essay on Rational Belief Revision". http://ndpr.nd.edu/news/changes-of- mind-an-essay-on-rational-belief-revision[2013-5-5].

就是说主体相信 a 因为主体相信 $b_1 \wedge \cdots \wedge b_n$。在这种情况下，如果收缩信念 a 意味着 $\mathcal{B}a$ 变为 $\neg \mathcal{B}a$，根据推理规则，我们于是就有 $\neg \mathcal{B}(b_1 \wedge \cdots \wedge b_n)$，这意味着必须至少有一个 $\mathcal{B}b_i \{i \in \{1, 2, \cdots, n\}\}$ 转变为 $\neg \mathcal{B}b_i$，因为 $\{b_1, \cdots, b_n\}$ 是一致的并且放弃哪个 b_i 是随机的。这种思想类似于坦南特的着色公理，用黑点表示 $\mathcal{B}b_i$，用白点表示 $\neg \mathcal{B}b_i$，那么上述涂白 b_i 的过程极其类似于 FDNs 中向上传播白色；相似的一个传递步骤，只有当主体相信所有前件集中的 $\{b_1, \cdots, b_n\}$ 主体才相信 a；现在舍弃前件集中的某个信念 b_i，那么主体从 $\mathcal{B}a$ 变为 $\neg \mathcal{B}a$，这一步类似向下传播白色。

尽管信念逻辑与 FDNs 有许多相同之处，但推理横线（stroke）却比 ⊢ 或 ⊬ 更具表达力。我们知道 $\{b_1, \cdots, b_n\}$ 与 a 之间可能不存在任何客观的推理关系，因此在收缩过程中可以放弃他们之间的传递步骤，但这与坦南特的规定相反。坦南特认为步骤一旦获得就存在于信念网络之中，人们可以改变步骤的颜色但不能删除它们。因此这里所定义的步骤改变并不满足坦南特的想法。

现在我们假设这一逻辑关系在一阶逻辑的有穷前件推理下是有效的，在这种情况下我们要做好准备，因为一阶逻辑的不可判定性，主体可能不知道一些有效的推理规则。但我们预设的理性主体是逻辑典范，它们在逻辑上是不会犯错的。主体相信原来是无效的推理现在是有效的就不是逻辑典范的，所以在这里是不可能的。看起来，带有穷前件的一阶逻辑推理规则具有坦南特期待的证成关系步骤的逻辑特性[①]。

6.2.3.2 信念修正的动态逻辑

一般而言，经典认知逻辑只是静态地描述主体的认知状态。自 20 世纪 90 年代以来，为信息改变引起的知识和信念变化的动态逻辑，已经成为逻辑学、人工智能和博弈论的重要交叉领域。在动态逻辑和 AGM 理论的启发下，逻辑学家尝试合并二者的语言和模型中的成分，建立新的动态认知逻辑。

一种方法是建立在信念系统 **KD45** 基础上的动态逻辑，由于加入了保证一致性的公式 $\neg B(p \wedge \neg p)$ 使得 **KD45** 能够较好地刻画相信算子的基本性质，包括一致性、正内省性和负内省性。在唐晓嘉和郭美云的《现代认知逻辑的理论与应用》[②]一书中，给出在 **KD45** 基础上利用顺序条件函数对可能世界进行排序的

---

① Guo J, Zhang L. 2013. A review on changes of mind: An essay on rational belief revision. Notre Dame Philosophical Review.

② 唐晓嘉，郭美云. 2010. 现代认知逻辑的理论与应用. 北京：科学出版社.

信念逻辑系统S_{SBR}，这一系统最大的特点在于对可能世界的排序，此外它很好地表现了知识作为一种特殊的信念以及 **KD45** 中的正负内省公理在新系统中依旧成立，同时，关于知识的知道公理和关于信念的弱知道公理也成立①。在这个系统的基础上，信念修正的动态逻辑是通过引入行动算子来实现的，在动态认知逻辑系统S_{DBR}中给出行动算子$[\pi]\varphi$直观表示"执行π动作后φ成立"，并证明了系统的完备性。关于动态逻辑和动态认知逻辑的介绍，读者也可参考本书的第 2 章和第 3 章。

这一系统的优点是考虑到了对可能世界的合理性排序，以便使收缩操作更合理；但其中的缺陷也显而易见，不管是S_{SBR}还是S_{DBR}都是单主体的，没有研究群体知识在主体交流过程中的相关变化。

在范本特姆著、刘奋荣等学者合译的《逻辑、信息和互动》一书②中，范本特姆在动态认知逻辑框架下给出能够表示信念转变的形式化描述，比如，

$$[+A]B\varphi, [*A]B\varphi$$

直觉上意味着，在用A进行每一次成功的扩张或修正后，主体相信φ。他还给出了信念修正的动态升级逻辑。

有穷依赖网络沿着 AGM 传统继续前行，坦南特的工作没有涉及用模态逻辑的方法对信念修正进行研究，他给出了一组基于直觉主义能够刻画基本核心逻辑（core logic）的推理规则。这些推理规则描述了信念改变的性质，缺少这些规则，进行信念修正是不可能的，这些规则是必要的和不可削减的。

6.3　信念改变的核心问题讨论

笔者已经介绍了信念改变的有穷依赖网络理论，以及它与其他相关理论的对比，有穷依赖网络可以帮助我们解决一些信念修正方面的问题，但信念修正领域仍然存在的一些有争议问题值得进一步讨论。这一节将重点讨论两个与信念改变相关的核心问题：首先是理性主体信念集的选择；其次是认知牢固度方法的作用。笔者试图理清这些问题，并对坦南特的观点做出评价。

---

① 知道逻辑系统中的可及关系是等价关系，其中自返关系对应的是知道公理：$K\varphi\to\varphi$，直观意义是"知道的事实为真"。弱知道公理是$\neg(B\varphi\wedge B\neg\varphi)$，它是$K\varphi\to\varphi$的弱化，它刻画了信念的无矛盾性，即不会同时相信两个矛盾的命题。

② 约翰·范本特姆. 2008. 逻辑、信息和互动. 刘奋荣，余俊伟，等译. 北京：科学出版社.

6.3.1 理性主体信念集的选择

所谓理性主体，指的是那些具有自我思考和自我行动能力的个体。在处理与认知相关的问题时我们通常会预设理性主体，但在不同理论中这一主体具有不同特点。接下来，笔者将主要介绍三种信念集的可能选择——信念理论、信念基和有穷的发展。有穷的发展是坦南特主张的信念集，它介于信念集和信念基之间，避免了信念集的逻辑全知问题，同时也比信念基更富有表达力。我们将通过对比说明，坦南特选择以有穷的发展作为信念集是合适的。

6.3.1.1 信念理论与信念基

首先，在 AGM 的预设中，理性主体的信念状态被表示成在逻辑后承下封闭的信念集，这样的预设具有两个特点：首先，它是逻辑后承下封闭的；其次，一般情况下集合中有无穷多个句子。被这样表述信念集的主体，坦南特称之为"逻辑圣人"，我们通常称之为逻辑全知者。AGM 的假设太理想化，结果产生了逻辑全知问题，逻辑全知者（逻辑圣人）有着不受限制的推理能力，这样的认知主体可能不能反映真实的信念改变。为处理逻辑全知问题，以前的学术研究成果也提出过很多方法，参见《布莱克威尔哲学逻辑指南》一书[①]。

总体而言，我们希望得到一种排除了逻辑全知这样性质的信念集。在这种背景下，信念基的方法被提出了。信念集与信念基的最大区别在于，信念基不是逻辑后承下封闭的。这一改变就是为了避免逻辑全知。此外，在信念集中所有的信念地位都是无差别的。而在信念集中，信念被区分为两类，一类是信念基中的信念，这些信念都是不需要其他信念支持的信念，它们是不证自明、自我自持的；而另一类是推出信念或导出信念，指那些只有依赖于基础信念才能成立的信念，如果它所依赖的基础信念被删除，相应的推出信念也要被删除。

如果用 A 表示信念基，那么它对应的信念集是 $K=\mathrm{Cn}(A)$。如果用-表示信念集上的收缩，那么用÷表示信念基上的收缩，信念集上的部分交收缩也同样适用于信念基，部分交收缩的大部分基本假设在信念基上仍然成立，但恢复假设不成立。还有学者将信念基上的收缩称为核收缩（kernel contraction）。这时，通过切割函数（incision function）在每一个以 p 为核[②]的集合中至少选择一个元素删除，可以证明，所有信念基上的部分交收缩都是核收缩，但不是所有核收缩都是部分

---

① Goble L. 2001. The Blackwell Guide to Philosophical Logic. Oxford: Blackwell Publishers.
② 如果 B 是一个信念基并且 p 是一条信念，那么 p 核的信念集是包含 p 的最小的 B 的子集。

交收缩，说明核收缩是部分交收缩的一个概括①。

关于信念基上的修正，可以基于与上述收缩类似的方法得到。

6.3.1.2 一种居中的信念集

信念基理论的优势是明显的，它不是逻辑后承下封闭的信念集，从而在避免逻辑全知问题上优于信念集，而且它将信念集中不加区分的信念区分为基础信念和推出信念，这样的区分是有意义的。但是信念基的选择似乎局限性太强了，它只关注那些能够自我证成的基础信念，而需要其他信念支持或证明的推出信念被认为是不重要的。有些不符合直觉的是，我们的信念集中不仅包含那些能够自我证成的信念，还包括一些推出信念。而信念基没能很好地刻画这一点。我们显然希望能在信念基和信念集之间构造一个逻辑后承下不封闭的信念集合，并且这一集合能区分基础信念和推出信念。这将是在信念集和信念基的基础上取长补短的想法。可以说，坦南特提出的有穷发展正是这样的一种想法。与信念基同样，他放弃了逻辑后承下封闭的集合，给出了另一种理性主体——逻辑典范：一种遵守逻辑规律，不犯逻辑错误的理性主体。与逻辑全知最大的不同之处在于，这一理性主体不要求信念集是逻辑后承下封闭的。笔者在 6.2 节已经介绍过，坦南特将信念集区分为理论、基础和发展；特别区别于基础的是，发展是可缩短的基础，一种带有推出信念的集合。有穷发展，不仅关注对基础信念和推出信念的区分，更关注两者间的关系，坦南特称之为证成关系，这一关系使两者具有更直接的联系，并且作为一个整体步骤中的前件和结论在有穷依赖网络中相互影响。

下面的例子（例 6.7）说明，对于基础信念和推出信念的区分是重要的，因为不同阶段的信念在信念收缩时会产生完全不同的结果。

例 6.7 假定我们现在只关心原子信息 p 和 q。

第一种情况是，某主体有原子信念 p，即他相信 p。按照基本的命题逻辑，他应该还相信 $p \lor q$（既然根据析取引入可以推出 $p \lor q$）。AGM 理论把主体信念状态看作逻辑后承下封闭的理论，上述情况下主体的信念集应该是 Cn（$\{p\}$），实际上导出信念 $p \lor q$ 是依赖于信念 p 的。现在某个确定的信息使得该主体相信非 p。于是他需要放弃原有信念 p（按照 AGM 的最小破坏原则，不一定需要放弃 p 或者 q），收缩 p 以后得到的信念状态仍然是理论，即 Cn（$\{p \lor q\}$）。然后，再加进去新信念非 p。可是一旦非 p 加入，同时，原先由 p 推得的信念 $p \lor q$ 没有被放弃，结合有

---

① Hansson S O. 1994. Kernel contraction. Journal of Symbolic Logic, 59(3): 845-859.

效逻辑推理规则（选言三段论）可推知q（修正后得到的信念集也是理论）。这意味着主体开始相信q。显然，实际生活中的主体是不会这样做的，因为他清楚地知道原先的信念$p \vee q$是根据原先信念p逻辑推得的，对p放弃意味着也应该放弃它相应的逻辑结论。用 FDNs 表示，如图 6.25 所示：

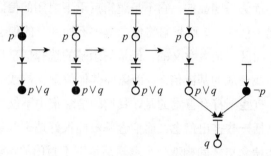

图 6.25　某主体有原子信念p

还有一种情况是：先有合理的辩护使得主体相信$p \vee q$，然后再相信p，得到的信念集同样是 Cn({p})。接下来如再得知原来$\neg p$是正确的，于是主体需要去掉原来的信念p。这种情况下，早先的信念$p \vee q$是独立于p而存在的，对p的收缩不影响，所以没有必要在收缩过程中把它也去掉。然后$\neg p$的加入结合原先的信念$p \vee q$，得出新的信念集 Cn({q})。这种情况符合直观，如图 6.26 所示：

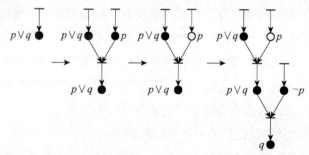

图 6.26　先有合理的辩护使得主体相信p或者q，然后相信p

从以上例子可以看出，$p \vee q$在依赖网络中是基础信念还是推出信念，在收缩过程中是非常重要的，这将导致不同的收缩结果。在坦南特的依赖网络理论中，基础信念对应起始步，推出信念对应传递步。

AGM 传统由于预设过强（理性主体的信念状态表示成在逻辑后承下封闭的命题集合），没有考虑信念基础、信念发展等阶段中信念之间的证成关系。不同的证成关系会导致实际的修正过程不一样：正如前面提到的，信念发展阶段$p \vee q$如果是来自p，则收缩p时应该把$p \lor q$也去掉；而$p \lor q$如果是独立的信念，则收缩p时应该把它（$p \lor q$）留下。逻辑后承下封闭的信念集不能区分这样的修正过程。

总之，基于理性主体的预设应该更自然地反映人的思维状态，选择一种介于信念集与信念基之间的有穷发展作为信念集合，应该是一个合适的起点。这一选择避免了逻辑全知问题，而且区分了不同阶段的信念，更重要的是，它将从前提到结论的证成关系步骤作为一个整体来看待，从而可运用相应的公理和规则，依赖网络进行收缩和修正操作。

6.3.2 认知牢固度方法的作用

在处理信念收缩的操作时，非常直观的印象是，主体常常面临多种选择，哪怕在"从前提$\{b_1, b_2\}$得到结论a"这样的简单例子中也是如此：如果删除结论a，那么前提中至少要删除一个元素；删除b_1还是b_2是主体面临的选择，而不管选择删除b_1或者删除b_2都是有效的信念收缩方式。这直接导致了收缩结论的非确定性，信念收缩的多种有效结果不一定都满足最小改变的要求。AGM 传统在处理信念改变时还引入认知牢固度方法，首先用来删除那些最不可靠的信息；坦南特提出的方法常常面对的问题是收缩结果的非确定性，要想确保唯一的结果需要更加关注信念本身的价值，并将价值高低对应于一个可衡量的认知牢固度进行排序。接下来根据理性主体信念集选择的不同，首先介绍 AGM 理论中关于信念集认知牢固度的基本思想，然后介绍针对信念基的认知牢固度方法，最后提出将认知牢固度方法引入至介于信念集与信念基之间的发展。坦南特的有穷依赖网络理论无法确保收缩结果的唯一性，这显然是不理想的，我们将考虑通过引进认知牢固度概念，使得有穷依赖网络收缩更便捷地获得满足唯一性的收缩结果。

6.3.2.1 AGM 理论中的认知牢固度方法

最早提出认知牢固度方法的是马金森和嘎登福斯等学者。这一方法的直觉大致如下：在信念集K中，句子p的认知牢固度弱于句子q；当且仅当主体在K的信念状态下不得不放弃p或q中的一个时，主体将会放弃p而保留q。这一工作的核心思想是，首先给出收缩和修正的理性假设作为收缩和修正的限制条件，由于已经知道收缩和修正可以互相定义，我们只需研究收缩，然后介绍基于认知牢固度的计算易处理的信念排序问题，最终获得表示定理试图满足特定假设的收缩和修正函数，以此把问题转化为信念集上满足限制性条件的认知牢固度排序问题，具体内容可参见嘎登福斯等学者的相关文献①。

这里跳过刻画信念收缩和修正函数的 8 条假设，以及它们之间相互定义的证明，直接给出刻画认知牢固度的假设作为定义收缩和修正函数的基础。

信念收缩的基本指导思想是，当信念集 K 需要进行收缩操作时，被删除的应是 K 中认知牢固度最低的那些信念。这里没有预设个体能够定量地测量认知牢固度，对这一概念我们只做定性的研究。

如果 A 和 B 是 K 中的句子，$A \leqslant B$ 的直观意义是 B 至少和 A 一样牢固，严格的关系 $A < B$ 表示 B 绝对地比 A 更牢固，这里的 $\leqslant$ 关系是定义在指定信念集 K 上的，不同的信念集对应于不同的认知牢固度排序。认知牢固度给出了 5 条基本假设，包括：①传递性，即如果 $A \leqslant B$，$B \leqslant C$，那么 $A \leqslant C$；②支配性，即如果 A 蕴涵 B，那么在信念收缩时应该首先删除 A；③相交性，即对于任意 A 和 B 有 $A \leqslant A \wedge B$，或者 $B \leqslant A \wedge B$；④极小性，即已经不在 K 中的句子认知牢固度最小；⑤极大性，即逻辑有效句子的认知牢固度最大。前面已经提到，这一工作的核心思想是证明认知牢固度排序与收缩函数的联系。马金森给出了两个限制条件，其中第二个决定了认知牢固度可以用来定义收缩函数。最后，他还给出了两个定理，这两个定理实现了收缩函数和认知牢固度排序之间的相互转化，详细内容可参见嘎登福斯的相关文献②。

满足上述假设的认知牢固度排序可以唯一定义一个收缩函数，反之亦然。这一性质使构造收缩函数处理信念改变的方法，过渡到给出一种合适的认知牢固度排序。但是这一方法是针对信念集而言的，前面已经提到，不区分信念发展的不同阶段导致 AGM 理论无法处理一些信念修正的细节问题。罗特（H. Rott）做了一些补充工作，他区分信念集的做法显然有利于细化信念改变的操作，他的工作主要集中在认知牢固度方法在信念基收缩和修正中的作用。

他用 H 表示信念基，用 K 表示信念集，称信念基 H 是信念集 K 的信念基，当且仅当 K 是信念基 H 的逻辑后承的集合，即 $K = \mathrm{Cn}(H)$。当理论主体改变信念时，他们的信念状态也会随之改变，而 K 中不能显示的是基础信念③，因此信念状态

① Gärdenfors P. 1988. Knowledge in Flux: Modeling the Dynamics of Epistemic States. Cambridge: The MIT Press; Gärdenfors P, Makinson D. 1988. Revisions of knowledge systems using epistemic entrenchment// Vardi M Y (ed.). Proceedings of the 2nd conference on Theoretical aspects of reasoning about knowledge: 83-95.

② Gärdenfors P. 1988. Knowledge in Flux: Modeling the Dynamics of Epistemic States. Cambridge: The MIT Press.

③ Hans Rott 在文中称信念基中的信念为外显信念（explicit belief），信念集中仅由推理得到的信念为内隐信念（implicit belief）。为了与前文术语保持一致，我们在此称外显信念为基础信念，称内隐信念为推出信念。

不能仅仅是信念集，但可以说信念基模拟了信念状态。罗特给出的信念状态是一个有序对$\langle H, K \rangle$，其中H是K的信念基。富尔曼（Fuhrmann）和汉森已经将信念改变理论推广到基改变（base change）和复合改变（multiple change）。罗特进一步探索了复合改变在分析基改变时的重要作用。有趣的是，他提出了两种认知牢固度的解释，一种是积极解释，另一种是消极解释，它们分别对应于大的认知牢固度收缩和小的认知牢固度收缩，具体内容可参见罗特的相关文献[①]。

6.3.2.2 与有穷依赖网络相结合的认知牢固度方法

信念收缩往往有多种选择，除了贪心算法之外，另一种能够有效减少收缩可能性的方法是引入相对牢固度的信息。我们通常认为理性主体信念网络中信念价值不同，也就是说，一些信念比另一些更重要，更有价值。这一想法可以表示为一个关于理性主体信念的偏好序。称这样的排序为偏好序并不代表我们关心影响排序的因素，相反我们只关注排序的结果。如果主体有两个信念a和b，并且b比a更重要，当主体必须在两者中放弃一个时，他会选择保留b而放弃a，这里用$a < b$表示对主体而言信念b比a更重要或更有价值，或者说在信念网络中b比a更牢固。

信念的认知牢固度可能受到一系列因素的影响，包括初始证据的质量、试验的可靠性以及进一步的确认、向心性、简明度和可预测性等。好在我们约定的节点是非结构化的[②]，可以忽略这些复杂因素的作用，只考虑这些因素综合作用后的输出的结果即$a < b$就足够了。通过引入认知牢固度，我们希望得到唯一地满足最小改变的结果，但很遗憾这种唯一性要求不能得到普遍实现。然而清楚的是，认知牢固度的方法在有穷依赖网络中和在其他信念改变理论中一样，对于缩小有效收缩的可能性有着很好的作用，而且在很多情况下确实可以更便捷地得到唯一解决方案。

我们首先用例子说明带认知牢固度的信念收缩在一些依赖网络中可以帮助减少输出的可能性，但不能获得唯一解。

例6.8 来自奎因。如图6.27所示，以下依赖网络用来说明法院所处的困境。某日波士顿（Boston）发生一起谋杀案，初步断定案情和嫌疑人情况如下，其中

---

① Rott H. 1992. Modellings for belief change: base contraction, multiple contraction, and epistemic entrenchment (preliminary report)// Pearce D, Wagner G (eds.). Logics in AI: European Workshop JELIA'92 Berlin, Germany, September 7–10, 1992 Proceedings. Berlin: Springer-Verlag.

② 信念的非结构性指我们只关注信念的性质和状态，而不关心导致这一结果的影响因素。

t表示发生谋杀的时间：

α　　在时间t，Abbott 在 Albany 旅店的前台处留下入住签名

β　　Babbitt 的妹夫说 Babbitt 和他在t时间和他一起在 Brooklyn

γ　　在时间t，Cabot 在 Catskill 滑雪赛中接受电视采访

A　　在时间t，Abbott 在 Albany 旅店

B　　在时间t，Babbitt 在 Brooklyn

C　　在时间t，Cabot 在 Catskills

nfe　在谋杀现场没有暴力行动的痕迹

nfb　除了 Abbott、Babbitt 和 Cabot 之外没有第四个因受害人受害而受益的人

a　　Abbott 承认谋杀

b　　Babbitt 承认谋杀

c　　Cabot 承认谋杀

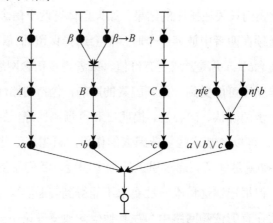

图 6.27　带认知牢固度的信念收缩图

目前的信息网络在现实中是无法接受的，因为最终从四个被认为是真的前提出发推出了矛盾的结果不能被现实情况所接受。我们必须把其中部分点涂白以便获得一致性，问题在于如何操作才是最经济和合理的？奎因认为一般人都会怀疑$\neg b$或$a \lor b \lor c$，这将意味着归罪于 Babbitt 或者认为可能还存在其他新的嫌疑人。需要注意的是，之所以选择放弃$\neg b$或者$a \lor b \lor c$是基于$\beta \to B$和nfb与其他起始信念相比，其认知牢固度是最弱的，也就是说，作为起始信念的自我证成的证据是最薄弱的。如果没有新消息表明旅店的信誉有问题，我们通常不可以随意放弃信念α。

第一种情况，如果放弃¬b，那么我们根据¬a、¬c和$a \vee b \vee c$，则有b；b是真的，那么图中¬b涂白；根据着色公理，B也要涂白，继而$\beta \to B$也要涂白，如图 6.28 所示。

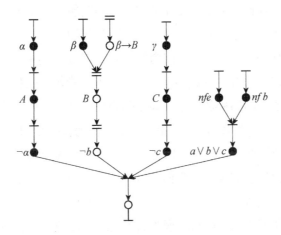

图 6.28　放弃¬b

第二种情况，如果放弃$a \vee b \vee c$，那么信念网络收缩如图 6.29 所示。

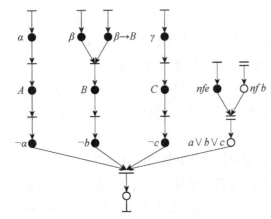

图 6.29　放弃$a \vee b \vee c$

我们看到了信念的牢固度信息可以帮助缩小收缩结果可能性的范围，但不能保证结果的唯一性。出于这一原因，我们最后才提出这一想法，以免花太多时间讨论一种新的可能更为复杂的收缩算法。

需要重申的是，尽管带认知牢固度的信念收缩不能保证结果的唯一性，但确实能够排除一些情况，从而缩小收缩结果的可能性，并且在某些依赖网络中可以得到唯一解，这取决于信念改变发生的依赖网络结构。

6.4　本章小结

有穷依赖网络理论是对 AGM 理论的批判和发展，它在很多方面都做了有益的探索，解决了 AGM 理论中存在的一些困难和问题。

与 AGM 处理信念修正时修正信念集不同，有穷依赖网络是由有穷多个命题以各种方式相互连接组成的依赖网络。信念集可以看作是依赖网络的核心，它代表了那些出现在依赖网络中的命题，即主体相信的命题，但依赖网络远比信念集更丰富。由于它的依赖关系结构，它还展示了主体为什么会相信某一信念的原因。因此，有穷依赖网络进行信念修正时处理的基本单位是步骤，每一步包含了一个命题以及与它相关的有穷证据，我们称这样的步骤为证成关系步骤。证成关系步骤也是这一理论的核心之一，在操作时，代表信念的点是可以删除的，但证成关系一旦获得是不能删除的。点和步骤的颜色由黑至白的改变代表放弃了相关的信念和步骤，但这一证成关系是不能放弃的。

关于恢复假设不合直觉的问题，通过对信念集进行区分，恢复假设在理论上是成立的，在发展上不必然成立，而有穷依赖网络产生的信念集被定义为一种系统化的发展。与 AGM 无法达到最小改变不同，在收缩过程中，通过对贪心算法的限制，有穷依赖网络达到了局部的最小改变。如果绝对的最小改变过于复杂，那么这种局部的最小改变是可以接受的。然而这一方法无法解决收缩结论多于一个的情况，我们在收缩过程中引入认知牢固度概念和排序方法，在许多情况下可以帮助得到唯一的满足最小改变的有效收缩结果。

最后，坦南特的有穷依赖网络显示出具有图示工具的操作优势，通过依赖网络处理信念收缩问题时变得简单易行，且又清楚明白。然而作为 AGM 传统理论的一个发展，FDNs 仍然只是处理单主体的信念变化，从动态认知逻辑的角度看，有必要将 FDNs 应用于多主体的群体性信念改变，以及与此相关的决策理论。从这个意义上讲，把它应用至博弈论将是一种有趣的探索。

7

博弈互动中的逻辑

7.1　引言：社会互动中的博弈

在由多主体组成的高度复杂的社会中，人与人之间的共处方式是多种多样的，有竞争、合作，也有冲突、矛盾。由于各个行为主体有时会存在利益上的关联，在争取利益的背后，就可能存在着各方运用自己的策略来达到自身利益的最大化的现象。那种情况下，利益各方很可能是不合作、对抗的共处方式①。而博弈论（game theory）是试图描述各个利益主体如何运用自身的理性策略获得利益的理论。博弈论从 20 世纪中叶发展至今，已经有了比较成熟、丰富的理论，比如冯·诺依曼（J. von Neumann）、纳什（J. F. Nash）等学者的形式化理论，他们构建了能够形式化社会情境的数学工具，使博弈论有着严格的数学表达方式。现实生活中，人们的偏好、文化、宗教信仰等各种因素也会影响他们对具体行动的执行。博弈论借助数学计算和逻辑分析等工具，结合社会选择理论以及机制设计，使我们能够对各种社会情形设定一个目标，设计出某些理想的博弈形式，用来解释各种已经发生的主体互动，并对将要发生的社会行为作出一定的预测，从而指导人们的实际决策。鉴于博弈论丰富的理论和实践意义，有必要简单介绍一下它的基本概念和内容。

7.2　博弈论

如果把博弈看作是多主体行动的交互作用，那么需要涉及前面几章提到的一些基本概念，比如主体拥有的知识和信念、主体在交流等互动过程中的推理和信念改变等。在使用博弈论这个工具之前，我们首先需要确定的问题有不少，比如，主体拥有的知识是不是无限的，即主体对自身及其他主体和世界的知识是不是全

---

① 张维迎. 2013. 博弈与社会. 北京：北京大学出版社.

面的？主体的推理能力是否是无限的？从实际的角度考虑，答案显然是否定的。然而，为了方便研究问题，通常先有一些理想化的预设。传统博弈论主要有以下的"理性人预设"：参与者都是理性人，主体彼此之间都认为对方是理性的。而正是这样的假定最终导致了 7.2.3 提到的案例中集体非理性情况的出现。实际生活中的个体并非完全理性，所以从理论上得出的结论跟人们的实际行为的结果还是有偏差的。博弈论也会对相应的预设作一定的调整，从而更好地描述和预言人类的实际行为和结果。

总体上说，博弈论是指研究相互影响和相互依赖的决策主体之间的理性决策行为，以及这些决策行为促成的均衡结果的这样一种理论。博弈是英文 game，是指一些相互影响和相互依赖的决策行为及其结果的组合。博弈论通过研究主体之间在对局中利用对方的策略来调整自己的策略，以此达到取胜对方的目的。在每一局具体的博弈中，博弈者（玩家）都可以选择完整的实际可行的行动方案。该方案是指导整个行动的一个方案而非某阶段的行动方案。博弈者的一个策略是指相应玩家的一个可行的并且自始至终为全局谋划的行动方案。在每一个具体的博弈中，如果某个博弈者不管别的玩家采取什么策略，他总能有办法应对并最终取得胜利，那么称这样的博弈者具有一个必胜策略。不过在实际博弈中，显然不是每个玩家都有必胜策略，也很少一开始就可以确定某个玩家有一个必胜策略；通常需要移动到某一步时，其中的一个玩家才可能会有一个必胜策略。当然，玩家的必胜策略的性质会随着博弈类型不同而有所不同，这个可以在 7.3 节的逻辑博弈中略见一二。接下来，7.2.1 和 7.2.2 将对博弈的相关概念作一个简单说明，并对博弈再作一个简单分类。

7.2.1 博弈的要素

（1）博弈参与者（players）：在一场具体的博弈中，每一位拥有独立决策权的主体称为"参与者"，也称博弈者或者玩家。博弈者可以是个人或者团体，甚至是一般的智能主体。

（2）博弈者的策略（strategies）或行为（actions）集合：在一场博弈中，博弈者可以选择指导整个行动的一个方案而不是某阶段的行动方案，即实际可行的完整的行动方案，称为"策略"。

（3）博弈者的收益（payoffs）：一局博弈结局时，与局中玩家自身所选择的策略相对应的结果称为博弈者的收益。一局博弈结束时，每个局中玩家的收益在一个特定策略组合下，某个参与者得到的确定效用水平或期望效用水平是全局中该参与者所取得的一组策略组合函数的对应值。这样的策略组合函数也称为支付（payoff）函数。

（4）博弈的信息（information）：在博弈过程中，博弈者了解和掌握的关于自己以及其他参与者的策略、行动及其支付函数等相关信息。

（5）行动的顺序（the order of play）：一局博弈中，博弈者采取决策行动的先后顺序。在其他因素不变的条件下，参与人作决策时，会因行动顺序的不同得到不同的结果，即不同的行动顺序就是不同的博弈。

7.2.2 博弈的分类[①]

7.2.2.1 根据假设的不同来分类

（1）根据博弈参与者的数量，可以分为单主体博弈和多主体博弈；

（2）根据博弈参与者策略的数量，可以分为有限博弈和无限博弈；

（3）根据博弈结果的不同，可以分为零和博弈、常和博弈与变和博弈；

（4）根据博弈者之间的理性差别，可以分为有限理性博弈和完全理性博弈；

（5）根据博弈参与者之间的行为效果差别，可以分为非合作博弈和合作博弈。博弈参与者在博弈过程中能否达成一个具有约束力的协议是划分合作博弈与非合作博弈的主要标准。

7.2.2.2 其他分类

（1）根据博弈中参与者行动顺序的先后的不同，可以分为静态博弈和动态博弈两种类型。具体地说，静态博弈中，博弈参与者同时选择行动，或者虽然参与者没有同时行动，但是后行动者并不知道前行动者采取了什么样的具体行动；动态博弈中，博弈参与者的行动有先后顺序之分，并且后行动者指导前行动者所选择的具体行动。

（2）根据博弈参与者获得其他参与者的各种特征信息的不同，可分为完全信息博弈和不完全信息博弈两种类型。完全信息指每个博弈者知道所有其他玩家的特征信息，否则就是不完全信息。

结合上述两个角度的划分，可以得到以下四种不同类型的博弈：完全信息静态博弈、完全信息动态博弈、不完全信息静态博弈和不完全信息动态博弈。

---

① 张维迎. 2013. 博弈与社会. 北京：北京大学出版社：33-36.

以上是对博弈论的简单分类,当然,由于分类标准不同,还可以有其他种类的划分,在此不再一一列举。

接下来对一些经典的博弈案例作简单分析,其中不乏著名的例子。

7.2.3 案例分析

7.2.3.1 囚徒困境

许多文献在讲解"囚徒困境"这个案例的时候避免了太多数学知识的使用,因此,这个案例也就成为了最常被研究的案例,也成为 20 世纪最具影响力的博弈论案例[①]:

> 有两个盗窃嫌疑犯,警察抓住了他们之后,由于没有掌握足够的证据,无法给他们判刑。现在,警方是这样规定的:如果他们两人中至少有一人招供,就能指证他们的罪行。警察为了得到他们想要的供词和防止他们串供或结成攻守同盟,就将这两名嫌疑犯关押在不同的牢房里(两名嫌疑犯成了囚徒 A 和囚徒 B),并分别跟他们讲明了他们所面临的选择和处境:如果两人都否认自己是作案者,则他们会各判有期徒刑一年;倘若两人中的一人坦白自己的罪行,那么坦白的那个人立刻释放,另一人获判 10 年有期徒刑;倘若两个人都坦白承认自己犯下的罪行,则他们都将获判 8 年有期徒刑。试问:两个盗窃嫌疑犯会做出何种选择(坦白或者不坦白)呢?

关于上述案例的博弈图表请看表 7.1。这里涉及纳什均衡里的一个重要概念——占优策略均衡:在一局具体的博弈中,如果某一博弈方在不管其他博弈参与方采取什么策略的情况下,他都会有某个策略,这个策略给他带来的收益高于其他策略带来的收益。在一局博弈中,某个博弈参与者有占优策略,那么该参与者的其他可以选择的策略就被称为"劣策略"。

表 7.1 囚徒困境

囚徒 B		囚徒 A	
		坦白	不坦白
	坦白	-8, -8	0, -10
	不坦白	-10, 0	-1, -1

---

① 张峰. 2008. 博弈逻辑. 北京:中国社会出版社:65-66.

在一局博弈里,假设每个参与者都有一个占优策略,那么我们可以预测到的唯一的均衡就是占优策略均衡,因为每一个理性的参与者都不会选择劣策略。所以在囚徒困境博弈里,{坦白,坦白}是占优策略均衡。囚徒困境这个案例虽然简单,但它却反映了一个深刻的社会问题,以自己利益最大化为目标的"理性"行为,最终可能会导致博弈双方相对较劣的收益,即个体理性与团体理性之间是冲突的。这也告诉人们,研究博弈论或许能够促使我们研发设计出一种制度,这种制度能够尽最大限度地满足"个体理性"和"集体理性"的一致性。

非合作博弈可以涉及提到的各种博弈类型,包括完全信息静态和动态博弈、进化博弈、重复博弈、不完全信息静态博弈和动态博弈等方面。上面的例子只是非合作博弈中完全静态信息博弈的一个经典案例,这个例子告诉我们,博弈论的处理方式在分析实际问题时有一定的针对性。至于与博弈论有关的博弈逻辑和联盟逻辑,接下来将会有一定的阐述和说明,它们也是下一章社会软件研究的重要工具和方法。近年来,此类逻辑也是学界研究的热点,其相关内容可以应用至军事、政治、外交等多个方面,具有一定的现实意义。下面举两例予以说明。

7.2.3.2 国家之间的军事竞争和军备竞赛

对整个人类而言,国家之间的军事活动尤其是战争绝对是灾难。如果世界上没有军队和防御,那么由此省下来的费用不是一个小的数目;对人类来说,可以在很大程度上提高生活质量,也难怪绝大部分人对和平充满渴望。然而实际上事与愿违,人类有史以来总是将大量的时间花在了军事和战争活动中,为此付出的代价非常之大。这也恰恰是人类相互之间博弈过程中产生的某种"均衡"结果。从前面的理性人假设出发,其中的道理不难理解。某个国家的政府(可看作理性博弈玩家)从自己的角度会这样想:如果我们不防御,不发展军队,但其他国家发展的话,我们就处于危险的境地。因为那些有军队的国家不知哪天就会侵略我国,这样很有可能导致我们国家灭亡。所以,为了安全起见,我们一定要发展军事和国防。更何况,可能有的国家不发展军事和防御,在那样的情况下,我们国家不就占据主导地位了吗?所以,发展军事同不发展比起来好处是明显的,我们无论如何都要发展。可是,其他国家的政府也是"理性"和"聪明"的,他们也有类似的想法,于是,大家一起理性选择后,均衡的结果就是大家都发展军事,从而导致人类整体的利益浪费,甚至出现某种相互屠杀的浩劫。国家内部人与人之间的斗争也是类似互动博弈的结果。

通过以上的案例分析，笔者认为政府的重要职能之一是尽可能把社会博弈中的不好的均衡点拉到好的地方。若要拉动均衡点，则需要外力，政府就该起到外力的作用，包括制定制度、提供担保、沟通博弈方、判定价值、奖惩相关活动等，这些都可能实现均衡点向好的方向转移。但要使均衡点实现社会整体利益最大或较大，有个先决条件，那就是政府应该以整体长远利益为工作的出发点，而不是以政府小团体的利益作为出发点。政府本身不能牵涉至博弈的利益关系中，否则就成了政府和其他团体进行博弈了。政府和其他团体的利己"理性"仍然会导致某种"纳什均衡"的不好结果，即导致整体非理性。所以说，政府更应该像是体育比赛中的公正裁判，脱离利益纠葛，做到公正、公平，确保社会博弈的顺利进行，从而可能从整体上给国家带来长远的利益。当然，如果从世界范围内来看，我们更需要一个脱离相关国家利益纠葛的世界政府，它能把整个世界作为整体，努力为世界的整体发展做贡献。

7.2.3.3　高考填志愿等决策活动

经历过高考的朋友大部分有这样的共识，高考难，但填志愿更难。除了那些接近状元的高分考生和没有上线、无望录取的低分考生，大部分考生的命运并不是简单地由他们自己单独选择就能决定的，而是由他们自己和其他考生的共同选择确定的。因为，虽然高考可以自己控制，但从填志愿到最后录取，还要取决于别人的选择。有些分数很高的考生由于"命不好"，只能落到一些二流甚至更差的高校。不管是传统的志愿填报方式还是近些年推广的平行志愿方式，都具有一定的风险，风险的根源正是来自考生的相互博弈。这里面甚至可能出现类似悖论的情况：当许多考生根据往年数据预测某高校今年冷门然后填报，就可能导致该校今年过热，甚至使得大量填报者未能被该校录取；相反地，当许多学生预测今年某高校热门，避而不填，就有可能造成该校今年填报不足，从而让他们失去该校的录取机会。出现此类问题的关键在于学生们（包括家长）都能"理性"地分析和思考，当他们一致地想问题的时候，悲剧的结果可能就会出现。类似的情况也可能出现于自由选举中，限于篇幅，这里不准备给出详细的分析。

7.2.4　博弈论和逻辑学的关系

从 20 世纪 80 年代起，博弈论成为经济学，尤其是微观经济学研究的重要基础。1994 年，三位著名的博弈论专家泽尔腾、豪尔绍尼、纳什荣获了诺贝尔经济学奖的殊荣。此时，博弈论也开始对其他学科，诸如计算机科学、生物学、道德哲学等领域产生深远的影响。具有悠久历史的逻辑学在 20 世纪也开始蓬勃发展，不断地向其他学科，比如人工智能等领域扩展，同时这些领域又为逻辑学的发展和研究提出了许多需要解决的新问题，使得逻辑学的发展方向越来越多元化。

在这种背景下，逻辑学与博弈论的结合就成为这两个领域的专家们研究的新方向。一方面，有些学者，如辛提卡将博弈论的一些概念和方法用于分析逻辑学的相关理论，从而产生了赋值博弈，其思想就是将逻辑语言公式看成是验证者（verifier）和伪造者（falsifier）之间相对于在某一论域中的博弈活动；这也就是通常所说的逻辑博弈（logic games）的一种。

另一方面，既然博弈论是一门关于理性决策的科学，逻辑学也可以为其提供形式化的工具。人们将逻辑技术和分析方法应用到博弈活动的整体结构和规律的研究中，也用以指导博弈者在具体活动中的应对，比如，当对方采用哪种策略后，在自己的备选策略中选择哪种策略与之抗衡，这可以通过逻辑推理来选择自己的最佳策略来回应。这样的工作通常称为博弈逻辑（game logic）；与对博弈论的研究已经处于成熟阶段相比，学术界对博弈逻辑的研究处于相对局部和起步阶段。

正由于博弈论和逻辑学两者之间有上述两方面的关系，接下来笔者将分别对逻辑博弈（logic games）和博弈逻辑（game logic）作一番简单的综述。

7.3 逻辑博弈

既然博弈活动已经深入到人类生活的每一个角落，一种直观的想法是用它来考察我们的逻辑推理、论证等日常活动。不难理解，在这些核心活动中，比如会话、论证和一般意义上的游戏（博弈）等活动，它们具有"社会互动"这样的显著和核心特征。活动中，人们经常遵守一定的规则，按时做出他们的回应，这样的过程也被称为"策略"。在博弈中，"策略"通常是玩家精心选择的，基于他们对博弈结果的偏好，在他们的能力范围内用来实现某个具体目标的最佳手段。由此，一些认知科学家甚至声称，人类之所以在这个生物世界如此特别，真正原因在于他们具有"社会智能"。基于这样的原因，我们试图用具有社会性的博弈来研究各种活动，包括人类理性的核心基础——逻辑。接下来考察用博弈的方式来重新理解经典逻辑，其核心思想主要来自范本特姆等学者合编的《行动中的逻辑》①。

---

① van Benthem J, van Ditmarsch H, van Eijck J, Jaspars J. 2015-6-4. Logic in action. http://www.logicinaction.org/.

7.3.1 把逻辑看作博弈

论证活动具有很强的社会性，可以把论证看成是博弈的一种。论证参与者必须遵守某些规则对他人作出回应。这样的活动具有时间性以及判定输赢的标准等特点，输赢通常取决于玩家所使用的策略。逻辑学史上关于论证和博弈出现了很有趣的观点：如果某论证本身是有效的，那么忠于为逻辑有效论证辩护的玩家具有一个"必胜策略"，有规则可以保证在辩论过程中获胜。请看例子：从前提$\neg\varphi, \varphi\vee\psi$得出结论$\psi$。

在承认前提$\neg\varphi, \varphi\vee\psi$的情况下，辩方（玩家$P$）为主张$\psi$辩护，而控方（玩家$O$）反对这个主张。具体过程是每一方轮流发言，大致遵守规则如下：

首先，控方O对辩方P能够为ψ提供辩护这样的立场提出挑战。P于是指向O承认的前提$\varphi\vee\psi$，要求O做出选择。O必须对此有回应，既然他承认相应的前提。据此有两种可能的选择，我们分开考虑：

（1）O 承认φ成立。P可以指出O事先承认$\neg\varphi$（这也是前提之一），他陷入了自相矛盾的境地。于是，P获得了胜利。

（2）O 承认ψ成立。于是，P采用O的这一承认来对ψ进行变化，这种情况下他直接获得胜利。

O没有别的办法，只能承认输掉辩论。不难理解，在上述的论证博弈中，辩方P有一个"必胜策略"，其原因是"从前提$\neg\varphi, \varphi\vee\psi$推出结论$\psi$"是一个逻辑有效的论证。

7.3.2 赋值博弈

按照这样的处理方式，我们也可以把逻辑推理理解成赋值博弈（evaluation games）。这样的逻辑博弈通常也是由扮演相反角色的两个玩家组成，它们的名字有多种表述，比如A和E（Abelard 和 Eloise 等）、S和D（破坏者和复制者）、O和P（控方和辩方）、F和V（伪造者和验证者）、P_I和P_{II}（玩家 1 和玩家 2）等。

按此思路，赋值博弈中的针对命题的"防守和进攻"这样的自然行动可以表示为 game(φ, v)。具体的移动方式可按照公式的递归构造表述出来，它们涉及博弈中出现的一些典型的行动，比如选择、角色转换、延续等。对于博弈双方（玩家V（验证者）和F（伪造者））给出相应的移动和输赢规则：

[原子命题] p, q, …

如果原子命题是真的，那么验证者获胜；如果假，则伪造者获胜。

[析取] $\varphi \vee \psi$：

验证者选取其中一个析取支继续游戏。

[合取] $\varphi \wedge \psi$：

伪造者选取其中一个合取支继续游戏。

[否定] $\neg\varphi$：

玩家进行角色转换，相应的玩家继续针对 φ 进行游戏。

[存在量词] $\exists x\varphi(x)$：

玩家 V 挑出一个对象 d，然后针对 $\varphi(d)$ 继续游戏。

[全称量词] $\forall x\varphi(x)$：

玩家 F 挑出一个对象 d，然后针对 $\varphi(d)$ 继续游戏。

根据上述规则，我们来看一个简单的例子，不妨令 M 为论域中只有两个对象 x 和 t 的一阶模型。不难理解，可以构造一个针对一阶公式 $\forall x\exists y(x \neq y)$ 的完整博弈（直观表示：对任意的 x，存在某个 y 使得 x 和 y 不相同），如图 7.1 所示：

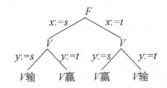

图 7.1　一阶模型的赋值博弈示例图

从顶部 F 出发到底部输赢的判定，组成了上述赋值博弈过程的树形结构。其中，符号 $x := s$ 等用来表示玩家为 x 选择对象 s 这样行动的缩写。前面提到的一阶模型和公式都是非常简单的情况，如果把赋值博弈扩展到一般的一阶逻辑，我们用 $M, r \vDash \varphi$ 表示公式 φ 在模型 M 的赋值 r 下为真，game(φ, M, r) 表示从顶部 r 出发的相对应的赋值博弈，那么可以证明以下结果，即对于所有的 M, r 和一阶公式 φ，以下两者是等价的：

（1）$M, r \vDash \varphi$；

（2）V 在博弈 game(φ, M, r) 中有必胜策略。

7.3.3　策梅罗定理和必胜策略

有趣的是，逻辑博弈也广泛涉及博弈论中的一些特征。这里展示一个显著的结果，上述提到的赋值博弈具有一个简单但突出的特征：验证者或伪造者一定有必胜策略。背后的原因是"排中律"这样的逻辑规律。在任何的语义模型中，给定公式φ要么真，要么假（它的否定为真）。然后根据真值引理可知，或者V针对φ博弈有一个必胜策略，或者针对博弈$\neg\varphi$有一个必胜策略。后者表示的意思是，经过角色转换，相当于F在博弈φ中有一个必胜策略。

两个玩家的博弈中，如果满足其中一个玩家具有必胜策略，那么称这样的博弈是确定的（determined）。关于上述研究结果的博弈论背景工作要归功于德国的集合论学家策梅罗（E. Zermelo），尽管后来荷兰的国际象棋世界冠军奥魏（M. Euwe）也独立发现了类似的结果。

两个玩家的博弈中，我们称玩家P_{I}和P_{II}只有输和赢这样的博弈为"零和"博弈。如果上述博弈的轮次是有穷长的，那么不难得出以下结果：所有有穷长的零和博弈是确定的。

7.4　博弈逻辑

既然我们可以把逻辑推理和论证看成博弈活动来研究，给逻辑建立相应的博弈语义，那么反过来，能否用逻辑对博弈这样的社会过程进行形式化分析呢？或者说，能否通过研究博弈过程建立一些博弈本身特有的逻辑系统，从而丰富逻辑文献呢？这是当前学术界激烈争论的问题。在这里，笔者给出肯定的回答：逻辑是一种研究博弈活动很好的工具。因为在研究博弈时有很多疑难问题，解决这些疑难问题的方案也存在很大的分歧，这些疑难问题和分歧并不是经验上的，也不是数学的精确性，它们涉及的都是诸如"完备的""理性的"等这些基本概念的含义和某些证明的完全性，而这些问题是构成逻辑研究的重要部分[①]。而与博弈论和逻辑学联系较紧密的一门新兴学科是博弈逻辑，也被称为对策逻辑。这是一种特殊的行动逻辑，它主要是研究在社会群体成员中理性主体之间的互动行为以及这些主体之间的推理过程，即研究博弈活动中的相关推理问题，属于应用逻辑的研究范畴。

7.4.1　博弈逻辑的研究现状

目前，国外学术界对博弈逻辑的研究还处于相对初步的阶段。不同的学者从

---

① Pacuit E. 2005. Topics in social software: information in strategic situations. New York: City University of New York: 6.

不同的角度对博弈逻辑进行不同的研究。主要的研究学者有纽约城市大学的派瑞克（R. Parikh）、法国学者波利（M. Pauly）、荷兰逻辑学家范本特姆、日本筑波大学的金子守（Mamoru Kaneko）等。国内对博弈逻辑的研究也正在兴起，主要有南京大学的潘天群、中央财经大学的戴细华、海南大学的陈招万以及北京理工大学的张峰等。

派瑞克在 1985 年发表了《博弈逻辑及其应用》[①]一文，文中，他首次提出了博弈逻辑这一概念，介绍了博弈逻辑，并把博弈逻辑看作是命题动态逻辑（PDL）的扩展。7.4.2 节将展示派瑞克有关博弈逻辑的语言和语义等内容。

波利和派瑞克的研究重点是非认知博弈逻辑，他们在《博弈逻辑的一个回顾》[②]中认为，可以采用不同于博弈论的方法，将逻辑运用于建模计算机程序的推理过程。博弈逻辑有助于对主体的互动过程和策略等内容进行形式化研究，有利于克服和消除自然语言因模糊和歧义造成的不当表达和理解不当。波利在他的博士论文《关于社会软件的逻辑》[③]中研究了博弈逻辑的相关理论，并结合案例做了一些应用分析。

范本特姆在他的相关文献[④]中进行了逻辑博弈和博弈逻辑两个方面的研究，他是博弈和逻辑交叉研究领域中有影响力的学者。他在相关文献中主张，一方面某些逻辑活动能够被看成是博弈，我们可以将逻辑概念与博弈参与方的必胜策略之间建立联系，将博弈参与方的必胜策略转换成模型、函数、证明等逻辑学方面的术语。范本特姆还研究了模型比较博弈、对话博弈等，这些就是我们在上一节提到的逻辑博弈。另一方面，逻辑体系和理论能够分析一般的博弈结构。博弈中的一些性质和规律可以用逻辑学的形式化语言来描述。博弈可以看作是用规范的逻辑语言等标准化的语言来描述的多主体互动过程。此外，他还发展了两种模拟程序理论的博弈逻辑，即线性博弈逻辑和动态博弈逻辑。

金子守在他的相关文献[⑤]中以模态逻辑系统为基础，初步建立了博弈逻辑系统。他认为，博弈论与数理逻辑二者是紧密相连的，前者是研究社会中的理性人的行为的理论，而后者则是关于人们进行的数学方面的实践活动的理论，尤其当强调博弈参与者的理性人假设时，二者之间的关系就更加密切了。他以模态逻辑

---

① Parikh R. 1985. The logic of games and its applications. Annals of Discrete Math, (24): 111-140.

② Pauly M, Parikh R. 2003. Game logic: an overview. Studia Logica, 75 (2): 165-182.

③ Pauly M. 2001. Logic for social software. Amsterdam: University of Amsterdam.

④ van Benthem J. 2003. Logic games are complete for game logics. Studia Logica, 75 (2): 183-203.

⑤ Kaneko M, Nagashima T. 1996. Game logic and its applications I. Studia Logica, 57 (2): 325-354.

系统 **KD4** 为基础，创建了多个博弈逻辑系统，并详细阐释了博弈逻辑的两个应用——博弈操作的不可判定性、纳什均衡的认知公理。

张峰是国内系统研究博弈逻辑的学者之一，她的研究成果主要有博士论文《博弈逻辑探索》、著作《经济与逻辑的对话》①和《博弈逻辑》②，在这些著作中，她对博弈逻辑进行了系统地考察。其中《博弈逻辑》从相关概念和研究对象入手，分析了博弈逻辑的类型、研究现状，探讨了博弈逻辑的基本分析方法、博弈逻辑中的推理及其悖论、博弈逻辑中理性人假设的困境，还对博弈逻辑的应用以及当前学术界研究博弈逻辑存在的问题和发展前景进行了一定的探索。

在接下来的讨论中，笔者将展示一种博弈逻辑，主要涉及相应的语言、语义和一些应用，并结合实例来说明这样的逻辑是如何分析和解释现实问题的。

7.4.2　一种博弈逻辑系统

派瑞克的博弈逻辑（GL）是命题动态逻辑（PDL）的衍生物，它通过在命题动态逻辑的语言中增加对偶算子扩张而成。命题动态逻辑可看作是博弈逻辑的程序片断（program fragment）。尽管博弈逻辑只是对其增加了一个对偶算子，但两者在表达力、公理化方法以及复杂性上都有所不同。

根据第 2 章，我们知道，命题动态逻辑最初由费舍尔和拉德纳两位学者定义。在命题动态逻辑中，程序通常被看作是在状态空间中运行，一个程序α就是从一个给定的初始状态s输入，可能经历一系列中间状态，在最后状态t输出。如此可以把α看作一个二元关系$R_\alpha = \{(s,t)|\alpha$能从状态$s$运行到$t\}$。动态命题逻辑的基本思想就是把程序语言的每个命令或程序α与模态算子进行结合，从而引进了$[\alpha]\varphi$与$\langle\alpha\rangle\varphi$这两个模态，用于探讨一个程序$\alpha$在一个公式$\varphi$真值上的执行结果。直观地理解，$\langle\alpha\rangle\varphi$的意思是：从现有状态执行$\alpha$后，可到达一个状态，其中$\varphi$为真。相应地，$[\alpha]\varphi$的意思是：从现有状态，如果能够执行$\alpha$，那么通过执行$\alpha$后到达的每个状态，$\varphi$均为真。$\langle\alpha\rangle\varphi$在状态$s$上成立，当且仅当存在一个从状态$s$输入的程序$\alpha$的一些路径，在其输出状态$t$上满足$\varphi$。相对应，$[\alpha]\varphi$成立的条件是在所有的输出状态上（如果可执行）$\varphi$都成立。

而这里要讨论的博弈并不能简单地表示成二元关系，博弈逻辑的语义更接近斯科特蒙塔古（Scott-Montague）语义（邻域语义），总体上 **K** 公理失效。理由大

① 张峰. 2006. 经济与逻辑的对话. 北京：北京大学出版社.
② 张峰. 2008. 博弈逻辑. 北京：中国社会出版社.

致如下：由命题动态逻辑语义可知，如果α是一个程序，且$\langle\alpha\rangle(\varphi\vee\psi)$成立，则$\langle\alpha\rangle\varphi$或者$\langle\alpha\rangle\psi$必须至少有一个成立，即$\langle\alpha\rangle(\varphi\vee\psi)\rightarrow\langle\alpha\rangle\varphi\vee\langle\alpha\rangle\psi$在命题动态逻辑中是 **K** 系统中的定理。但如果把α看作一个博弈，该公式就不再是有效了。不妨考虑某参与者在博弈α中有制胜策略使得$\varphi\vee\psi$为真，并不意味着他拥有使φ或使ψ为真的策略。例如，在国际象棋对弈中的某状态，执黑方能确保在三步内获胜，但他并不能保证是通过皇后还是通过战车来获胜，因为这取决于执白方的具体行动。可见，博弈逻辑应是一种非正规的模态逻辑。接下来给出相应的语言和语义[①]：

7.4.2.1 语言

令$G_0=\{g_1,\cdots,g_n\}$是原子博弈集，$\Phi_0=\{p_1,\cdots,p_m\}$是原子公式集，通过双向递归方式对博弈$\alpha$和公式$\varphi$进行定义：

所有的原子博弈是博弈，所有的原子公式是公式；

如果φ和ψ是公式，则$\varphi\vee\psi$和$\neg\varphi$是公式；

如果φ是公式，α是博弈，则$(\alpha)\varphi$是公式；

如果α和β是博弈，则$\alpha;\beta$、$\alpha\vee\beta$、$\langle\alpha^*\rangle$、α^d是博弈；

如果φ是公式，则$\varphi?$是博弈。

由此定义的博弈集和公式集分别记作G和Φ，复合博弈和公式的直观含义如下：

$\alpha;\beta$	先执行博弈α，再执行博弈β；
$\alpha\vee\beta$	参与者先决定执行哪个博弈，然后执行所选博弈；
$\langle\alpha^*\rangle$	博弈α被重复执行直到参与者决定停止；
α^d	博弈α的对偶；
$\varphi?$	参与者测试φ，若它是真的就继续博弈，若它是假的就停止；
$(\alpha)\varphi$	参与者有策略使得在博弈α结束后φ为真。

7.4.2.2 语义

一个博弈逻辑的模型M由三元组$\langle W,\pi,\rho\rangle$组成，其中：

W：状态集；

π：意义（赋值）函数。它把W的子集指派给原子命题p，即$\pi(p)\subseteq W$；

① Pacuit E. 2005. Topics in social software: information in strategic situations. New York: City University of New York.

ρ：$G \rightarrow W \times \wp(W)$。表示从原子博弈到 $W \times \wp(W)$ 的映射，其中 $\wp(W)$ 是 W 的幂集。ρ 满足单调性条件，即对每一 $i \in \mathbb{N}$，若 $(s, X) \in \rho(g_i)$ 且 $X \subseteq Y$，则 $(s, Y) \in \rho(g_i)$。

不难理解，可以把 $\rho(g_i)$ 看作是从 $\wp(W)$ 到 W 自身的操作，即 $\rho(g_i)(X) = \{s \mid (s, X) \in \rho(g_i)\}$，它在 X 上是单调的。接下来，就可以对公式和博弈的语义 $\pi(\varphi)$ 和 $\rho(\alpha)$ 进行递归定义：

$$\pi(\varphi \vee \psi) = \pi(\varphi) \cup \pi(\psi);$$
$$\pi(\neg\varphi) = W - \pi(\varphi);$$
$$\pi((\alpha)\varphi) = \{s \mid (s, \pi(\varphi)) \in \rho(\alpha)\} = \rho(\alpha)(\pi(\varphi));$$
$$\rho(\alpha; \beta)(X) = \rho(\alpha)(\rho(\beta)(X));$$
$$\rho(\alpha \vee \beta)(X) = \rho(\alpha)(X) \cup \rho(\beta)(X);$$
$$\rho(\langle\alpha^*\rangle)(X) = \mu Y(X \subseteq Y \wedge \rho(\alpha)(Y) \subseteq Y);$$
$$\rho(\alpha^d)(X) = W - \rho(\alpha)(W - X);$$
$$\rho(\varphi?)(X) = \pi(\varphi) \cap X。$$

μ 算子表示量词的 lambda 抽象，这一博弈逻辑的公理系统及其相关元定理证明这里略去。

7.4.2.3 应用

波利和派瑞克在《博弈逻辑的一个回顾》一文[1]中，将我们熟知的案例"蛋糕切割法则"用博弈逻辑这样的形式化工具来准确表述。需要强调的是，这里提到的正确性也即分配的公平性。也就是说，每个参与分配者都有一个必胜策略，能够保证无论别人采取怎样的方式，该参与者都可以得到他想要的分量的那份蛋糕。这里的运算法则是指，每个人在切完蛋糕之后，再由其他的参与人轮番修整，直到没有人对修整后的那块蛋糕有任何异议。这个证明的思路大致如下：设 r 是切蛋糕的一个行为，如果公式 $F(r, k)$ 表示剩下的蛋糕足够 k 个人分，那么公式 $F(m, k)$ 在行为 r 发生之前为真，在行为 r 发生之后也为真。如果对于 k 个人，从 n，…，1，$F(m, k)$ 仍然为真，这样就可以得到一个公平分配法则，因为 $F(m, n)$ 一开始肯定是真的，即整块蛋糕足够那个人来分。他们的具体证明过程有些繁琐。

可能有人会因此对逻辑工具的作用产生质疑：如果使用逻辑会让我们的工作

---

① Pauly M, Parikh R. 2003. Game logic: an overview. Studia Logica, 75 (2): 165-182.

更加繁琐，是不是不用逻辑更好呢？对此，派瑞克给出了否定的回答。他举了一个我们可能经历过的日常生活中的例子来说明逻辑的重要性和必要性[①]：

> 假如你去离家很近的药店买药。由于你家与药店的线路是你熟悉的，你不用看着地面走路，因为你知道这条路。但是，当你到达药店时，你发现你的钱包不见了，但你确信离开家的时候带在身上了，这时你不得不按照同样的路线返回，你会仔细地看着你走过的路线。所以，当你丢东西或者你需要确认没有丢东西的时候，逻辑派上用场了。你会发现，额外的细心和劳动都是值得的。并且，做一个逻辑上正确性的证明，即使是非形式的，也会让我们意识到在现实生活中所使用的对象具有逻辑的性质，我们使用它们来确保运算法则的正确性。很明显，不存在两个人身份证号相同的情况，我们在使用身份证的时候，这种性质对我们来说是至关重要的。逻辑分析能够揭开隐含的假设，并且这能够让我们很小心谨慎地改进当前可能不合理的假设。

下面看一个关于博弈逻辑在经济领域的案例[②]：

> 假定有甲乙两个销售商家。销售商乙独自拥有一个品牌的鞋子的销售权，由于市场口碑不错，利润丰厚，生产鞋子的厂商就想扩大加盟商。恰好销售商甲这时想加盟这个品牌，但销售商乙不希望甲加盟进来。于是，销售商乙威胁销售商甲："你加入，我就会打击你。"当然，打击甲，双方都会有损失，双方都知道这一点。

可以用博弈树来形象地分析，请看图 7.2：

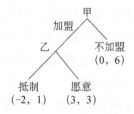

图 7.2 经济博弈逻辑示例图

如上图所示，如果甲不加盟，甲的利益值为 0，乙的利润值为 6。如果甲加盟，乙愿意甲加盟的话，甲乙双方平分总利益值，各得到 3 个点值。而如果甲加

①　Parikh R. 2002. Social software. Synthese, 132 (3): 187-211.
②　张峰. 2008. 博弈逻辑. 北京：中国社会出版社.

盟，乙抵制甲的话，则甲的利益值为-2，乙的利润值为 1。由于甲、乙都是理性的，他们都具备一定的推理能力，在这个具体的博弈行为中，销售商甲、乙都掌握了对方的策略组合及其相应的支付函数。这是一种信息完全动态博弈，这个博弈的均衡点是甲选择加盟，乙愿意甲加盟。在博弈的过程中，加盟商甲的推理过程是这样的：

如果我加盟，乙愿意的话，乙可得 3 个利益值；抵制我的话，乙只能得 1 个利益值。由于乙是理性的，所以乙一定会愿意我加盟进来。既然乙愿意我加盟，那么我的选择有两个：加盟和不加盟。

如果我选择加盟，我可以得到 3 个利益值，否则我的得到的将是-2 个利益值，既然这样，我会选择加盟。

当甲选择加盟策略的时候，乙的推理过程如下：

如果我愿意甲加入进来，我会得到的利益值是 3，如果抵制甲加盟的话，我只能得 1 个利益值，所以我愿意甲加盟。

理性的博弈参与方甲、乙最终的选择是：乙愿意甲加盟，甲选择加盟，这才符合理性经济人追求自身利益最大化的原则。这个博弈的推理类型是"子博弈精炼纳什均衡"。在推理的过程中，参与人甲、乙所使用的推理方法叫做"倒推法"，也称"后向归纳法"（backward induction）。对后向归纳法的研究也是博弈逻辑的重要主题之一。

以上考虑的博弈者通常是独立一方的基于个体自身利益最大化的非合作博弈的情况，而这种博弈往往会导致类似囚徒困境的尴尬局面出现，即出现个人理性与集体理性的冲突，不利于达成和谐和整体利益较好的状态。虽然非合作博弈理论很有解释力，但它不能解释诸如投票选举、买卖双方讨价还价等具有合作性质的社会行为。在实际的生活中，一些个体通常会合作，他们会联合在一起组成团体的利益方，这种基于博弈方允许存在约束力的协议而形成的博弈逻辑称为合作博弈。现实生活中，联合理性的集体决策行为相当普遍。这样的博弈过程具有更复杂的结构，与此相关的用来描述多主体（两人及其以上）互动推理过程的博弈逻辑也更加精细和丰富，其中包括两人讨价还价情形问题和多人联盟博弈问题等。为了便于研究和写作，以下只重点介绍有三个及其以上博弈方的联盟博弈逻辑。

7.5 联盟逻辑及其应用

联盟逻辑（coalition logic，CL）主要是涉及多个社会主体在合作博弈中的推理问题的逻辑。联盟逻辑的核心公式用$[C]\varphi$表示，指在当前的博弈状态下，主体群C有一个共同策略，使得公式φ在下一个状态下成立。波利在其论文《社会软件的逻辑》①中分别研究了在多主体同时行动和非同时行动情况下的扩展博弈的逻辑公理体系。文中还阐释了可满足性和模型检验的复杂性两个方面的问题。他还用联盟逻辑分析了单主体推理和多主体推理，比较了两者之间的异同点，得出主体推理在特定种类社会程序中更为复杂的结论。在他的论文中，波利还研究了联盟逻辑在分析社会程序中的应用，并举出详细的案例——联盟逻辑在投票程序中的应用，来分析说明联盟逻辑的社会实用价值。他还探讨了可以通过联盟逻辑中的模型检查来检验社会程序的性质问题，以期使社会软件（下一章将重点介绍）能够更高效地分析社会主体的行为，提高社会行为主体的办事效率，优化人力资源配置和节约社会成本等。另外，波利还通过增加公式$[C^*]\varphi$提出了扩展的联盟逻辑（extended coalition logic）。公式$[C^*]\varphi$表示，主体群C有一个共同策略，使得公式φ在将来某一时间成立，这又将联盟逻辑与时态逻辑联系起来。这与 1997年美国宾西法利亚大学的阿洛尔（R. Alur）等学者开发并在 2002 年得到完善的交互时序逻辑（alternating-time temporal logic，ATL）联系起来，使得联盟逻辑和交互时序逻辑都成为多主体合作逻辑的分支。交互时序逻辑也是一种广义的模态逻辑，它用带参数（群体A）的合作算子替换传统时序逻辑的全称路径量词和存在路径量词，使得交互时序逻辑适合于刻画开放式系统。开放式系统的状态是系统与环境发生交互作用的结果，而不完全取决于系统内部的选择，所以开放式系统能够讨论稳定性、存在性和全局性等问题。开放式系统其实就是计算机系统的计算过程，ATL 将这种计算过程看作是计算机系统在与环境博弈过程中的获胜策略。更一般地说，ATL 把博弈模型中的参与人看成多个不同的环境与系统的集合，在此基础上建立多参与人决策模型。在克里普克结构中，系统状态本身决定了可达关系的思想与开放式系统的思想是有出入的。所以说，基于克里普克语义而建立起来的分支时序逻辑（BTL）和线性时序逻辑（LTL）只适合刻画封闭式系统，而对开放式系统不能起到很好的刻画作用。为了更好地刻画开放式系统，先后有很多学者通过扩充标准模态逻辑系统的方法给 ATL 引进了三种不同的语义结构来更好地刻画开放式系统。了解了多主体合作逻辑的基本情况后，我们来看看本节的主要内容——联盟逻辑的主要思想、应用和联盟逻辑研究的拓展。

---

① Pauly M. 2001. Logic for social software. Amsterdam: University of Amsterdam.

7.5.1　联盟逻辑的主要思想

在博弈逻辑中，公式$[\alpha]\varphi$表达的含义是：主体在确定性零和博弈α中有优胜策略。博弈逻辑的语义从直观上讲，如果$w\rho_\alpha X$成立，则表明主体能保证博弈α结束于X中的某一状态。波利放弃了不确定性博弈的假定条件，削弱了单主体的力量，在他的语义中，主体的联盟在博弈结束的结果中是必需的。

我们先来介绍一下联盟逻辑的语言。给出一个有穷主体集A，联盟逻辑的语言表示如下：

$\varphi := p | \neg\varphi | \varphi \vee \psi | [C]\varphi$。

其中$p \in \mathrm{At}$是原子命题，$C \subseteq A$。

公式$[C]\varphi$表示的是：在目前的博弈状态下，主体群C有一个共同策略，使得公式φ在下一个博弈状态下成立。

语义：令W是一个状态集，一个效用函数（effectivity function）是一个映射：$E:(\wp(A) \times W) \to \wp(\wp(W))$。

如果$X \in E(C, w)$，则有$wECX$。$wECX$的含义是：在状态w，主体群E有共同策略到达X中的某一状态。效用函数是可行的（playable），当且仅当对任意$w \in W$，满足下面五个条件：

（1）对所有$C \subseteq A$，$\emptyset \notin E(C, w)$；

（2）对所有$C \subseteq A$，$W \in E(C, w)$；

（3）E是A-最大的，如果对所有$X \subseteq W$，若$X \in E(C, w)$则$X \notin E(\emptyset, w)$；

（4）E是结果单调（outcome-monotonic）的，如果对任意$X \subseteq X' \subseteq W$，$w \in W$，$C \subseteq A$，若$X \in E(C, w)$则$X' \in E(C, w)$；

（5）E是超添加的（superadditive），如果对任意W的子集X_1、X_2，主体集C_1、C_2，$C_1 \cap C_2 = \emptyset$，$X_1 \in E(C_1, w)$，$X_2 \in E(C_2, w)$，则$X_1 \cap X_2 \in E(C_1 \cup C_2)$。

波利指出，这些条件是把效用函数的直观意义形式化的必要前提。给出一个策略博弈G，我们能定义一个效用函数EG。集合X在$EG(C)$中，当且仅当存在一个主体群C的策略使得无论其他主体用什么策略，其结果都会是X中的元素。

定理　一个效用函数E是可行的当且仅当它是某个策略博弈G的效用函数EG。

现在可以定义一个联盟模型：

定义 一个联盟模型是一个三元组$\langle W, E, V \rangle$，其中W是一个非空状态集，E是一个可行效用函数，$V: \mathrm{At} \to \wp(W)$是一个赋值函数。

根据上边的模型，真值的定义如下：

$\mathcal{M}, w \vDash p$当且仅当$p \in \mathrm{At}$且$w \in V(p)$

$\mathcal{M}, w \vDash \neg\varphi$当且仅当$\mathcal{M}, w \nvDash \varphi$

$\mathcal{M}, w \vDash \varphi \vee \psi$当且仅当$\mathcal{M}, w \vDash \varphi$或$\mathcal{M}, w \vDash \psi$

$\mathcal{M}, w \vDash [C]\varphi$当且仅当$w E C \varphi^M$其中$\varphi^M = \{w \in M | \mathcal{M}, w \vDash \varphi\}$。

波利在《社会软件的逻辑》[①]中证明了下列公理系统对于联盟模型类是可靠并且完全的：

公理模式：

（⊥） $\quad \neg[C]\bot$；

（⊤） $\quad [C]\top$；

（N） $\quad \neg[\emptyset]\neg\varphi \to [N]\varphi$；

（M） $\quad [C](\varphi \wedge \psi) \to [C]\psi$；

（S） $\quad$如果$C_1 \wedge C_2 = \emptyset$，则$([C_1]\varphi_1 \wedge [C_2]\varphi_2) \to [C_1 \cup C_2](\varphi_1 \wedge \varphi_2)$。

推理规则：

分离规则 MP：如果$\varphi \to \psi$并且φ，那么ψ；

等价规则 RE：如果$\varphi \leftrightarrow \psi$，那么$[C](\varphi) \leftrightarrow [C]\psi$。

联盟逻辑公理系统的相关元定理证明，比如完全性，这里略去。

由于表达力的原因，通常的克里普克语义结构不能描述多主体系统中每个主体之间的合作行为，而联盟逻辑给出了一个能够刻画多参与人博弈的多决策者博弈模型。这种模型以策略博弈结构（strategic game form，SGF）为基础，本质上类似于邻域结构，具有比关系语义更强的表达力（可以刻画更弱的模态逻辑系统）。多主体团队在特定状态下将系统输出的关系与自身的行为进行一一对应。在 SGF 中，需要所有决策者的合作或者联盟行为才能改变状态，这与克里普克语义结构描述的多主体行为是不同的。从上述对联盟逻辑的描述看，效用函数（effectivity function）是多主体决策博弈模型的核心概念，它指明了多主体团队能够保证在系统特定的状态下的输出结果，即博弈的解。也就是说，只有这个多主体团队才能够改变系统的输出，除此以外的任何主体都不能改变系统的输出，这

---

① Pauly M. 2001. Logic for social software. Amsterdam: University of Amsterdam.

个多主体团队对这些在特定状态下的输出拥有获胜策略。我们也不难发现，策略博弈结构也存在不足之处，这就是联盟逻辑中的策略概念是局部的，而非全局的；也就是说，该博弈结构中的策略只含有一步行动的规则。在传统经典的博弈行为中，策略是全局的。波利为了解决这个问题，扩展了联盟逻辑（CL），得到了扩展联盟逻辑（Extended Coalition Logic，ECL）系统，在相关系统中引进了模态词 $[C^*]$，它可以表示多主体团队采取一系列而不是一步行动规则，确保特定目标状态的输出。可见，经典联盟逻辑是用策略式的表述对博弈进行刻画，而 ECL 扩展了相应的适用范围，试图更好地描述人们实际的合作博弈。总之，ECL 是对联盟逻辑（CL）的一个表达力增加但计算上更简单的基本扩展。

接下来笔者提供一个案例，由此考察联盟逻辑是如何运用于社会程序中的。

7.5.2　联盟逻辑的应用

接下来的案例分析参考了波利的博士论文[①]，针对德国 20 世纪 90 年代的迁都议题。历史上德国的世纪性迁都工程——从波恩到柏林这件重大的历史性的政治事件离我们并不遥远。东西德统一后，德国各党派的参议员们就德国的联邦议院和联邦政府是继续留在波恩还是前往柏林展开了激烈的争论。笔者用这个案例来说明议程选择的重要性，并以此来说明联盟逻辑能够在一定程度上分析社会行为。

在这场激烈的争论中，联邦议院考虑了五种不同的方案，其中三种居主流地位的方案是：

p_1：联邦议院和联邦政府都迁往柏林；

p_2：联邦议院迁往柏林，但联邦政府都仍留在波恩；

p_3：联邦议院和联邦政府留在波恩。

另外两种方案对于最后的讨论结果不起决定作用，所以，这里不打算分析它们，从而在不影响一般性结果的情况下简化我们的讨论。

因为在这个投票表决过程中方案多于两种，所以由元老们组成的议会委员会不得不确定一种投票和表决程序。我们可以将表决程序看作是一棵议程树，这棵议程树是一个扩展博弈（extensive game），其中每个博弈位置和没有被排除的选择方案所组成的集合相联系。

形式上，我们先以 $p_1 \wedge p_2 \wedge p_3$ 成立开始。投票博弈中的每一次表决都会排除

① Pauly M. 2001. Logic for social software. Amsterdam: University of Amsterdam: 119-123.

掉一些选择方案，直到最后只剩下一种方案，即最终确定的讨论结果。形式化这场联盟博弈的第一个要求是，已经在某个阶段被排除掉的选择方案一直是被排除的，于是有：

公理 7.1 对于所有的原子命题p来说，$\neg p \rightarrow [\emptyset]\neg p$

第二个要求是，在投票的每一个阶段至少有一种选择方案被排除掉。我们首先以每一次表决都会改变选举情形的预设来保证这个要求。令 Sit=$\{l_1 \wedge l_2 \wedge l_3 \mid l_i = p_i$或者$l_i = \neg p_i\}$，用来表示所有情形组成的集合，即原子事实的所有可能组合。那么，我们就可以写出我们的第二个公理：

公理 7.2 $\bigwedge\limits_{\delta \in \text{Sit}}(\delta \rightarrow [\emptyset]\neg \delta)$

第三个要求是，这个表决程序中的每一次表决都是民主的多数人的投票，可以形式化为：

公理 7.3 对于每个群体C并且$|C| > 1/2|N|$，则$[N]\varphi \rightarrow [C]\varphi$

为了简化相关的讨论，这里假定$|N|$是奇数。

第四个要求是，每次表决都只在两种方案之间进行，这就会排除一种比较麻烦的情形。在这种情形下，每一次表决都在三种方案之间进行，但是没有一种方案能够获得多数票。以下这条公理能够保证做出双边决定：

公理 7.4 $[N]\varphi \wedge [N](\neg\varphi \wedge \psi) \rightarrow [\emptyset](\varphi \vee \psi)$

公理 7.4 能够保证，如果一个状态有两个后继，并且这两个后继能够被公式φ区分，使得一个后继满足φ，另一个后继满足ψ，那么所有的后继状态不得不满足公式$\varphi \vee \psi$。

作为相关议程的建模者，我们想知道公式$p_1 \wedge p_2 \wedge p_3$是否在一个比较弱的可操作的模型里得到满足，其中公理7.1～公理7.4在这个比较弱的可操作的模型里都是有效的。将这些公理赋给上述自动议程生成算子，我们可以得到模型$\mathcal{M}_1$，如图7.3所示：

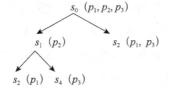

图 7.3 模型 $\mathcal{M}_1$

从上图中可以看到相关命题变元在相应的状态下是真的。在状态s_0和s_2下，左边和右边的表决结果是由大多数议员决定的。很容易看到，以上四条公理在上

图模型 $\mathcal{M}_1$ 中都有效。从直觉上理解，根据选举程序，议院首先应该投票表决议院的所在地与政府的所在地是否位于同一座城市。如果是的话，下一步再做出联邦议院和政府办公室坐落在哪座城市的决定。

程序模型 $\mathcal{M}_1$ 是被议会的元老们所采用的，使用这种程序，议院最终会做出选择方案 p_2 的决定。然而，这里确实有一种我们不太喜欢的结构性质，即并非这三种方案都被平等地对待。在 $\mathcal{M}_1$ 的第一轮表决中，方案 p_2 要和另外两种方案 p_1 和 p_3 的组合进行竞争。这样，方案 p_2 在现实生活中实行起来会比较困难，也就是说，人们会议论将联邦议院从联邦政府中分离出来。只有在与其他两种方案 p_1 和 p_3 相比较，大多数议员都更加偏好 p_2 这种方案时，p_2 这种方案才会被接受。另一方面，我们觉得所有的方案都应该平等地被对待，这样就不想采用程序模型 $\mathcal{M}_1$。这时就会导致我们去接受新的公理（公理 7.5），这条公理要求在每次投票表决中，至多允许一种方案被排除。

公理 7.5 对任意两个不相同的原子命题组合 $p \wedge q$，都有 $p \wedge q \rightarrow [\emptyset](p \vee q)$

需要注意的是，公理 7.5 在模型 $\mathcal{M}_1$ 中是无效的，原因在于该模型状态 s_0 下，组合 $p_1 \wedge p_3$ 为真，但存在某个执行，执行后在状态 s_1，$p_1 \vee p_3$ 为假。结合公理 7.2，公理 7.5 就能够保证每一次的投票表决后都会有一种方案被排除掉。因此，如果我们对模型 $\mathcal{M}_1$ 不满意，那么可以添加公理 7.5 限制到模型 $\mathcal{M}_1$ 中去，再次要求一种满足新的具体说明的投票选举程序的产生，即下面的模型 $\mathcal{M}_2$，如图 7.4 所示：

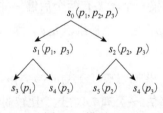

图 7.4　模型 $\mathcal{M}_2$

如图 7.4 所示，议程模型 $\mathcal{M}_2$ 满足所有的五条公理（公理 7.1～7.5）。首先，议员们在 p_1 和 p_2 两种方案中做出决定，接着，第一轮投票的获胜者再和 p_3 方案对抗。而且还可以注意到，一种新添加的结构性质将模型 $\mathcal{M}_2$ 从模型 $\mathcal{M}_1$ 中区分开来：尽管在模型 $\mathcal{M}_1$ 中，投票的次数是由相应的投票结果决定的，而在模型 $\mathcal{M}_2$ 中，投票的次数是固定的，议程是统一的。从形式的角度考虑，称某议程是统一的如果它满足下面这条公理：

公理 7.6 对于所有的 $k > 0$ 而言，都有 $[N][\bot] \rightarrow [\emptyset]^k[\bot]$

根据上述粗略考察，我们不难总结出，联盟逻辑在设计社会选举程序等方面是一种有用的工具，它对选举理论的结构性质进行形式化时体现出一定的表达力。这可以为人们分析社会选举理论和实践等领域提供强有力的支持，从而可能成为社会过程形式化分析研究的重要逻辑手段。

7.5.3 联盟逻辑研究的拓展

7.5.3.1 进一步深化对联盟逻辑理论体系本身的研究

波利在《博弈中联合力的模态逻辑》[①]一文中，深入研究了联盟逻辑的完全性定理以及联盟形成的复杂性问题。德国学者布尔林（N. Bulling）研究了联盟逻辑模型检测的复杂性，他在前人研究成果即交互时态逻辑（ATL）的模型检测在隐含并发博弈结构（implicit concurrent game structures）中对于模型大小和公式的长度是 Δ_3^p-完全的基础上，进一步证明了联盟逻辑在隐含并发博弈结构中的模型检测对于模型大小和公式的长度也是 Δ_3^p-完全的，这个研究成果的出现在学术界引起了很大的反响。

7.5.3.2 用比较方法对联盟逻辑和交互时态逻辑进行深入研究

联盟逻辑和交互时态逻辑是多主体合作逻辑的两个重要分支，对联盟逻辑和交互时态逻辑的对比研究也能够促进对联盟逻辑的研究。瑞典斯德哥尔摩大学葛兰科（V. Goranko）的一项重要的研究成果[②]就是证明了联盟逻辑和交互时态逻辑在逻辑语义上的等价性，他还运用将联盟博弈逻辑嵌入到交互时态逻辑的方法构造出了联盟逻辑和交互时态逻辑的公理系统。葛兰科认为效用函数（effectivity function）的概念是连接两类逻辑系统的桥梁，效用函数也可以在交互时态逻辑系统中使用，这能为交互时态逻辑提供纯博弈论框架的分析。

7.5.3.3 与其他模态逻辑结合进行研究

英国学者范德霍克（W. van der Hoek）和伍德布里奇（M. Wooldridge）于2005年在 AI（Artificial Intelligence）上发表了《关于合作和命题控制的逻辑》一文[③]，用命题控制了主体的能力，在此基础上提出了命题控制联盟逻辑（CL-PL）[④]。2007年，

① Pauly M. 2002. A modal logic for coalitional power in games. Journal of Logic and Computation, 12 (1): 149-166.
② Goranko V. 2001. Coalition games and alternating temporal logics// Proceedings of the 8th Conference on Theoretical Aspects of Rationality and Knowledge (TARK-2001): 259–272.
③ Hoek W V D, Wooldridge M. 2005. On the logic of cooperation and propositional control. Artificial Intelligence, 164 (1-2): 81-119.
④ Ågotnes T, Hoek W V D, Wooldridge M. 2008. Quantified coalition logic. Synthese, 165 (2): 269-294.

范德霍克、伍德布里奇和乌戈特涅斯（T. Agotnes）三位学者对联盟逻辑推理进行量化，提出了量化联盟逻辑（Quantified Coalition Logic，QCL），并证明了如何解决在联盟逻辑中添加存在联盟∃C和任意联盟∀C后，带来诸如模型检测问题不可判定的结果等问题，那么量化联盟逻辑就是一种很好的解决此类问题的办法。我们通常所说的联盟逻辑实际上是一种行动逻辑，我们只知道量化了联盟逻辑后，联盟C存在一个我们并不确定的联盟行动，使得行动J在下一状态下为真，这给我们的实际操作带来了不确定的因素，也就是说，此时的联盟逻辑还未完成由行动到语义上的成功转换，而学者博戈（S. Borgo）提出的联盟行动逻辑（Coalition Action Logic）成功地解决了这一问题。2008 年，乌戈特涅斯等学者通过将联盟逻辑和动态认知逻辑联系起来的方法，提出了联盟宣告逻辑（Coalitional Announcement Logic）[①]。源于动态逻辑的启示，2010 年，英国学者特洛奎德（N. Troquard）提出了交互动态逻辑（Alternating-time Dynamic Logic，ADL），将联盟逻辑语法中的联盟替换成了一组受指定调度规则协同的联盟，还把动态逻辑中的重复执行算子*、并发算子‖和测试算子？等用于联盟协同规则，得到了许多非常有价值的结果。

7.5.3.4　引入触发策略算子尝试重复博弈研究

联盟逻辑是多主体合作逻辑的一个重要分支学科，目前国际上对多主体合作逻辑的研究主要是在合作博弈的基础上进行的，即博弈参与方之间具有约束力，而对非合作博弈中的多主体合作逻辑的研究则很少[②]。重复博弈（repeated games）属于非合作博弈，学界对重复博弈中主体的联盟推理能力研究比较少；在这类博弈中，参与方之间可以通过可置信的威胁来约束彼此的行为，从而达到合作的目的。所以，需要在联盟逻辑中引入触发策略（trigger strategy）算子，建立具有触发策略的联盟逻辑（Coalitional Logic with Trigger Strategy，CLTS），就可以研究在重复博弈中主体的联盟策略推理能力问题。另外，虽然现在联盟逻辑在计算机科学等领域得到了广泛的应用，我们也期望它在诸如社会选择这样的社会行为研究中发挥更重要的作用，并在相关应用中获得理论本身的进一步的发展机遇。

---

① Gotnes T, van Ditmarsch H. 2008. Coalitions and announcements// International Joint Conference on Autonomous Agents and Multiagent Systems: 673-680.
② 张峰. 2012. 多主体合作逻辑发展趋势研究. 北方民族大学学报（哲学社会科学版），（6）：132-136.

8

社会软件中的逻辑

8.1 社会软件概述

研究社会软件的要旨在于：对社会过程的系统化、严格化分析有助于我们理清社会交流过程，进而做出有效的社会行动。这一观点最初由派瑞克（R. Parikh）在他的论文《作为社会软件的语言》①中陈述，现今已经得到诸多学术团体的关注。这一章的目标就是对能用于多主体互动情境的推演的逻辑系统进行阐释。

8.1.1 什么是社会软件

从《作为社会软件的语言》到《社会软件》②和《社会软件理论》③，派瑞克通过各种解说性的实例定义了社会软件。一个程序能作为社会软件的范式有两种类别：①这个程序本身就是社会化的，在程序的执行中涉及多个主体，典型的例子如投票程序（如多数表决制、批准投票制）和公平分配法则（如被调整的优胜者、蛋糕切割法则）；②这个程序由社会建立而由单主体在群体环境下执行。例如病人单独去就医的整个程序。

不难理解，尽管在设计计算机软件程序时，不需要担心计算机会突然"不喜欢"执行下一步，但是社会情境中的每个主体都有个人偏好等情感因素，因此，社会软件的设计中需要考虑这些因素。这就带来社会软件的第三种范式：③单主体独立执行的程序。例如，个人参照饮食指南来烹饪。本书介绍的主要情况是第①种类型，即涉及多主体执行的社会程序。关于社会软件的研究不仅基于人工智能、分布计算和哲学逻辑的知识，也基于博弈论和经济学的知识。

---

① Parikh R. 2002. Towards a theory of social software// Proceedings of DEON.

② Parikh R. 2002. Social software. Synthese, 132 (3): 187-211.

③ Parikh R. 2002. Towards a theory of social software// Proceedings of DEON.

现在我们只讨论了适合社会软件研究的程序类型，还未对社会软件下定义。总体上说，对这一概念下精确定义是非常困难的。以下只是一个笼统的说法：社会软件是跨学科的研究项目，通过博弈论和计算机科学中的数学工具和技巧，来分析、设计社会过程[①]。在《社会软件》一文中，派瑞克把关于社会软件的研究分为三个不同但密切相关的类别：社会结构建模、形成关于社会程序的正确性的理论、设计社会过程。

8.1.1.1 社会结构建模

社会软件的一个中心问题是找寻能描述多主体互动情境的恰当模型。要得到对社会过程的缜密分析，就得从分析关于多主体互动情境的现实可行的模型出发。包括博弈论、哲学、人工智能和分布式科学在内的很多学科都从不同领域、不同角度对此类模型进行了研究。从社会软件的角度看，一个能提炼和检验社会程序的直觉的形式化模型就是我们的研究目标。

把社会情境形式化的方法有很多，这一章把信息及其在策略性多主体情境中的动态性作用作为一个中心问题处理，致力于阐释以下两个问题：①知识、行动和义务问题。主体的行动都是基于他们当前的知识状态的，这点在研究主体的义务的推理中很重要，因为在主体不知情的状态下没去执行一些行动，是不应该受到指责的。因此，如何把基于主体知识的行动模型化就是我们要考虑的问题。②信息更新问题。当执行一个社会程序后，主体的信息就会发生相应改变，如何刻画信息更新；信息更新又如何影响知识和信念的模型，都是需要考虑的问题。

8.1.1.2 社会程序正确性的理论

正如能证实某个运算法则的正确性，我们也可以证实社会软件的某些片段是否正确。在计算机科学中，可以把计算过程或程序看成是状态集上的关系，其中，每个状态可被看作是一个函数，它给每个可能变元指派值，给命题指派真值。这个方法首先是普拉特在其文章《弗洛德-霍尔逻辑的语义条件》[②]中提出来的，之后哈雷尔（D. Harel）等在他们的著作《动态逻辑》[③]中给出了计算程序的详细讨论。受这种关于计算程序的分析的影响，派瑞克在他关于博弈逻辑的论文《程序

---

① Pacuit E. 2005. Topics in social software: information in strategic situations. New York: City University of New York.

② Pratt V. 1976. Semantical Considerations on Floyd-Hoare Logic. Cambridge: Massachusetts Institute of Technology.

③ Harel D, Kozen D, Tiuryn J. 2000. Dynamic Logic. Cambridge: The MIT Press.

命题逻辑：新方向》①和《关于博弈的逻辑及其应用》②中走出了关于社会程序的
形式化逻辑的第一步。博弈逻辑试图把关于主体拥有相反偏好的情境形式化。波
利在他的论文《社会软件的逻辑》③中更进一步研究了这类形式化逻辑系统，他
研究了关于联盟推理的逻辑。波利还运用霍尔的方法研究了一种能证实社会程序
的正确性的形式框架。

　　然而，上述的框架都没有对主体的知识进行明确清晰的描述。在关于社会程
序正确性的形式化理论中，找寻对主体知识的恰当描述结构很重要。社会程序的
主要方面之一是它涉及的主体，在多主体情境中，每个主体获取的信息可能不一
样，因此，一个主体如何知道其他主体知道的信息就很重要，即公共知识、分布
知识等概念在关于社会程序的正确性的形式化过程中是很关键的。

　　为阐释上述观点，下面来看一个公平分配原则——调整后的赢家（adjusted
winner）。调整后的赢家是关于公平分配两个主体之间的资产的法则，这在勃拉姆
斯（S. J. Brams）和泰勒（A. D. Taylor）的论文《公平分配：从蛋糕分割到争端
解决》④中有详细讨论。它要求两个主体分别把 100 点按自己心中的价值分到所
有资产项目上，反映项目的相对值，然后把各个资产项目暂时分配给放在该项目
较高点上的主体，最后通过计算得到一个收购点，根据收购点进行资产转移，使
得转移后双方的总分意志相等。这种分配原则是公正有效的。下面通过分析一个
例子来更清楚地了解该法则。

　　假设要把A，B和C三件物品公平分配给小张和小李，调整后的赢家原则的
第一步是，给小张和小李各 100 点，让二人把 100 点按照自己的意志分配到三个
物品上，譬如二人分配的点数分别是：小张分给A10 点，分给B65 点，分给C25
点；小李分给A5 点，分给B45 点，分给C50 点。第二步就是比较二人的点数后，
把物品A和B都给小张，把物品C给小李。可以看到，小张获得了 75 点，小李只
获得 50 点，这时还不是公平的分配。必须把小张手中现有的物品转给小李一部
分，如果先把A全部给小李，这时，小李手里共获得了 55 点，而小张还剩下 65
点，分配仍不公平，仍需把小张手中的物品B的一部分转移给小李，令p是小张

① Parikh R. 1983. Propositional logics of programs: new directions// International Fct-conference on Fundamentals of Computation Theory: 347-359.
② Parikh R. 1985. The logic of games and its applications. Annals of Discrete Math., (24): 111-140.
③ Pauly M. 2001. Logic for social software. Amsterdam: University of Amsterdam.
④ Brams S J, Taylor A D. 1996. Fair Division: From Dake-Cutting to Dispute Resolution.Cambridge: Cambridge University Press.

手中最后遗留的B的百分比，要使分配公平，需满足：$65p=55+45(1-p)$，计算得出$p=(100/110)\approx0.9090\approx91\%$，因此最后的分配结果是：小张持有 91%的物品$B$，小李持有物品$A$、$C$和 9%的物品$B$，此时，双方的总分意志都是 59.09，物品公平分配完毕。

我们的兴趣在于，小张能不能通过掩盖自己的真实偏好，给出能令她最后的利益最大化的点数分配，即优化她的分配点数。例如，她可以假装分给A6点，分给B55 点，分给C39 点，这样运用调整后的赢家规则后，公平分配结果是：把全部B给小张，全部A和C给小李，这个结果看似公平，双方都获得 55 点，而事实上小张却获得了她真实总分意志的 65 点。而这种蒙骗的前提是小张知道小李的真实偏好点数，而小李不知道小张的真实偏好点数。可见，在该原则的应用上，需要关注一点：主体会不会知道对方的偏好，然后据此改进自己的总体分配百分点，以赢得使自己利益最大化的资产。因此，要保证调整后的赢家程序执行的正确性，需要确定两个主体的知识都是保密的，即他们都不知道对方的偏好。这就要求我们在用逻辑系统去证明社会程序的正确性时综合考虑主体的知识、偏好、动机、传统习俗等因素①。

8.1.1.3　设计社会过程

任何理论的一个重要测试就是它能否很好地应用到现实生活情境中去。试图把社会程序形式化会引起很多有意思的问题，而逻辑分析是否会令现有的社会程序有细微的改良或创造出新的社会程序，也是很有趣的课题。

8.1.2　社会软件在博弈论中的应用

纳什等博弈论学家构建了能形式化社会情境的数学工具。机制设计理论就是其中一个重要应用工具。机制设计理论可以看作是博弈论和社会选择理论的综合运用，假设主体的行动是按照博弈论所刻画的方式，并且按照社会选择理论，对各种情形都设定一个社会目标，那么机制设计就是考虑构造什么样的博弈形式，使得这个博弈的解最接近那个社会目标。它所讨论的一般问题是，对于任意给定的一个社会目标，在自由选择、自愿交换、信息不完全等决策条件下，能否设计以及如何设计出一个机制来达到既定目标。

---

① Parikh R. 2011. Is there a logic of society? Synthese Library, 352 (1): 19-31.

对社会过程的形式化分析对很多经济学理论和社会选择理论都有重大推动作用，例如，阿罗定理（Arrow's theorem）和吉本-萨特斯韦特定理（Gibbard-Satterthwaite theorem）都对社会选择理论和投票理论有重要影响。一个经典例子就是对所罗门王判定谁是孩子亲生母亲的过程的博弈分析。故事中，两个女人都说自己是一个婴儿的母亲，请所罗门王做主判定。所罗门王稍加思考后作出决定：将婴儿一刀劈为两段，两位妇人各得一半。这时，其中一位妇人立即要求所罗门王将婴儿判给对方，并说婴儿不是自己的，应完整归还给另一位妇人。听罢这位妇人的求诉，所罗门王立即做出最终裁决：婴儿是这位请求不杀婴儿的妇人的，应归于她。这个道理很简单，因为尽管所罗门王不知道两位妇人中谁是婴儿的母亲，但他知道婴儿真正的母亲是宁愿失去孩子也不会让孩子被劈成两半的。然而，一些经济学家通过对该程序的形式分析指出了所罗门程序的不足：故事中的假母亲是不够聪明的，如果她和真母亲说同样的话，那所罗门王该怎么办呢？经济学家通过引进机制设计对原过程进行改良，这里就是通过一个类似竞标的机制来解决。假设两个母亲的名字分别是安娜和贝莎，所罗门王可以先问安娜孩子是不是她的。如果安娜说孩子不是她的，那么孩子就判给贝莎，博弈结束。如果安娜说孩子是她的，那么所罗门王可以接着问贝莎是否反对。如果贝莎不反对，则孩子归安娜，博弈结束。如果贝莎反对，则所罗门就要她提出一个赌注，然后向安娜收取罚金。比较罚金和赌注，如果罚金高于赌注，则孩子给安娜，安娜只须交给所罗门王赌注，而贝莎要交给安娜罚金；如果罚金比赌注低，则孩子给贝莎，贝莎给所罗门王赌注，安娜的罚金也归贝莎。这个道理很简单，因为在安娜是真母亲的情形下，她的策略是说孩子是她的，然后贝莎不反对。因为贝莎反对的结果只会导致她要多交钱，原因是安娜为了得到孩子并避免白白给出罚金，必然会真实地根据孩子对她的价值拿出罚金；在安娜是假母亲的情形下，她的策略是承认孩子不是她的，因为如果她说孩子是她的，贝莎必然会反对，并且贝莎为了得到孩子并少付钱，一定会真实出价，而安娜只有付出高出孩子对她的真正价值的钱才会得到孩子，而这就不合乎她的偏好了。

至此，我们只讨论了对社会过程的形式化分析，并未说明为什么逻辑可以被用于这一分析。用逻辑对社会过程进行形式分析是否重要，这引发了诸多学者的讨论。而我们的回答是：逻辑对博弈论而言是很好的工具。因为博弈论中充满了很多疑难，对这些疑难的解决方案也有很多分歧，这些疑难或分歧不是经验主义的也不是数学上精确的，它们涉及诸如"理性的""完备的"等基本概念的含义和某些证明的完全性，而这些问题都是逻辑研究的重要部分①。

8.1.3　社会软件在计算机科学中的应用

越来越多自主性程序设计的出现推动了计算机制设计的发展：把经济原则应用到多主体系统设计中。关于社会程序的正确性的形式化理论可被用于一种计算工具的研发，该计算机工具能核实交互的多主体协议，如网上拍卖等。

例如，如果我想从北京坐飞机去上海，又不想亲自去买最佳价位的飞机票，我就可以把这个任务委托给网络代理。同时，航空公司也会有他们的代理，以最合适的价位售票。然后，我和航空公司的代理就会根据之前预定好的程序或协议去交流协商，讨价还价，而双方代理遵循的程序实际上是某些编码片段，通过执行这些程序（计算编码）来完成意欲达到的社会交流。网络代理的交流就是在模拟现实生活中买家和卖家的交流。一个关于社会软件正确性的形式化理论可以用来检测上述程序是否正确，即通过执行该程序，买卖双方能否达成一个既一致又完备的交易。"一致性"指的是，程序执行后，不会出现不想要的结果。例如，买家不会不付钱就买到票；"完备性"较为复杂：假设P是模拟现实社会交流过程S的程序，我们知道S可能会有很多不同后果，这些后果可以用命题公式来描述，如"买家买到了去上海的飞机票"，也可以是认知理论方面的，如"买家相信他买到了最划算的飞机票"。如果代理能达成所有这些结果，就说P对S而言是"完备"的。

最后，需要简单提一下与计算机科学和博弈论都密切相关的社会软件的另外一个应用——理性主体。理性主体是博弈论和人工智能研究的核心问题。简单地说，理性主体是某种社会情境中的独立实体，他根据自己的喜好去执行的行动会改变外部环境。在《通向理性主体的逻辑》②中，范德霍克和伍德里奇提出了构建一种关于理性主体的逻辑的重要性和艰巨性，而本章中的逻辑系统也讨论了与二人的论文相关的问题。

---

① Pacuit E. 2005. Topics in social software: information in strategic situations. New York: City University of New York.
② Wiebe V D H, Wooldridge M. 2003. Towards a logic of rational agency. Logic Journal of the Igpl, 10 (2): 135-159.

8.1.4 本章概述

这里运用模态逻辑，尤其是认知逻辑和博弈论的工具来阐释适合社会软件分析的形式化模型。认知逻辑和博弈论的基本概念和部分内容已在前面的章节中有所提及。

我们运用的基本形式框架是认知模型和基于历史的模型，前者的基础内容已经广为人知，后者的基础观点是：每个主体都有一系列的可能行动、选择，而在每一时刻，某些事件会决定这些行动。基于历史的模型在计算机科学中用于在分布环境中塑造计算，在博弈论中被称为"扩展博弈"，8.2 节会对其进行详细介绍。8.3 节介绍了一个关于知识、行动和义务的多主体逻辑，基本观点是：如果主体没有意识到某个问题，他是不会去执行相应的行动的，主体的义务依赖于他的知识。8.4 节主要介绍了包含认知算子和交流算子的多主体模态逻辑——交流图的逻辑，其中的基本观点是：主体最初有自己的原始信息，经过交流后，通过获取别人的信息会对自己的初始信息进行完善。8.5 节做了最后总结，并简要阐释了用逻辑系统分析社会程序的过程中出现的问题。

8.2 基础认知模型及其应用

由 8.1 节的介绍可知，基础认知模型是研究社会软件的出发点，因此，8.1 节先对两个基础认知模型的知识进行了简要介绍。关于知识和信念的形式化模型已经被包括计算机科学家、经济学家和哲学家在内的很多学术团体研究过，本节主要对计算机科学和博弈论的文献中所研究的认知逻辑模型和基于历史的结构模型进行一些阐释。

8.2.1 认知逻辑

自辛提卡的《知识和信念》[①]始，已经有很多关于运用逻辑系统对多主体面临的不确定性进行形式化分析的研究，《关于知识的推理》[②]和《计算机科学和人工智能的认知逻辑》[③]两本书详细介绍了认知逻辑和模态逻辑以及它们在计算机科学中的应用。

---

① Hintikka J. 1962. Knowledge and Belief. New York: Cornell University Press.

② Fagin R, et al. 1995. Reasoning about Knowledge. Cambridge: The MIT Press.

③ Meyer J J, Wiebe V D H. 1995. Epistemic Logic for Computer Science and Artificial Intelligence. Cambridge: Cambridge University Press.

接下来通过一个简单的例子来分析认知逻辑在社会生活中的具体应用。

小斌（下面用"b"表示）有一个演讲，他想让小安（下面用"a"表示）过去听，但只希望小安是对演讲有兴趣而不是出于礼貌才去听的。要达到小斌的要求，需满足以下三个条件：

（1）$K_a(S)$（小安知道S，其中S表示命题"小斌有一个演讲"）；

（2）$K_bK_a(S)$（小斌知道小安知道S）；

（3）$\neg K_aK_bK_a(S)$［小安不知道小斌知道她（小安）知道S］。

现在对上述三个条件进行分析。第一条是必要的，因为如果小安不知道这个演讲，即便她对这个演讲感兴趣，她也是不会去的；第二条尽管不是最重要的，但它能让小斌安心。最后一个条件很有趣，小安有两个理由去听演讲，她可能是因为对演讲内容感兴趣，也可能是为了让小斌高兴或者不想冒犯他。如果小安知道小斌知道她（小安）知道这次演讲，小安或许就会遵从小斌的期望，认为自己（小安）应该去，这就不符合小斌的初衷了。

如果小斌告诉小安他有演讲，则S在二人之间就成为公共知识，包含$K_aK_bK_aS$，因此小斌不能亲自告诉小安。

但是小斌可以让一个朋友去告诉小安，这样他就能确信小安是在没有压力的情况下做去不去听讲座的选择的。这就满足了上面三个条件，解决了小斌的问题。

8.2.2 基于历史的结构

这里要讨论的基本框架可通过扩充来刻画与社会过程分析相关的社会情境的很多方面。该框架通过扩充能处理以下两个方面内容：一是基于主体的知识状态的主体的行动选择（即8.3节将讨论的基于知识的义务）；二是事件的发生（譬如交流）如何改变主体的知识状态（即8.4节准备探讨的交流图）。

假设某个社会交流情境涉及（有穷）主体集A，哪些方面与分析社会过程相关？首先，我们构建模型是为了研究主体执行社会程序的过程中的相关问题，为清晰起见，需要先设定全局分离时钟（global discrete clock）的存在，用自然数集 N 表示时钟跳动点，这就蕴涵我们假设了有穷的过去和可能无穷的未来。其基本观点是：在每个时钟点或时刻，某些事件会发生[①]。这就把我们引向另一个问题：

---

① Pacuit E. 2005. Topics in social software: information in strategic situations. New York: City University of New York.

任何主体都不可能拥有与一个社会情境相关的所有信息，因为主体都是计算受限的，只能处理受限的信息。因此，如果一个社会情境需要超过单个主体能处理的信息才可描述，那么每个主体就只能用全部信息中的一部分去描述该社会情境。此外，一些主体还可能不会注意到事件的发生。因此，很显然地能得到：不同的主体可能会对同一个社会情境有不同的观点或诠释。

自冯·赖特在 20 世纪 50 年代的工作和辛提卡的著作《知识和信念》[1]始，已经有很多工作致力于研究运用模态逻辑去形式化社会情境中多主体的不确定状态。这些形式化模型不仅刻画了基础事实（ground facts）的不确定性，也刻画了其他主体的不确定性。关于知识和信念的模型已经被包括计算机科学家、经济学家和哲学家在内的众多学术团体应用，其中，最成功的框架当属克里普克语义框架。克里普克结构为多主体模态逻辑提供了简易实用的语义。不过，正因其简单性，当代学者都在讨论克里普克结构能否作为分析社会情境的合适的形式化模型的问题。其实这些讨论的中心问题是逻辑全能问题。从社会软件的角度看，克里普克结构的主要缺陷是它描述的是静态的情境，而我们面对的主要是动态的社会情境，因此，我们会对其进行一些改良。

接下来，笔者将通过简要的介绍，展示能描述多主体在社会情境中的不确定性的逻辑模型。

基于历史的结构已被很多不同的学术团体用于多主体交互情境的推理中，在分布式计算的相关文献中，称为解释系统（interpreted systems）。

令E是事件集，我们知道，不同的主体注意（意识到）不同的事件，因此，对每个主体$i \in A$，i注意到的事件集记作E_i。在定义一个历史前，需要一些概念：对任意事件集X，X中的有穷序列（X中有穷事件串的集合）记作X^*，X中的无穷序列（X中无穷事件串的集合）记作X^ω。全局历史（a global history）就是发生的所有相关事件的集合，一个全局历史即任意的事件序列，如$E^* \cup E^\omega$中的任意片段；主体i的一个局部历史（a local history）就是i能"看到"的事件集，即E_i^*中的任意片段。可见，局部历史一般都是有穷的事件序列。

用字母$h, h', \cdots$表示局部历史中的元素，$H, H', \cdots$表示全局历史中的元素。为表达"瞬间时刻"的概念，我们假设全局时钟的存在，用字母$t, t', \cdots$表示时刻点，给出一个时刻t，全局历史H就被限制为H_t。这就能翻译诸如"在上午十点小军

---

① Hintikka J. 1962. Knowledge and Belief. New York: Cornell University Press.

不知道小山生病，在上午十一点他知道了小山生病"这样的句子。能标记时间后，就能标记同一时刻小军和小山的局部历史。

接下来用抽象符号去描述主体交流系统，这些系统会被描述成一个全局历史集，即用一个事件序列去描述系统的演变。每个系统中的主体被假定是稳定的、有穷的，可能的全部事件集也是稳定的。

任意给出两个历史H和H'，H是H'的有穷前缀（finite prefix），记作$H \preceq H'$。令hH表示有穷历史h和可能无穷历史H的串联，若H是无穷的，且它的长度不小于k，则H_k（长度为k的历史）是H的有穷前缀。对于一个历史H，len（H）是H的长度，即H中所含事件的个数。对于历史集$\mathcal{H}$，$\mathcal{H}_k$是其中所有长度为k的历史的集合。最后给出$\mathcal{H}$的有穷前缀的定义：$\mathrm{FinPre}(\mathcal{H}) = \{h \mid h \in E^*, h \preceq H, H \in \mathcal{H}\}$。可见，$\mathrm{FinPre}(\mathcal{H})$是$\mathcal{H}$中元素的有穷前缀的集合。

如果历史集$\mathcal{H} \subseteq E^* \cup E^\omega$在 FinPre 函数下封闭（$\mathrm{FinPre}(\mathcal{H}) \subseteq \mathcal{H}$），则称$\mathcal{H}$为一个协议（protocol）。可见，协议就是在某个特定的社会情境中发生的可能历史的集合。可以看到，$\mathcal{H}$中的有穷历史集等同于 FinPre($\mathcal{H}$)。

事件集E不仅包含交流系统参与主体的行动（主体收发信息等行动），也包含能影响参与主体的知识的其他事件。这里我们不对这些信息进行符号化表示，而是通过事件来描述信息的收发，因此我们要讨论的是系统参与主体察觉到的事件的语义。

定义 8.1 给出一个事件集E和一个有穷主体集A，一个基于历史的多主体结构是一个多元组$\langle \mathcal{H}, E_1, \cdots, E_n \rangle$，其中，$\mathcal{H} \subseteq E^* \cup E^\omega$是一个协议，对任意主体$i \in A$，$E_i \subseteq E$。

协议$\mathcal{H}$的作用在于限制任意主体可能察觉到的全局历史。这种作用在全局历史上的限制能使主体从局部察觉的事件推出他未察觉的事件。例如，事件v表示"小山在呕吐"，小军没有注意到v；但是小军收到来自小安的信息"我爸爸（小山）在呕吐"（事件m），小军在感知事件m的同时就会增加关于v的知识（虽然他未看到事件v）。

8.2.3 认知时态逻辑

接下来将展示如何把基于历史的结构通过扩充生成认知时态逻辑。据上文介绍可知，给出一个有穷全局历史H和主体i，i只能"看到"H中的部分事件，即

E_i。换言之，在时刻t，从主体i的视野看，可以把H的初始部分H_t看作E_i^*中的部分事件序列。现在给每个主体i一个局部视图函数 λ_i，$\lambda_i(H) \in E_i^*$就是主体i在历史H中的局部视图。

定义8.2　令$\mathcal{H}$是一个协议，对任意主体$i \in \mathcal{A}$，称任意函数λ_i：$\mathrm{FinPre}(\mathcal{H}) \to E_i^*$为主体$i$的局部视图函数。

令H和H'是某协议$\mathcal{H}$中的两个全局历史，对于主体i而言，H和H'是"相等"的，记作$H \sim_i H'$。这个等价关系可通过局部视图函数进行形式化定义：

定义8.3　令$\mathcal{H}$是一个协议，给出两个有穷的全局历史H，$H' \in \mathcal{H}$，$H \sim_i H'$ 当且仅当 $\lambda_i(H) = \lambda_i(H')$。

显然易见，$\sim_i$是一个等价关系，我们可以把这个关系看作：给主体i一个信息片段，历史H和H'对i而言不可分辨。

接下来给出基于历史的框架的定义：

定义8.4　给出一个基于历史的多主体结构$\mathcal{F}_H = \langle \mathcal{H}, E_1, \cdots, E_n \rangle$，基于结构$\mathcal{F}_H$的一个基于历史的框架$\mathcal{F}_K = \langle \mathcal{H}, E_1, \cdots, E_n, \lambda_1, \cdots, \lambda_n \rangle$，其中每个$\lambda_i$都是一个局部视图函数。

从社会软件的视角看，基于历史的多主体结构为我们描述和学习社会互动情境的很多重要方面提供了一种方法。其主要观点在于，每个主体i只注意或意识到某些事件，即E_i，而不会注意到全局历史H中的所有事件。在应用基于历史的多主体结构时须注意，某个主体注意到事件e，并不意味着该事件必然是该主体的行动产生的，即，若用A_i表示主体i的行动集，则$A_i \subseteq E_i$。

可以通过一个多主体模态逻辑去描述基于历史的知识框架的性质。令$\mathrm{At}=\{p_0, p_1, \cdots, p_2\}$是一个有穷的原子命题集，多主体认知时态逻辑$L_n^{KT}$的语言为：

$$L := p \mid \neg\varphi \mid \varphi \vee \psi \mid \varphi \mathbf{U} \psi \mid \mathbf{O}\varphi \mid K_i\varphi$$

这里，$\mathbf{O}$ 的意思是"在下一时刻"，$\mathbf{U}$ 的含义是"直到"，K_i的含义是"i知道"。给出一个基于历史的结构$\mathcal{F} = \langle \mathcal{H}, E_1, \cdots, E_n \rangle$，一个线序时态模型是一个有序对$M = \langle \mathcal{F}, V \rangle$，其中，$V$：$\mathrm{FinPre}(\mathcal{H}) \to 2^{\mathrm{At}}$是全局历史的有穷前缀的映射，它给原子命题赋以真值。对任意无穷历史$H \in \mathcal{H}$，线性时态逻辑的语义通过归纳定义如下：

$H, t \models p$当且仅当$p \in V(H_t)$；

$H, t \models \neg\varphi$当且仅当$H, t \not\models \varphi$；

$H, t \models \varphi \wedge \psi$当且仅当$H, t \models \varphi$并且$H, t \models \psi$；

$H,t\vDash\mathbf{O}\varphi$当且仅当$H,t+1\vDash\varphi$；

$H,t\vDash\varphi\mathbf{U}\psi$当且仅当存在$m>t$，$H,m\vDash\psi$，对任意$k$，$t<k<m$，$H,k\vDash\varphi$；

$H,t\vDash K_i\varphi$ 当且仅当 对任意$H'\in\mathcal{H}$，$H_t\sim_i H_{t'}$，$H',t\vDash\varphi$。

注意，上述语义是在无穷的全局历史中解释的，这是因为如果在有穷历史中解释的话，$\mathbf{O}\varphi$就会没有意义：如果 len（H）$=k$，就没法解释$H,k\vDash\mathbf{O}\varphi$。

接下来 8.3 节会对上述语言进行扩充，去表达诸如"价值"（values）、"好的行动"（good actions）等与本节所举例子相关的概念。

给定一个模型M及模型上的全局历史$H\in\mathcal{H}$，$t\geqslant0$，如果$H,t\vDash\varphi$，则称公式φ是可满足的；如果$\neg\varphi$是不可满足的，则称φ是有效的。

有关知识和时态的逻辑系统已经在很多文献中有详细阐释，接下来的 8.3 节和 8.4 节会对二者的结合进行一些阐释。

8.3　基于知识的义务

本节聚焦于一个重要问题：阐释一个关于主体的行动选择基于其知识状态的模型。如果一个人没有意识到某问题的产生，他是不会对该问题有所回应的。就如一个医生，除非知道某人生病，否则他是不会被期待去给该病人做治疗的，与此同时，这也造就了第二义务的产生：病人或其他第三者去通知医生的义务。由此可见，义务都是与现有知识状态密切相关的。这就引入了一个重要的概念：基于知识的义务（knowledge based obligation）。本节的工作主要基于派瑞克、帕奎特（E. Pacuit）和科甘（E. Cogan）的《基于知识的义务逻辑》一文[①]。

8.3.1　简介

在某个域D中给出两个函数α和β，则$\alpha\leqslant\beta$当且仅当$\forall x\in D$，$\alpha(x)\leqslant\beta(x)$；$\alpha<\beta$当且仅当$\alpha\leqslant\beta$且$\beta\nleqslant\alpha$。选取$D$中的某个元素$d$，假设$\alpha(d)$和$\beta(d)$均代表人民币的数额，当$\alpha(x)\leqslant\beta(x)$时，在$\alpha(d)$和$\beta(d)$中做选择，尽管不知道$d$的具体取值，但显然我们会选择$\beta(d)$。这种范式在博弈论的情境中是有效的，此时$D$表示（我们不知道的）其他主体的决策，$\alpha$和$\beta$是自己的可能决策，如果$\alpha<\beta$，则称策略$\beta$是主导策略，我们倾向于选择$\beta$。

---

① Pacuit E, Parikh R, Cogan E. 2006. The logic of knowledge based obligation. Synthese, (149): 311-341.

如果给出α和β的定义域，上述关于α和β的比较就可能不适用了。例如，如果$\alpha(x)=x^2$，$\beta(x)=x$，其中x的定义域是$[0, 1]$，尽管两个函数的定义域一样，但此时可得$\alpha<\beta$。而如果函数$\gamma(x)=1-x$，且函数γ和函数β有同样的定义域，我们能得到$\alpha<\beta$，却不能得到$\alpha<\gamma$。可见，要比较α和β的大小，只给出关于二者的定义域的知识远远不够。

再来考虑一个关于"是否需要勤劳"的决策时出现的情况：假设有些人是富人，有些人是穷人，但是富人和穷人通过勤劳地付出后状况都会变得更好一些。假设富裕和懒惰比贫穷和勤劳好，则勤劳的结果是｛富裕∧勤劳，贫穷∧勤劳｝，懒惰的结果有｛富裕∧懒惰，贫穷∧懒惰｝。显而易见，尽管对每个或穷或富的人而言勤劳的结果会更好一些，但是并非勤劳的所有结果都比懒惰的任意结果要好。要求勤劳的所有结果都比懒惰的所有结果好，是不太可能的。因此，我们需要把相关情境的知识和信息考虑进去，即在同样的情境中（要么在富人中比较，要么在穷人间比较）比较勤劳和懒惰。换言之，假如在α和β中进行选择，如果在我们关注的特定情境中β有较高的价值，我们就会选择β。可见，要做出合理明智的选择需要知道相关情境的知识。

下面的例子展示了现实生活中常见的情境：

例 8.1　小军是一个医生，他的邻居小山生病了，小军不知道，也没人通知他。此时小军就没有义务去治疗他的邻居。

例 8.2　小军是一个医生，他的邻居小山生病了，小山的女儿小安去小军家里告诉了他。这时小军就有义务去治疗小山。

例 8.3　小马是X医院里的病人，她患了心脏病。医院就有随时注意小马的病情，并为她提供一个合适的应急治疗方案的义务。

例 8.4　医生小军在X医院里有一个患了心脏病的病人，有两种药d和d'可用于治疗心脏病，不过d较d'有更好的疗效。小军打算给病人注射d，但他不知道该病人对药物d过敏。护士小蕊知道病人的过敏症，也知道小军打算给病人注射d。这时，小蕊就有义务告知小军改用药物d'。

在上述四种情况中，出现了关于义务的问题。本节的目标就在于研究一种能解释与上述四个例子相类似的情境的逻辑框架及其性质。我们把基于历史的框架作为研究的出发点，据此发展一个能把上述情境中关于主体知识和义务的推理形式化的公理系统。例如，在例 8.2 中，我们应该能通过形式化的方法证实小安有把信息传递给小军的义务。事实上，这也是道义逻辑的研究目标之一。上述例子讨论的要点在于：小军的义务在他得知他的邻居生病的消息后产生。换言之，他的义务基于他拥有相应的知识。在很多道义逻辑的文献中，没有运用形式语言去刻画主体的知识，其研究重点在于认知的义务，即主体"应该知道"。而本节阐释的逻辑系统的研究要点在于基于知识的义务，即主体在知道了某些信息后的义务变更。

以上的讨论和例子都指向下面四个与本节研究的逻辑框架相关的问题：

（1）该形式化框架的语言和语法必须能描述命题"主体i执行行动a后"；

（2）该形式化框架的语言和语法必须能描述命题"主体i有义务执行行动a"；

（3）某些行动会变成义务当且仅当某些相关信息的存在；

（4）存在某些相关信息后某些义务会消失。

上述四个问题在很多情境中都有过讨论，关于义务的概念也被哲学家、逻辑学家和计算机科学家研究过，而这里分析的新意在于对基于主体知识的主体义务的详细明晰的展现，本节的逻辑框架实质上是把道义逻辑和认知逻辑（主要是基于历史的结构的逻辑）两个研究领域结合起来的一项尝试。接下来的8.3.2~8.3.4将分别讨论行动、价值、义务和缺省义务，最后展示如何运用逻辑框架把上述的例子形式化。

8.3.2　行动

行动（actions）被定义为：它在一个有穷全局历史H中执行，并生成一个H的全局延伸集$a(H)$（假设a在H中可执行）[①]。当然，也存在其他H的延伸，其中a没有被执行。令 Act 是一个有穷行动集，Act 是可能事件集E的子集。我们可以把每个行动都标记为只有一个特定主体能执行的行动：如果l表示"打开电灯"，则l_j表示"小军打开电灯"，l_s表示"小山打开电灯"。显然，小军不可能执行行动l_s。为使下面阐释的模型简单化，我们假定在任意时刻点只有一个主体能执行某个行动，即使该主体什么也不做。

对任意主体$i \in A$，行动集 Act$\in E$被分割成若干个行动 Act$_i$的集合，即 Act$= \bigcup_{i \in A}$Act$_i$，对$i \neq j$，Act$_i \cap$Act$_j = \varnothing$。Act$_i$的组成部分用$a_i, b_i, \cdots$表示。

我们把行动$a \in$Act 理解为一个从有穷历史集到全局历史集的局部函数。如果小安在H_t执行行动l_a："小安打开电灯"，则相应生成的行动集合是所有历史H'，

---

① Pacuit E. 2005. Topics in social software: information in strategic situations. New York: City University of New York.

H'以$H_t l_a$为初始片段。形式化地，给出一个无穷全局历史H和时刻点$t \in \mathbb{N}$：

$$a(H_t) = \{ H' \mid H_t a \preceq H', H' \in \mathcal{H} \}$$

这就蕴涵了：当一个行动被执行，则它在下一个时刻点也被执行。我们也可以弱化这个假设：执行一个行动的含义是在最后时刻执行该行动。在这种层面上，$a(H_t)$将是全局历史H'的集合，其中存在一个$H_1 \in E^*$，$H_t H_1 a \preceq H'$。值得注意的是，对两个可以在有穷全局历史H_t中执行的不同的行动a和b，$a(H_t)$和$b(H_t)$可以有相交的部分。

为了在形式化语言中完成对行动的推理，引进一个PDL的模态算子$[a]$。若$a \in \text{Act}$，则$[a]\varphi$的含义是：在a被执行的所有历史中φ是真的，即a的所有执行使得φ为真。其对偶$\langle a \rangle \varphi$的含义是：$a$的某些执行使得$\varphi$为真。给出一个全局历史$H$和时刻点$t$，定义$[a]\varphi$的真值性如下：

$$H, t \models [a]\varphi \quad \text{当且仅当对任意} H' \in a(H_t)，H', t+1 \models \varphi$$

值得注意的是，我们假定行动是简单的，即一个行动只是事件集E中的元素。当然也可以通过对行动进行微分运算，通过标准PDL算子把简单行动组成复杂行动。然而，大部分例子，包括本节所列事例，不需要经过复杂的行动计算就能处理。

这里还有一个假定是：每个主体都知道何时可以执行行动。若$H_t \sim_i H_t'$，主体i在时刻H_t能执行a_i，则i在H_t'也能执行a_i。例如，如果屋里突然停电，而主体不知道是否来电，主体仍旧会执行行动"拨动电源开关"，但是并不知道能否执行行动"打开电灯"。而我们假定主体知道何时可执行行动，可见这里的行动概念指的是"拨动电源开关"，而不是"打开电灯"。这个假定就保证了下面公理模式的正确性：

$$\langle a_i \rangle \top \to K_i \langle a_i \rangle \top.$$

8.3.3 价值（values）

下面讨论的问题是用价值概念形式化表述主体的义务。基本观点是：给每个无穷全局历史指派一个实数，称为历史的价值，较高值的历史比较低值的历史要"好"。这里我们不去解释为什么把某个历史赋予某个值，这是伦理学者的工作。我们的兴趣在于：通过给主体的义务或行动指派某个值来完成形式化。另外需要指出的是，对每个历史指派什么真值并不重要，重要的是通过赋值能使全局历史形成线序排列。

按照常规假设，由于指派的实数值是有穷的、稠密的，所以在H的延伸历史集中必然存在一个拥有最高值的历史集。我们把这个拥有最高价值的延伸历史集称为H-good 历史，记作$\mathcal{G}(H)$。

由于所有全局历史都有一个值，当然也包括那些能延伸为a在其中执行的有穷历史H的全局历史集。如果$\mathcal{G}(H) \subseteq a(H)$，则称$a$在有穷历史$H$中的执行是"好的"。可见，所有$H$-good 历史都包含于$a(H)$内。如果$\mathcal{G}(H) \cap a(H)$是非空集，则称$a$在$H$中可被执行。

下面的工作是把上述讨论用形式化的语言表述起来。首先需要定义一些概念：令$\mathcal{H}$是一个协议，$H \in \mathcal{H}$是一个无穷全局历史，对任意$t \in \mathbb{N}$，$\mathcal{F}(H_t)=\{H' \in \mathcal{H} | H_t \preceq H'\}$，即$\mathcal{F}(H_t)$是$\mathcal{H}$中以$H_t$为初始片段的全局历史的集合。令$\mathcal{K}$是任意历史集，$f: \mathcal{K} \rightarrow \mathbb{R}$是任意函数，定义$f[\mathcal{K}]=\{f(H) | H \in \mathcal{K}\}$。给出一个协议$\mathcal{H}$，令$Inf(\mathcal{H})$是$\mathcal{H}$的无穷历史集。

定义 8.5 令$\mathcal{H}$是任意协议，如果对任意无穷全局历史 $H \in \mathcal{H}$，满足以下两个条件，则称函数 val：$Inf(\mathcal{H}) \rightarrow \mathbb{R}$是一个赋值函数：

（1）对任意$t \in \mathbb{N}$，val$[\mathcal{F}(H_t)]$是$\mathbb{R}$的闭合子集；

（2）$\bigcap_{t \in \mathbb{N}}val[\mathcal{F}(H_t)]=\{val(H_t)\}$。

条件（2）确保了历史的价值仅依赖于在有穷的时间里发生了什么，即如果两个历史在很长一段时间内保持一致，则二者的值也会很接近。条件（2）蕴涵了下面的形式化语言：

$\forall \varepsilon > 0, \exists t \geqslant 0, \forall H' \in \mathcal{H}, \ (H_t'=H_t \Rightarrow |val(H_t')-val(H_t) < \varepsilon|)$。

对任意t，val$[\mathcal{F}(H_t)]$是闭合的，因此存在一个最大值和最小值。我们定义$\mathcal{G}(H_t)=\{H' | H' \in argmax(val[\mathcal{F}(H_t)])\}$。$\mathcal{G}(H_t)$就是$H_t$的延伸的最"好"（拥有最高值）的历史的集合。

要运用我们的语言对"好的"行动进行推理，需要扩充我们的形式化语言：对任意行动$a \in Act$，引进一个形式化符号$G(a)$。$G(a)$的含义是"行动a是好的行动"，其真值如下：$H, t \vDash G(a)$当且仅当 $\mathcal{G}(H) \subseteq a(H_t)$。这个定义在 8.3.5 节会给出介绍。下面先定义概念"基于知识的义务"。

定义 8.6 主体i在全局历史H和时刻t下有义务执行a，当且仅当a是只有i能执行的行动，并且i知道执行a是好的。形式化语言表述为：

$$(\forall H')(H_t \sim_i H_{t'},\ H' \in \mathcal{G}(H_{t'}) \Rightarrow H' \in a(H_{t'})).$$

注意，在我们的语义中，假定了在某一时刻隶属于某个特定主体的行动中只有一个是"好的"。

8.3.4 缺省历史

在例 8.4 中，有关缺省历史的概念对我们的分析很重要。由于本节讲述的义务概念依赖于知识的定义，我们必须弱化知识概念。现在引进一个模态算子 K_i^d，其含义是"i有理由相信……"。我们的方法从定义一个H上的球包系统开始。

定义 8.7 令H是一个全局历史集，H上的球包系统是一个集合$\mathbb{S} = \{S_1, S_2, \cdots\}$，其中，对任意$i \geqslant 1$，$S_i \subseteq S_{i+1} \subseteq \mathcal{H}$，$\bigcup_{i=1}^{\infty} S_i = \mathcal{H}$。

根据我们的直觉，如果$i < j$，则S_i中的历史比$S_j - S_i$中的历史更可信、更真实。这里需要考虑两个问题：第一，给出一个有穷全局历史H，哪些历史是最真实的？把这部分历史记作$D(H)$，当然，我们希望$D(H) \subseteq \mathcal{F}(H)$（由$H$延伸的全局历史集）。要形式化定义$D$，需要给球包系统$\mathbb{S}$定义一个索引函数。给出一个有穷的全局历史$H$，$I(H) = \mu_i.(\exists H', H_{t'} = H, H' \in S_i)$，即$I(H)$是一个球包中包含$H$的无穷延伸的最小的历史集。给出一个有穷全局历史$H$，若$D(H) = S_{I(H)} \cap \mathcal{F}(H)$，则$D(H)$是$H$的延伸中最可信的历史集。第二个问题是某个特定主体根据他观察的事件认为最可信（真实）的全局历史集有哪些？令$i \in A$是一个主体，h是i看到的部分历史，定义i-索引函数$I_i(h) = \mu_j.(\exists H \in S_j, \lambda_i(H_t) = h)$，其中，$t = \text{len}(h)$。现在可以定义$i$认为真实的历史集$\mathcal{D}_i(h) = \{H' | \lambda_i(H_{t'}) = h\} \cap S_{I_i}(h)$，其中$t$是有穷（全部或局部）历史的长度。

现在开始定义"弱知识"的概念，如果φ在所有i-真实的历史中都为真，则称主体i有理由相信φ，记作$K_i^d \varphi$（主体i弱知道φ），形式化为：

$$H, t \models K_i^d \varphi,\ \text{当且仅当，对任意}H', H_{t'} \in \mathcal{D}_i(\lambda_i(H_t)),\ H', t \models \varphi.$$

把该式子换成局部历史h，则为：

$$h \models K_i^d \varphi,\ \text{当且仅当，对任意}H', H_{t'} \in \mathcal{D}_i(h),\ H', t \models \varphi.$$

由K_i^d的表面含义可知它不满足真公理（$K_i^d \varphi$并不必然蕴涵φ），但是K_i^d满足正内省和反内省公理，即$K_i^d \varphi \to K_i^d K_i^d \varphi$和$\neg K_i^d \varphi \to K_i^d \neg K_i^d \varphi$成立。

尽管包含K_i^d算子的逻辑不是 $S5_n$，但我们且把该系统中的演绎看作与 $S5_n$

一样。即如果a是一个能使φ成立的最好行动，且$K_i^d\varphi$成立，则执行a。

接下来考察"缺省义务"。定义8.6中的义务对主体i而言是一种绝对义务，即除非主体i执行了某个行动，否则该义务永远存在，无论什么信息的出现都不能移除该义务。这与小军在例8.4中的情形不符：当小军从护士小蕊处获得病人对药物d过敏的信息后，小军给病人注射d的义务就消失了。小军给病人注射药物d的义务就是缺省义务。

本节讨论的技术可用于形式化缺省义务。如果主体认为最可信的全局历史中包含a的执行，则称主体i有默认义务去执行a。

定义8.8 主体i在全局历史H和时刻t处有默认义务去执行a，当且仅当a只能被i执行，并且i有理由相信执行a是好的行动。

显然，如果主体i有义务去执行a，则主体i也有默认义务去执行a。本节的三个重点概念可概述如下。令H是一个全局历史，$t\in\mathbb{N}$，a是一个行动：

（1）a在H,t是一个好的行动，当且仅当H_t的每个最大延伸都在$a(H_t)$的范围内，即$\mathcal{G}(H_t)\subseteq a(H_t)$；

（2）a在H,t处是基于知识的义务，当且仅当a满足定义8.6；

（3）a在H,t处是基于知识的缺省义务，当且仅当a满足定义8.8。

如果a是一个好的行动，它应该被执行，但是具体情境中的主体可能没有理由相信a应该被执行。这可用于解释下面这个案例〔凯瑟琳·基诺维斯（Catherine Genovese）谋杀案〕：

> 1964年3月的一个早晨，在纽约昆士镇的克尤公园，基诺维斯正在走完她人生的最后几步……锁车门的时候，她注意到黑暗中有人朝她靠近，她加快脚步，陌生人紧随其后。
>
> "她下了车后注意到了我，然后她开始跑"，陌生人后来在法庭上讲，"我开始追她，我手里拿着刀……我比她跑得快，我把刀刺向她的后背，并连刺几刀，"罪犯后来跟警察如是说。
>
> 很多邻居看到了发生的一幕，但是没有一个人报警。
>
> "卡尔先生要去报警，但是卡尔太太另有想法，后来她对媒体说：'我没让他报警，我跟他说肯定已经有至少30通报警电话打过去了'。"
>
> "警察对周围居民做完调查后，发现至少有38个人听到或看到基诺维斯被攻击的一幕。"

在基诺维斯被刺 35 分钟后才有人报了警，为什么？

根据缺省义务的定义，下面的分析可以解释居民们的行动：尽管居民们都知道"某人去报警"是好的行动，但也都知道并非自己单独看到了基诺维斯被攻击的一幕，即"去报警"的行动并非只能自己去执行，所以看到基诺维斯遇害的居民没有去解救她的缺省义务。他们都知道"好的历史"是那些包含了"某人去报警"的历史，但并非在所有好的历史中他们自己都是报警者——其他人会去报警。

可见，主体的知识和信念都不依赖于主体是怎么认识该历史的，即主体的缺省历史是什么。比如，一个人独自在海滩，他看到一个孩子溺水，他会果断做出营救孩子的行动。可能远处的人群中有比他水性更好的，但是他的默认历史是：他是唯一看到孩子溺水的人，因此就有义务去救孩子。如果换一种情况，假设还是这个人，他和 50 个人一起在海滩，他就没有缺省义务了，他认为其他人中可能有比他水性好的，或者有孩子的亲人。卡尔太太对她丈夫的劝告实际上就是告诉他"你没有缺省义务"。

8.3.5 形式化模型

现在有必要对前面讨论过的一些概念和技术性表述做一番总结。首先，把语言由认知时态逻辑 $\mathcal{L}_n^{KT}$ 扩充到基于知识的义务 $\mathcal{L}_n^{KBO}$，$\mathcal{L}_n^{KBO}$ 中的公式表示如下：

$$\varphi := p|\neg\varphi|\varphi \vee \psi|\mathbf{O}\varphi|\varphi\mathbf{U}\psi|K_i\varphi|[a]\varphi|G(a)$$

其中，$p \in \mathrm{At}$，$a \in \mathrm{Act}$。对布尔算子的定义与常规定义一致，这里略去。定义 $\langle a\rangle\varphi$ 等同于 $\neg[a]\neg\varphi$。基于知识的缺省义务 $\mathcal{L}_n^{K^dTO}$ 的语言与 $\mathcal{L}_n^{KBO}$ 类似，只需把 K_i 换成 K_i^d。$\mathcal{L}_n^{KBO}$（$\mathcal{L}_n^{K^dTO}$）中公式的解释如下：

$G(a)$：行动 a 是好的；

$\langle a\rangle\top$：行动 a 可被执行；

$K_i\langle a\rangle\top$：主体 i 知道他能执行行动 a；

$K_iG(a_i)$：主体 i 知道行动 a_i 是好的，即 i 有义务执行 a_i（可见，如果对主体 i 在 H，t 时而言，a_i 是基于知识的义务，则有 $H, t \vDash K_iG(a_i)$）；

$K_i^d\varphi$：主体 i 弱知道 φ；

$K_i^dG(a_i)$：i 有缺省义务执行 a_i〔如果对主体 i 在 H，t 时而言，a_i 是默认义务，则有 $H, t \vDash K_i^dG(a_i)$〕。

现在回到 8.3.1 节中的 4 个例子，展示如何用 $\mathcal{L}_n^{KBO}$（$\mathcal{L}_n^{K^dTO}$）的语言形式化这些

例子。令$A=\{j,s,a,r\}$是相应的主体集（j：小军，s：小山，a：小安，r：小蕊），$\text{Act}=\{v,t,m\}$是相应的行动集：

在例 8.1 中，小军是一名医生，他的邻居生病了，而小军不知情，也没人通知他。此时小军就没有义务去治疗他的邻居。形式化为$\neg K_j G(r)$，其中r表示治疗邻居的行动(只有小军能执行)。

在例 8.2 中，小军是一名医生，他的邻居小山生病了，小山的女儿小安去小军家里告诉了他。这时小军就有义务去治疗小山。在这种情形下，$K_j G(r)$为真。这个例子值得注意的是，$K_j G(r)$为真的前提条件是在前一时刻$K_a(G(m))$为真，[m表示告诉小军关于小山生病的消息的行动(只有小安能执行)]，并且小安确实执行了这个行动。后面会对这个例子进行详细阐释。

在例 8.3 中，小马是X医院里的病人，她患了心脏病。医院就有随时注意小马的病情，并为她提供一个合适的应急治疗方案的义务。这个问题超出了我们的讨论范围，该例子的重点在于医院有义务确保建立一个程序使得在每个时刻都满足$K_j G(r)$（这里r指的是治疗下一个病人）。从医院的角度来看，难点是医院并不能确保每个医生都使用相同的价值函数。因此，医院的工作需建立一个有关奖惩的社会程序，使得每个主体的行动是在他们使用相同的价值函数的前提下执行的。

在例 8.4 中，小军在X医院里有一个患了心脏病的病人，有两种药d和d'可用于治疗心脏病，不过d较d'有更好的疗效。小军打算给病人注射d，但他不知道该病人对药物d过敏。护士小蕊知道病人的过敏症，也知道小军打算给病人注射d。这时，小蕊就有义务告知小军改用药物d'。令δ表示"给病人注射d"的行动，相应地，δ'表示"给病人注射d'"，小军有缺省义务给病人注射d($K_j^d(G(\delta))$)，由于小蕊知道小军的这个缺省义务($Kr K_i^d(G(\delta))$)，小蕊就有义务通知小军注射d病人会过敏($Kr(G(m_d))$)，其中m_d表示"告诉小军注射d会过敏"。

给出语义之前，我们需要事先指明一个问题。公式$\langle a_i \rangle \top$在某些有穷历史H中为真，所表达的含义是"主体i在H中可以执行a_i"，而不是"主体i执行了a_i"。实际上我们的语言并不能表达后者。问题就产生了：主体知道某个行动是好的，并不意味着主体就会执行该行动。就如例 8.2 中，我们不仅需要确定小安有义务通知小军，并且需要确定小安确实执行了这一行动。这与我们的讨论有关，这里我们假定所有主体共用一个效用函数，因此，如果主体知道执行a是好的，则主体知道执行a能使他获得最大效益，即主体会去切实执行a。现在开始解释基于知识的义务的语义：

定义8.9 令$\mathcal{F}_K$是一个基于历史的框架，$\mathcal{F}_K$上的基于知识的义务模型是一个多元组：$\mathcal{M}_o = \langle \mathcal{H}, \{E_i\}_{i \in \mathcal{A}}, \{\lambda_i\}_{i \in \mathcal{A}}, \{\text{Act}_i\}_{i \in \mathcal{A}}, \text{val}, V \rangle$，其中，$\mathcal{H}$是满足单主体性质的闭合协议；每个主体的行动集都是不相交的，且对任意$i \in \mathcal{A}$，$\text{Act}_i \subseteq E_i$；val是价值函数；$V$是赋值函数。

基于知识的义务模型的真值定义如下（这里只给出新公式的定义）：

$H, t \models [a]\varphi$ 当且仅当 对任意$H' \in a(H_t)$，$H', t+1 \models \varphi$；

$H, t \models G(a)$ 当且仅当 $\mathcal{G}(H_t) \subseteq a(H_t)$。

基于缺省知识的义务模型通过在基于知识的义务模型的基础上扩充球包系统而得：$\mathcal{M}_o{}^d = \langle \mathcal{H}, \{E_i\}_{i \in \mathcal{A}}, \{\lambda_i\}_{i \in \mathcal{A}}, \{\text{Act}_i\}_{i \in \mathcal{A}}, \text{val}, \mathbb{S}_H, V \rangle$，$\mathbb{S}_H$是$H$上的球包系统。

8.3.6 应用

8.3.6节的目标是运用前面介绍的基于知识的义务的逻辑工具把8.3.1节的四个例子形式化。本节只讨论例8.1、例8.2和例8.4，因为例8.3涉及的问题不同。我们的工作就是构建一个基于知识的义务模型，能使上文用于表述例子的公式在该模型中有真值。

我们从构建协议H开始。有四个事件v、m、r、c，v表示"小山呕吐"，m表示"小安通知小军"，r表示"小军给小山治疗"，c是一个时刻点，与其他三者不同，它可能不止一次发生。我们的全局历史包含事件可能无穷次地发生，但是v、m、r最多只能发生一次。由于我们认定小安是诚实的，因此除非v先发生，否则m不会发生。令H是所有这些历史的集合（在有穷前缀下闭合）。

令$\mathcal{A} = \{j, s, a, r\}$（与上文解释一致），$\text{Act}_j = \{r\}$，$\text{Act}_a = \{m\}$，$\text{Act}_s = \{v\}$。事件$v$被小山和小安注意到，事件$m$被小安和小军注意到，事件$r$和$c$被三人都注意到，即$E_j = \{r, m, c\}$，$E_a = \{r, v, m, c\}$，$E_s = \{r, v, c\}$。则$\mathcal{H} \subseteq E^\omega = (E_j \cup E_a \cup E_s)^\omega$就是上面定义的全局历史集。

接下来给出每个全局历史的价值。在那些v发生的有穷历史中，最好的结果是r也发生；如果v未发生而r发生了，即医生给没有病的人诊疗，使得历史更坏。

我们规定：所有v和r都未发生的历史价值为2，所有v未发生而r发生的历史价值为1，所有v和r都发生的历史价值为1，所有v发生而r未发生的历史价值为0，因为这是最坏的结果。令 val 是给全局历史指派上述值的价值函数，M_O是上述的基于知识的义务模型（它现在还只是一个框架，因为还未对命题变元指派真值）。方便起见，需要引入一个能描述历史性质（如小山是否生病）的命题 sick，令 sick 表示"小山生病了"。

首先从小军的视角分析例8.1和例8.2。在v发生而m未发生的历史中，以小军的视角看，全局历史中v没有发生，这与他自己的部分历史一致。因此她不知道"治疗小山"是好的行动，尽管实际上是，此时他没有义务去治疗小山。当m发生后，他就知道了v的必然发生，"治疗小山"是好的，他也知道，因此他就有了义务。形式化地，我们可以证明$K_j \text{sick} \land \langle r \rangle \top \to K_j G(r)$在$M_O$中是有效的。当然，"治疗小山"的义务存在的必要前提是小军知道"小山生病了"，即$\neg K_j \text{sick} \to \neg K_j G(r)$。下面的考察结果会使我们的阐释更清晰：

令M_O是上述的基于知识的义务模型，则以下两个公式在M_O中是有效的：

$$K_j \text{ sick} \land \langle r \rangle \top \to K_j G(r) \tag{8.1}$$

$$\neg K_j \text{ sick} \to \neg K_j G(r) \tag{8.2}$$

首先分析公式（8.2）。公式（8.2）实际上就是例8.1的形式化表述，即小军不知道小山生病，因此他没有治疗小山的义务。令H是一个全局历史，$t \in \mathbb{N}$，$H, t \vDash \neg K_j \text{sick}$。根据$\mathcal{H}$的构造，对任意$H'$，$H_t \sim_j H_t'$，$m$在$H_t'$中不出现（这是因为小军能注意到$m$（$m \in E_j$），而$m$只有在$v$发生的历史中才会发生，根据前提可知对小军而言$v$未发生）。进一步说，如果在$H_t'$没有执行$r$，即$H', t \nvDash G(r)$，则$H, t \vDash \neg K_j G(r)$。不难看出，在$\mathcal{H}$的构造中，小军可能会执行$r$，也可能不执行$r$，因此，我们通过把全局历史分成以下四个子集来分析：

$$\mathcal{H}_1 = \{H' | H_t' \ c \preceq H', H_t \sim_j H_t', H', t \vDash \text{sick}\};$$

$$\mathcal{H}_2 = \{H' | H_t' \ r \preceq H', H_t \sim_j H_t', H', t \vDash \text{sick}\};$$

$$\mathcal{H}_3 = \{H' | H_t' \ c \preceq H', H_t \sim_j H_t', H', t \vDash \neg \text{sick}\};$$

$$\mathcal{H}_4 = \{H' | H_t' \ r \preceq H', H_t \sim_j H_t', H', t \vDash \neg \text{sick}\}.$$

为方便运算，我们假设$H \in \mathcal{H}_1$，这个情境可用下图（图8.1）描述：

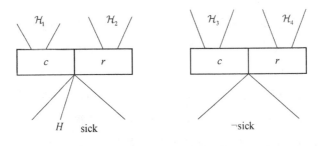

图 8.1 主体小军在时刻t的所有可能历史

图 8.1 显示了主体小军在时刻t的所有可能历史,这些历史先被分成两个子集:v发生的历史和v未发生的历史。每个子集又能分成两个子集:小军执行了r的历史和小军未执行r(执行c)的历史。由价值函数的定义可知,$\max(\mathrm{val}[\mathcal{H}_1])=0$,$\max(\mathrm{val}[\mathcal{H}_2])=1$,$\max(\mathrm{val}[\mathcal{H}_3])=2$,$\max(\mathrm{val}[\mathcal{H}_4])=1$。即如果邻居生病的话,给他治疗比不给他治疗好;如果邻居没生病,则不给他治疗比给他治疗要好。令$H' \in \mathcal{H}_3$是拥有最大值的历史,由于$H' \notin r(H_{t'})$,则$\mathcal{G}(H_{t'}) \not\subseteq r(H_{t'})$,因此$H', t \not\models \mathcal{G}(r)$,而又由于$H_t \sim_j H_{t'}$,所以$H, t \not\models K_j \mathcal{G}(r)$。因此,小军没有义务去执行$r$。

公式(8.1)实际上是对例8.2的形式化描述,假设小安向小军传达了她父亲生病的信息,小军就会排除图 8.1 中右边部分(v未发生的历史)。来自小安的信息改变了小军的局部视图,$\mathcal{H}_3$和$\mathcal{H}_4$就不存在了,小军的部分历史变为$\mathcal{H}_1$和$\mathcal{H}_2$的集合。在小军更新后的局部历史的基础上,显然执行r比不执行r(即发生c)要好,因此,小军有义务执行r。形式化地,如果m发生,则小军会排除所有v未发生的全局历史(对小军而言,这种推论假设了$\mathcal{H}$中不会存在只包含m不包含v的历史,这意味着假定了小安是诚实的,她只会在她父亲生病的情况下去通知小军,并且这些是公共知识)。因此,令H是一个包含m在时刻$t-1$发生的全局历史(r会在t时刻发生),则对任意H',$H_t \sim_j H_{t'}$,v肯定会在H'发生,即$H', t \models \mathrm{sick}$,则$H, t \models K_j \mathrm{sick}$。由于$\mathcal{G}(H_{t'}) = \{H_{t'} | H_{t'} r \preceq H_{t'}\} = r(H_{t'})$,所以$H', t \models \mathcal{G}(r)$,$H, t \models K_j \mathcal{G}(r)$,即小军有(基于知识的)义务去治疗小山。

现在开始讨论从小安的局部视图来研究例8.2。假设v发生而m未发生,则对小安而言,小军的部分历史与v未发生的历史是相容的,如果小安知道小军的部分历史中的所有事件,则有$K_a(\neg K_j \mathrm{sick})$(小安知道小军不知道小山呕吐的事)。当然小安不可能知道小军的部分历史中的所有事件,但小安有足够信息知道小军有理由相信小山没有呕吐,即$K_a^d(\neg K_j^d \mathrm{sick})$。

由于v发生了,所有好的历史就是包含小山被治疗(r发生)的历史,而这部分历史包含在小安告知了小军（m发生）的历史中，因此小安应该把v告知小军，即事件m发生。形式化地，对任意无穷全局历史H和时刻$t\in\mathbb{N}$，$H, t\vDash K_a\text{sick}\wedge\langle m\rangle\top\rightarrow K_aG(m)$。对该公式的证明运用了之前考虑小军基于知识的义务时的证明结果。令H是一个全局历史，$t\in\mathbb{N}$，$H_t\sim_aH_t'$，首先要明确的观点是：对H_t'延伸的最大价值历史中都包含事件m。对于这点需要很多解释，而迄今为止我们的分析中都未涉及小安为什么应该把事件m传递给小军，这就涉及与伦理认识相关的公共知识问题，这在 8.4 节有简单说明。现在我们的工作是证明公式$[m]K_jG(r)$在模型中是有效的，原因在于我们只考虑那些如果它包含m则它也必然包含v的历史，即小安是诚实的（这是公共知识）。因此，如果F是随意一个历史，$t\in\mathbb{N}$，则对任意全局历史$F'\in m(F_t)$，F'是m和v都发生的历史，根据上边对公式（8.2）的证明可得$F', t\vDash K_jG(r)$，所以$F', t+1\vDash K_jG(r)$也成立，因此$F, t\vDash[m]K_jG(r)$。由于公式$[m]K_jG(r)$在随意列举的全局历史中为真，则该公式在所有对小安而言与H_t等价的历史H_t'中也为真，即$H', t\vDash[m]K_jG(r)$，因此$H, t\vDash K_a[m]K_jG(r)$。

护士小蕊的情境较为复杂，原因是据我们前边的分析，主体可以通过获取某些知识而拥有某个义务，却不会通过增加知识而消除某个义务。即如果小军在被小蕊告知病人的过敏症之前有绝对义务给病人注射药物d，则他依旧有这个义务，那么我们如何描述小军在获取了有关过敏症的信息后增加了注射d'的义务的同时消除了注射d的义务？

要解决这个问题需要运用有关缺省历史的知识。那些病人没有过敏症的历史可被看作是正常情况，而病人有过敏症的历史就被看作是特殊情况。一般而言，义务的产生依据正常情况的历史而定，当我们说一个"好的"历史，我们指的是正常情况下好的历史。当得知过敏症时，就排除了这些正常历史，则行动需要根据特殊情况再做评估，即我们考虑正常情况下的历史时，行动"注射d"比"注射d'"好，而当我们考虑的历史属于非正常情况时，"注射d'"比"注射d"要好。

图8.2 展示了上述讨论。假设δ表示行动"给病人注射d"，δ'表示行动"给病人注射d'"，假定根据小军的信息，历史H_i和H_j不可分辨（$i, j=1, \cdots, 3$），H_i'和H_j'也不可分辨（$i, j=1, \cdots, 3$），其中，当$i=1, 2$时，$\text{val}(H_i) > \text{val}(H_i')$，而$\text{val}(H_3') > \text{val}(H_3)$。当 $\text{val}(H_3') > \text{val}(H_3)$时，小军就没有绝对义务去执行$\delta$。然而当历史$H_3$和$H_3'$出现的可能性十分微弱时，小军有缺省义务去执行$\delta$，即"给病人注射$d$"。在图中，矩形里边是"正常"历史，外边是"非正常"历史，一旦护士小蕊告知小军有关病人的过敏

症，矩形里边的历史就被排除，这时小军就有义务执行δ'，而执行δ的义务就消失了。

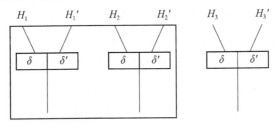

图 8.2　"正常"与"非正常"历史

8.3.7　小结

8.3 节主要为社会情境中使用相同效用函数的主体的义务的推理提供了一个形式化框架，根据前边几节的介绍可知，在决定主体是否有义务执行某个行动时，主体的知识状态至关重要。我们从直觉上认定，主体在不知道相关知识的前提下未去执行某个行动是没有过错的。我们通过构造一个形式化的语言和语义系统，解释了多主体环境中相关的义务、知识和行动，同时也遗留了一些技术问题。不过，我们可以通过运用这个形式化工具对上述 4 个例子（例 8.1～8.4）进行详细阐释，这为社会软件的研究提供了一个强大的逻辑框架。

基于知识的义务框架是在认知时态逻辑的基础上通过添加刻画主体行动的算子而得，要找到把义务和知识连接起来的公理，需要使与伦理认识相关的公共知识更加清晰化。现在的一个解决方法是在语言中添加一个公共知识算子，然而这会使有效性问题更为复杂。尤其是，如果假定主体拥有完美记忆，并进入全局时钟，则如果我们添加公共知识算子，就不可能出现递归系统[①]。因此，我们需要找到一种方法使得在没有明确引入公共知识算子的基础上引进关于伦理性的公共知识的假设，这将是未来研究的目标之一。

8.4　交流图及其逻辑

8.3 节聚焦于基于主体现有知识状态的义务，即注重主体的信息改变对其行动选择的影响。本节转移焦点，旨在刻画主体的信息状态如何改变，即聚焦于对主体间信息交流后的动态变化的描述。这种关于知识和信念的形式化模型中的动态转变的研究近年来备受关注。

---

① Pacuit E, Parikh R, Cogan E. 2006. The logic of knowledge based obligation. Synthese, (149): 311-341.

这一节的工作主要基于帕奎特和派瑞克的研究，他们在文章《交流图的逻辑》^①中研究了一种包含交流算子的多主体认知逻辑，主要观点是：主体在一开始时拥有各自的私有信息，他们会通过与其他主体的交流获取一些信息后，对自己的原始信息进行提炼加工。我们假设主体被一个交流图连结起来，在交流图中，从主体i到j的一个边（edge）的含义是：i能直接从j处获取信息。i通过获取j拥有的信息（可能还包括j从k处获取的信息）后，会对其原始信息进行提炼、更新。接下来就介绍这种包含知识算子和交流算子的多主体模态逻辑。

8.4.1 从拓扑逻辑到交流图

在文章《拓扑逻辑推理和关于知识的逻辑》^②中，莫斯和派瑞克介绍了一种关于知识和努力的双模态逻辑——拓扑逻辑（Topologic），这种被称作拓扑逻辑的新逻辑也可以被看作包含努力算子的认知逻辑，它可以使关于状态和集合的推理形式化。认知算子和努力算子分别用符号K和$\Diamond$表示，$K\varphi$的含义是：知道φ；$\Diamond\varphi$的含义是：经过一些努力后φ为真。例如，公式$\varphi\to\Diamond K\varphi$就表示：如果$\varphi$是真的，那么经过一些努力，$K\varphi$是真的。换言之，如果$\varphi$是真的，那么经过一些努力就能知道$\varphi$。这里所谓"努力"的具体含义要视情况而定，它可以被解释为进行测量、运用计算等等，本节的交流图中则把"努力"视作对其他主体的资料库中信息的咨询、获取。

某些数学结构，例如子空间、拓扑等都可运用克里普克语义框架对知识的获取进行详细解释。给出一个集合W，一个子空间是一个二元组$\langle W, \mathcal{O}\rangle$，$\mathcal{O}$是$W$的子集的集合。一个状态$x\in W$是世界的一个完整描述，里面是基础事实（ground facts），而一个集$U\in\mathcal{O}$是一个观察。二元组(x, U)称为邻域情境（neighborhood situation），可看作是一个真实情境加上基于该情境的观察。公式就是在相邻情境中解释的。认知算子K表示在当前观察中的进展，努力算子$\Diamond$表示对当前观察的提炼。子空间的通俗含义可概述为：W是世界中所有基础事实的集合，即它构成一个完整的可能世界，其中的元素x是每个基础事实，其中每个子集U是一个观察，即某人某时刻所掌握的事实集。

一个子模型或拓扑模型是一个三元组$\langle W, \mathcal{O}, V\rangle$，其中，$\langle W, \mathcal{O}\rangle$是一个子

---

① Pacuit E, Parikh R. 2005. The logic of communication graphs. Lecture Notes in Computer Science, 3476: 256-269.

② Dabrowski A，Moss L S，Parikh R. 1996. Topological reasoning and the logic of knowledge. Annals of Pure and Applied Logic, 78: 73-110.

空间，V是一个赋值函数（从原子命题变元到W的子集的函数）。下面给出原子命题和包含模态算子的命题公式的真值定义（包含布尔符号的命题定义与常规做法相同）：

$x, U \models p$　　　　当且仅当　　　$x \in V(p)$，p是原子命题；

$x, U \models K\varphi$　　　当且仅当　　　对任意$y \in U$，$y, U \models \varphi$；

$x, U \models \diamondsuit\varphi$　　　当且仅当　　　存在一个$X \in \mathcal{O}$，$x \in X \subseteq U$，$x, X \models \varphi$。

在《拓扑逻辑推理和关于知识的逻辑》中，展示了多主体拓扑逻辑，其中，努力算子◇被解释为主体间的交流。要使交流发生，我们必须保证参与主体能理解某种共同语言，因此，假设这个被所有主体都理解的命题集为 At，但只有特定主体在一开始时知道 At 中某部分元素的真值。如常规的表述，字母p、q用于表示 At 中的元素。这样，每个主体在初始时都拥有一些私有信息，这些信息可以通过交流被其他参与主体分享，也可以通过从其他主体处获取一些信息对其原始信息进行提炼。因此，如果主体被限制了与其他交流主体的联系，该主体能从其他主体处获取的知识也将被限制。

现在来考虑一个例子。美国前任总统奥巴马（B. Obama）和当时中央情报局局长帕内塔（L. Panetta）曾经所处的情境：如果奥巴马想知道特工鲍勃（Bob）掌握的某个情报信息，他需要通过帕内塔来获取该信息。假设公式φ表示本·拉登的下落，鲍勃掌握了该信息（$K_{Bob}\varphi$），而此时奥巴马并不知道本·拉登的真实下落（$\neg K_{Obama}\varphi$），但是他可以通过帕内塔得知本·拉登的下落（$\diamondsuit K_{Obama}\varphi$），而普通人员$e$和$r$由于没有安全许可就不可能知道本·拉登的下落（$\neg\diamondsuit K_e\varphi \wedge \neg\diamondsuit K_r\varphi$）。显然，如果奥巴马获取了该信息，帕内塔必然也已经知道φ。我们可以用下面这个公式来表示二人的当前情境：$\neg K_{Obama}\varphi \wedge \Box(K_{Obama}\varphi \rightarrow K_{Panetta}\varphi)$，其中□是◇的对偶。这是因为奥巴马和鲍勃之间没有直接链接边，除非通过帕内塔来建立一个链接边。

令A是主体集，一个交流图是一个有向图$\mathcal{G}_A = (A, E)$，其中，$E \subseteq A \times A$。相应地，$(i, j) \subseteq E$表达的含义就是：主体i可以直接从主体j处获取信息，而不让主体j发现。可见，交流图中i和j之间的向边关系是单向的，主体i可以获取j掌握的全部信息。这里把向边关系限制为单边的，一方面是为了简化语义，另一方面在于这种单向边关系是日常生活中最常见的：一个常例就是关于上网的交流图，假设主体j创建了一个网站，里面提供了他当前状态的全部知识，如果主体i和j之间存在一个向边，则i就能进入该网页获取j的知识而不被j发觉；还有一个重要应用是关于间谍行动的，一个间谍i经常会在另一个间谍j没有察觉的状态下获取j的当前信息，当然j也会进入另一间谍k的网站来更新他自己的信息。可以看到，当i进入j的网站时，他获取的j的信息中部分可能是k的原始信息。

上边的例子都假定了主体i能获取j的所有信息，这是一个重要的理想化的情境。要使这一理想化结果成为现实取决于两个条件：第一，所有主体使用一个共同语言；第二，主体拥有的信息都是可用的，并且所有信息都是共同语言可表达的。

8.4.2　交流图的逻辑

接下来将较为详细地介绍交流图的逻辑$\mathcal{K}(\mathcal{G})$的语言和语义，其语言是包含交流算子的多主体模态语言。公式$K_i\varphi$被解释为基于i的当前信息状态，i知道φ；$\diamond\varphi$被解释为经过主体间的一些交流后φ为真。拓扑逻辑中公式$\varphi\rightarrow\diamond K\varphi$被解释为：如果$\varphi$是真的，那么经过一些努力能知道$\varphi$。该公式的交流图版本$K_j\varphi\rightarrow\diamond K_i\varphi$就被解释为：如果$j$知道$\varphi$，那么经过一些交流后$i$知道$\varphi$。

令 At 为命题变元的有穷集，$p\in$At 是原子命题。则交流图的逻辑$\mathcal{K}(\mathcal{G})$的语言如下：

$$\varphi:=p\mid\neg\varphi\mid\varphi\wedge\psi\mid K_i\varphi\mid\diamond\varphi$$

K和$\diamond$的对偶分别用L和$\square$表示，即$\neg K_i\neg\varphi\leftrightarrow L_i\varphi$，$\neg\diamond\neg\varphi\leftrightarrow\square\varphi$。$\mathcal{K}(\mathcal{G})$中所有公式的集合用$\mathcal{L}_{\mathcal{K}(\mathcal{G})}$表示，$\mathcal{K}(\mathcal{G})$中所有基础公式（不含模态词的公式）的集合用$\mathcal{L}_0$(At)表示，在 At 给定的情况下可简写为$\mathcal{L}_0$。

交流图逻辑的语义结合了上一节的拓扑子模型和基于历史的模型的语义。给定一个交流图$\mathcal{G}=(\mathcal{A}, E)$，每个主体初始时都被给予一些信息，而后他们会依据交流图$\mathcal{G}$进行交流。这里介绍的语义的意义就在于把主体初始知道的信息和交流后知道的信息形式化。

主体i在初始时拥有部分命题变元集的真值情况，这部分命题集记作 At_i。该知识是公共知识，即所有其他参与主体都知道主体i知道 At_i的真值情况，但这些除i之外的主体初始时并不知道 At_i的真值。如果 At_i和 At_j存在交叉部分，就表示主体i和j在初始时共享某部分信息。令W是 At 上的布尔赋值集，W中的元素v是一个状态，用 0 和 1 分别表示值的假和真。初始时，每个主体i都被给予一个布尔赋值v_i: $\mathrm{At}_i\rightarrow\{0, 1\}$，这种主体间信息的初始分布可用一个向量$\vec{v}=(v_1, \cdots, v_n)$来表示。这种初始的布尔赋值是可以相容的，即在主体$i$和$j$的共享信息中，二者的布尔赋值是相同的，换言之，在 $At_i \cap At_j$ 的部分，v_i 和 v_j 保持一致。如果对每个 $p \in \text{dom}(v_i) \cap \text{dom}(v_j)$，存在 $v_i(p) = v_j(p)$，则称这部分布尔赋值的向量 $\vec{v} = (v_1, \cdots, v_n)$ 是一致的（其中 $i, j = 1, \cdots, n$）。我们只把这些一致的向量作为主体的初始信息，所有这些初始信息都是公共知识，但它的真值情况 v_i 是私有的。

定义 8.10　令 At 是一个有穷的命题变元集，$\mathcal{A} = \{1, \cdots, n\}$ 是有穷的主体集，给出主体初始掌握的命题（信息）分布 $\vec{At} = (At_1, \cdots, At_n)$，$\vec{At}$ 的初始信息向量是任意的部分布尔赋值的一致向量 $\vec{v} = (v_1, \cdots, v_n)$，其中对任意 $i \in \mathcal{A}$，$\text{dom}(v_i) = At_i$。

给出一个交流图 $\mathcal{G}$，假设主体 i 从主体 j 处获取了基础事实（ground fact）φ，则 $\mathcal{G}$ 中必然存在一个从 i 到 j 的边，这种情境称为一个交流事件，可用一个三元组 (i, j, φ) 来表示。所有可能的交流事件的集合用 $\Sigma_\mathcal{G}$ 表示。下面是形式化定义：

定义 8.11　令 $\mathcal{G} = (\mathcal{A}, E_\mathcal{G})$ 是一个交流图，如果 $(i, j) \in E_\mathcal{G}$，$\varphi \in \mathcal{L}_0(At)$，则三元组 (i, j, φ) 称为一个交流事件。$\Sigma_\mathcal{G} = \{ (i, j, \varphi) \mid \varphi \in \mathcal{L}_0, (i, j) \in E_\mathcal{G} \}$ 是全部可能交流事件的集合。

给出交流事件集 $\Sigma_\mathcal{G}$，一个历史 H 就是事件的有穷序列，即 $H \in \Sigma_{\mathcal{G}*}$，空历史用 ε 表示。现在回忆一下有关的有穷前缀的概念：给出两个历史 H 和 H'，$H \preceq H'$ 当且仅当 $H' = HH''$，H 是 H' 的初始部分（有穷前缀），显然 $\preceq$ 是一个偏序。如果 H 是一个历史，(i, j, φ) 是一个交流事件，则 (i, j, φ) 跟随 H 记作 $H; (i, j, \varphi)$。给出一个历史 H，$\lambda_i(H)$ 是主体 i 关于历史 H 的局部历史，是 i 能"看见"的事件序列。λ_i 把 (i, j, φ) 映射到其自身，把其他事件 (m, j, ψ) 映射到空字符，以保持事件的顺序（其中，$m \neq i$）。

给定一个有穷主体集 $\mathcal{A} = \{1, \cdots, n\}$ 和一个包含子集 $(At_1, \cdots, At_n)$ 的有穷命题变元集 At，一个交流图框架是一个有序对 $\langle \mathcal{G}, \vec{At} \rangle$，其中，$\mathcal{G}$ 是一个交流图，$\vec{At} = \{At_1, \cdots, At_n\}$ 是主体间的命题（信息）初始分布。基于 $\langle \mathcal{G}, \vec{At} \rangle$ 的一个交流图模型是一个三元组 $\langle \mathcal{G}, \vec{At}, \vec{v} \rangle$，其中，$\vec{v}$ 是 $\vec{At}$ 上的部分布尔赋值的一致向量。

现在出现两个问题，第一个问题是并非所有的历史都是合法的。如果在一个历史序列中事件 (i, j, φ) 跟在历史 H 后边，则需要满足：H 发生后，j 知道 φ。显然 i 不可能从 j 处获取 j 不知道的信息。一个历史是否公正，不仅取决于其初始赋值，还取决于每个交流事件发生前的交流集。

第二个问题在于：主体通过公式 φ 获取的信息要比 φ 本身的真值性更多。例如，i 从 j 处得知 $p \vee q$，而主体 j 和知道 q 的真值的主体间并没有链接边，在这种情境中，i 不仅获取了 $p \vee q$ 的真值，也获取了 p 的真值，因为 j 能得知 $p \vee q$ 的真值的唯一前提在于j知道p是真的。下面关于语义的定义将会处理这两个问题。

公式将在有序对(w, H)下进行解释,其中w是一个状态(布尔赋值),H是一个交流事件的有穷序列。

首先介绍一个关于历史i-等值的概念。如果在两个历史中主体i参与的交流事件是相同的,则称这两个历史是i-等值的。

定义 8.12 令w是一个状态,H是一个有穷历史。定义关系$\sim_i$如下:$(w, H) \sim_i (v, H')$当且仅当 $w|\text{At}_i = v|\text{At}_i$且$\lambda_i(H) = \lambda_i(H')$。

每个主体面临的不确定性有两点:首先是主体对世界的真实状态不确定,其次是主体对哪个交流事件会发生不确定。

下面通过一个例子来阐释以上分析。前面提到过,如果公式φ是稳定的,主体j知道φ,主体i和j有直接或间接的链接边,则i也会知道φ。这里所谓的公式"稳定"基于前提:对任意合法历史(w, H),$(w, H) \vDash_{\mathcal{M}} (\varphi \to \Box\varphi)$。

假设主体i与j有直接链接边,j与k和m有直接链接边,k和m都与r有直接链接边,r知道p的真值,则m通过r的网站获知p的真值,j通过m获知p的真值的同时也获知了$K_m p$。$K_m p$是稳定公式。尽管i知道p的真值,但是i却不知道$K_m p$,因为仅从j的网站上,i并不能排除j通过k来获知p的可能性。

这个例子适用于普莱姆-米勒(Plame-Miller)事件:普莱姆是美国中央情报局的秘密特工,她的保密身份在 2003 年 7 月被专栏作家罗伯特·诺瓦克(Robert Novak)披露。而由于《纽约时报》记者米勒拒绝说出把该信息透露给诺瓦克的人是谁,米勒已被指控藐视法庭而被联邦法院判刑。这个交流事件的要点就在于我们知道米勒和诺瓦克知道普莱姆的保密身份,但我们不知道他们是如何得知的。

为处理合法或公正历史的概念,引进一个命题符号L,它只有在合法历史(w, H)下是可满足的。用$L(w, H)$来表示(w, H)的合法性。由于L仅能被知识定义,而知识的定义基于量化的合法历史,因此对L和(w, H)的合法性应给予互推定义。

给出一个交流图及其对应的模型$\mathcal{M} = \langle \mathcal{G}, \overrightarrow{\text{At}}, \overrightarrow{v} \rangle$和有序对$(w, H)$,定义$(w, H)$的合法性和公式在模型$\mathcal{M}$上的真值性如下:

$(w, \varepsilon) \vDash_{\mathcal{M}} L$;

$(w, H); (i, j, \varphi) \vDash_{\mathcal{M}} L$ 当且仅当 $(w, H) \vDash_{\mathcal{M}} L$且$(w, H) \vDash_{\mathcal{M}} K_j \varphi$;

$(w, H) \vDash_{\mathcal{M}} p$ 当且仅当 $w(p) = 1$,$p \in \text{At}$;

$(w, H) \vDash_{\mathcal{M}} \neg\varphi$	当且仅当 $(w, H) \nvDash_{\mathcal{M}} \varphi$;
$(w, H) \vDash_{\mathcal{M}} \varphi \wedge \psi$	当且仅当 $(w, H) \vDash_{\mathcal{M}} \varphi$ 且 $(w, H) \vDash_{\mathcal{M}} \psi$;
$(w, H) \vDash_{\mathcal{M}} \Diamond\varphi$	当且仅当 $\exists H' H \preceq H', L(w, H'), (w, H') \vDash_{\mathcal{M}} \varphi$;
$(w, H) \vDash_{\mathcal{M}} K_i\varphi$	当且仅当 $\forall(v, H')$,如果 $(w, H) \sim_i (v, H')$,且

$L(v, H')$,则 $(v, H') \vDash_{\mathcal{M}} \varphi$。

如此定义了 $w, H \vDash L$。如果对模型 $\mathcal{M}$ 上的任意合法历史 (w, H),$w, H \vDash_{\mathcal{M}} \varphi$,则称 φ 在 $\mathcal{M}$ 上有效,记作 $\vDash_{\mathcal{M}} \varphi$。如果 φ 在框架 $\mathcal{F}$ 上的任意模型 $\mathcal{M}$ 上都为真,则称 φ 在交流图框架 $\mathcal{F}$ 上是有效的。

8.4.3 小结

8.4 节主要介绍了关于知识和交流的逻辑系统,主体间的交流受交流图的限制,主体可以在其他主体未察觉的情况下获取他人的知识。一个交流图是由基于该交流图模型有效的公式定义的,上述构建的交流图逻辑是可判定的。

在交流过程中有关知识获取的逻辑是近年来学术研究的热点。现在可以比较一下相关方法的同异。这些逻辑运用 PDL 算子来表达认知更新。例如,如果 $!\varphi$ 的含义是"公开宣告 φ",则 $\langle!\varphi\rangle K_i\varphi$ 的含义是:存在公开宣告 φ 后的一种情况,主体 i 知道 φ。从这个观点看,交流算子 $\Diamond$ 可被理解为个人认知更新序列的存在量化。这里的交流图语义与动态认知逻辑的语义有一些不同。首先,上述语义中,交流受到交流图的限制;其次,这里没有考虑一般文献中普通的认知更新,而是研究了一种特殊的认知更新及其与交流图的联系。最重要的是,交流的历史在知识的定义中起着关键作用。动态认知语义的一般做法是通过定义更新算子把一个克里普克结构映射到另一个克里普克结构上,以表达第一个克里普克结构上认知更新的效果。例如,φ 的一个公开宣告所在的克里普克子模型中,φ 在每个状态都为真。认知更新后知识的定义是常规定义:在认知更新克里普克结构中,如果 φ 在所有对 i 而言与 w 可达的状态中都为真,则称 i 在状态 w 上知道 φ。

用交流图刻画社会软件的工作在未来有很大的延伸空间。例如,找寻一个漂亮的完备性公理;找寻可表达其他不同类型的更新的语言,如谎言、意识到的更新(主体 j 意识到他的网站被其他主体进入)等等;找寻能表达主体在进入其他主体网站时存在偏好的情境的语言。这些研究工作目前都有学者在做。

最后需要指出的是,交流图的逻辑框架还可被作为加密协议的示范。不过,在研究时需要注意两个重要问题。第一个问题是，主体可能只想让他的网站中的一部分知识被其他主体获取，这可通过在框架中把主体j的知识限定成想让其他主体获取的公式而得，通过限制后，如果主体i和j有直接链接边，i也只能通过那部分可获取的信息进行认知更新；第二个问题是，交流图中的主体可能并不知道交流图的真实结构。例如，如果A能通过B的网站获取一些信息，A不知道的是，C能窃听到这些，即交流图中就存在C和B间的链接边，而A和B并不知道这个边的存在。显然，A从B处获取的信息也会被C获取。为避免这一问题，研究加密协议时需要确保交流图中不存在主体不想要的链接边。这也是交流图未来研究的方向之一。

8.5 本章小结

社会软件集聚了哲学逻辑、博弈论和计算机科学的观点，社会软件研究的一个重要作用就在于建立了一种"通用语言"，使得拥有不同背景的跨学科领域的专家能相互交流学术成果，这一章介绍的逻辑系统可以说是迈入这个研究方向的一步。8.2~8.4 节讨论的逻辑框架都能用来描绘社会情境。首先，8.2 节介绍了能描绘社会互动情境的基本形式框架，我们把社会互动情境看作是由事件的序列（称之为"历史"）聚集而成，其中每个事件的解释依赖于它的应用。直观上，每个全局历史（事件的无穷序列）就是形成社会情境的可能途径。在每个时刻$t \in \mathbb{N}$都存在一个有穷的历史和可能无穷的未来。某些事件是由主体引发的（如一个主体执行一个特定行动），某些事件是由自然界引发的（自然界可被看作是特殊的主体）。在 8.2 节中，我们还概括展示了相关文献中如何由基本框架来构建一个基于历史的知识模型。接下来的两节是这一章的重点内容。8.3 节介绍的基于知识的义务主要是概念层面的，概括解释了一个能描绘行动、知识和义务的形式化框架，这个框架为解决我们直觉上的道义困境提供了演绎方法。8.4 节借助文献中的"交流图"，尝试为多主体的知识交流提供一个可能的形式化模型；这个逻辑系统以基于历史的结构为基础建立，是可判定的。

我们对社会软件的理解主要聚焦于三个方向中的第一个：构建社会情境的逻

辑模型。当然，在构建社会情境的逻辑模型中不可避免地存在一些问题，这里对其中两个最为关键的问题做出说明。

1）逻辑全知

我们知道，在研究社会程序的形式化理论时，一个重要部分就是如何表示主体的知识。如果不采取一定量的理想化措施，要把逻辑系统与实际应用结合起来会十分困难。因此，在逻辑系统中我们对主体的推理能力做了不真实的假设，其中一个假设就是逻辑全知。逻辑全知问题是人工智能逻辑和哲学逻辑都存在的一个需要被排除的问题，被表述为：主体相信φ，那么他也相信所有φ的逻辑后承ψ。这就假设了主体具有无限的推理能力，即他是一个逻辑全知者[①]。这个性质对于作为个体的人而言过于理想化，因为每个主体都会受所处环境、所学知识、所掌握资源的限制，其推理能力必然是有限的。

这给社会软件的研究者们带来了一些重要的问题，特别是认知逻辑在分析社会过程中的作用问题。如果我们运用认知逻辑去分析社会情境的话，给定情境中的每个主体都有足够信息去遵守社会程序的规则，很显然演绎封闭的假设太强了。

目前对逻辑全知问题的解决方案可分为两大类：句法方案和语义方案。句法方案是通过直接限制推理能力而得；语义方案是从模型论出发，基于某种基本直觉给出非标准的可能世界语义模型。派瑞克在与社会程序分析相关的逻辑全知问题上提出了一个有效的解决方案，他在《知识和逻辑全知问题》[②]中引入了"行为知识"（behavioral knowledge）的概念：存在三个互不相容的行为a、b、c，只有在φ为真时主体i执行a，如果φ为假则执行b；若主体i执行了a，则称他b-knows（b-知道）公式φ。8.2 节基于历史的框架中关于知识的定义与行为知识有些许相像的意味，在基于历史的框架中，知识来源于主体观察到的事件集，而这些事件反过来又源于主体的行为。关于逻辑全知的问题要解决的细节还有很多，不过这都将作为将来的课题去研究，这里就不做详细介绍了。

2）实证研究

我们知道，作为主体的人不会必然遵循我们讨论的模型进行行动，这些模型能在多大的范围或程度上描绘主体间的社会交流，依旧是一个开放性问题。解决这个问题需要与心理学家合作去设计一些实验来测试我们的理论。实际上，社会

---

① 刘虎，鞠实儿. 2007. 信念逻辑的逻辑全知问题. 求是学刊，（6）：31-34.

② Parikh R. 1987. Knowledge and the problem of logical omniscience// International Symposium on Methodologies for Intelligent Systems: 432-439.

软件的研究者已经进行了一些实验，作为例子，接下来我们对来自麻省理工学院的心理学家贝弗列斯（A. Bavelas）的实验做个简要介绍。

在 20 世纪 50 年代，贝弗列斯针对团体结构和交流的绩效结果组织了一系列实验。其中一个实验是：让五个实验的参与者在 0 到 5 这六个整数中随机选一个记到卡片上，然后交给实验组织者，五个参与者被看作一个团体，他们需要通过相互猜测、推断，使得最后五个人交上去的五个整数的和为 17，其间，参与者不能交流，也看不到其他人写的数字。实验分两组进行，第一组中，参与者不被告知他们所猜数字的总和是多少，但会被告知他们的合作结果成功与否，如果事实上数字之和不是 17，实验组织者会让参与者重新进行猜测，直到正确完成实验；第二组中，参与者会被告知他们所猜数字之和是不到 17 或是超过 17，即会被告知他们所猜数字的总和。可见，第二组给参与者提供了较多的信息。

实验的结果是，有较多信息的第二组却需要较长的时间才能正确完成实验。表面看来，这个结果很不可思议。第二组拥有更多的信息，组织者会宣告他们每次的数字总和，这是公开信息，也是公共知识，为什么反而需要更长的时间呢？如果让单个主体去猜测一个特定数字，给他越多的信息，他会越快猜对。

贝弗列斯的实验方案反映了认知难题，这也成为近年来选票复查研究的焦点。著名的泥孩谜题与贝弗列斯的实验有很多共同特征。两种情景中的参与者都根据公开宣告的信息做出推理判断，不过泥孩谜题中的参与者的反应涉及认知更新，贝弗列斯实验中的参与者的反应涉及群体的协调反应。在泥孩谜题中，看似"无用"的相同的宣告信息却增加了参与者的知识，即泥孩谜题中的宣告，看似没有传达信息，却缩小了不确定世界的范围。贝弗列斯实验中的宣告看似缩小了不确定世界的范围，却约束了团体的绩效。这个真实案例让我们认识到社会软件研究工作中实证研究的重要性。

由于社会软件的研究中存在诸如逻辑全知和实证研究等重要难题，读者可能会对社会软件的具体应用及其研究价值产生质疑，但根据前面章节的介绍，我们显然可知，应用逻辑系统去解释社会程序是切实可行的，是有重大意义的，而其间出现的疑难正是将来的研究工作需要攻克的目标。

参考文献

陈波. 2005. 经典逻辑和变异逻辑. 哲学研究，（10）：57-63.

陈庆丰，白硕，王驹，等. 2000. 电子商务安全协议及其非单调动态逻辑验证. 软件学报，11（2）：240-250.

陈晓平. 2013. 意外考试悖论及其解决——兼论求婚者悖论和双信封悖论. 湖南科技大学学报（社会科学版），16（3）：25-30.

陈性元，李勇，潘正运，等. 2002. 选择认可动态逻辑. 通讯学报，23（6）：51-60.

范本特姆. 2006. 认知逻辑与认识论研究现状. 刘奋荣译. 世界哲学，（6）：71-81.

范本特姆. 2013. 逻辑、认识论和方法论. 郭佳宏，刘奋荣，等译. 北京：科学出版社.

郭佳宏. 2008. 研究主体信念变化的不同路径. 暨南学报，（3）：149-151.

郭美云. 2006. 从 PAL 看认知逻辑的动态转换. 自然辩证法研究，1（22）：40-43.

郝一江，张晓君. 2009. 动态逻辑：关于程序的模态逻辑. 哲学动态，（11）：90-94.

李小五. 2005. 模态逻辑讲义. 广州：中山大学出版社.

李小五. 2005. 三类知道活动的逻辑. 逻辑与认知，3（3）：35-59.

李志才. 1998. 方法论全书（Ⅱ）. 南京：南京大学出版社.

廖德明. 2009. 动态认知逻辑研究评述. 自然辩证法通讯，31（6）：85-90.

刘虎，鞠实儿. 2007. 信念逻辑的逻辑全知问题. 求是学刊，（6）：31-34.

刘壮虎，李小五. 2005. 对动作的认知. 湖南科技大学学报（社会科学版），（6）：33-38.

孙伟，翟玉庆. 2005. 一种采用一阶动态逻辑表示的数字权限描述模型. 计算机应用，25（4）：846-849.

唐晓嘉. 2003. 认知的逻辑分析. 重庆：西南师范大学出版社.

唐晓嘉，郭美云. 2010. 现代认知逻辑的理论与应用. 北京：科学出版社.

王景周，崔建英. 2010. 主体认知正规活动的逻辑刻画. 西南大学学报（社会科学版），36（4）：59-65.

毋国庆，李琼章，王兰军. 1996. 基于并行处理环境的多类命题动态逻辑系统. 计算机学报，19（1）：43-51.

熊立文. 2005. 信念修正的理论与方法. 哲学动态，（3）：46-49.

约翰·范本特姆. 2008. 逻辑、信息和互动. 刘奋荣, 余俊伟, 等译. 北京: 科学出版社.

张峰. 2008. 博弈逻辑. 北京: 中国社会出版社.

张峰. 2012. 多主体合作逻辑发展趋势研究. 北方民族大学学报 (哲学社会科学版), (6): 132-136.

张维迎. 2013. 博弈与社会. 北京: 北京大学出版社.

周昌乐. 2001. 认知逻辑导论. 北京: 清华大学出版社, 南宁: 广西科学技术出版社.

Ågotnes T, Hoek W V D, Wooldridge M. 2008. Quantified coalition logic. Synthese, 165 (2): 269-294.

Alchourrón C, Makinson D. 1981. Hierarchies of regulations and their logic// Hilpinen, R (ds). New Studies in Deontic Logic: Norms, Actions and the Foundation of Ethics. Dordrech: D Reidel Publish Company: 125-148.

Alchourrón C E, Gärdenfors P, Makinson D. 1985. On the logic of theory change: Partial meet contraction and revision functions. The journal of Symbolic Logic, 50 (02): 510-530.

Arló-costa H, Pacuit E. 2006. First-order classical modal logic. Studia Logica, 84 (2): 171-210.

Aumann R J. 1976. Agreeing to disagree . The Annals of Statistics, 4 (6): 1236-1239.

Baltag A, Moss L. 2004. Logics for epistemic programs. Synthese,139 (2): 165-224.

Battigalli P, Bonanno G. 1999. Recent results on belief, knowledge and the epistemic foundations of game theory. Research in Economics, Elsevier, 53 (2): 149-225.

Blackburn P, de Rijke M, Venema Y. 2001. Modal Logic. Cambridge: Cambridge University Press.

Brams S J, Taylor A D. 1996. Fair Division: From Dake-Cutting to Dispute Resolution.Cambridge: Cambridge University Press.

Dabrowski A, Moss L S, Parikh R. 1996. Topological reasoning and the logic of knowledge. Annals of Pure and Applied Logic, 78: 73-110.

Ditmarsch H V, Hoek W V D, Kooi B. 2006. Dynamic Epistemic Logic. Berlin: Springer.

Doets K, Van Eijck J. 2004. The Haskell Road to Logic, Maths and Programming. London : King's College Publication.

Fagin R, et al. 1995. Reasoning about Knowledge. Cambridge: The MIT Press.

Gärdenfors P. 1988. Knowledge in Flux: Modeling the Dynamics of Epistemic States. Cambridge: The MIT Press.

Gärdenfors P. 2003. Belief Revision.Cambridge: Cambridge University Press.

Goble L.2001.The Blackwell Guide to Philosophical Logic. Oxford: Blackwell Publishers.

Guo J H, Zhang L. 2013. Review on "Changes of Mind: An Essay on Rational Belief Revision". http://ndpr.nd.edu/news/changes-of-mind-an-essay-on-rational-belief-revision [2013-5-5].

Halpern J. 1987. Using reasoning about knowledge to analyze distributed systems. Annual Review of Computer Science, (2): 37-68.

Halpern J, Samet D, Segev E. 2009. Defining knowledge in terms of belief: the modal logic perspective. Review of Symbolic Logic, 2 (3): 469-487.

Hansson S O. 1994. Kernel contraction. Journal of Symbolic Logic,59 (3):845-859.

Hansson S O. 1996. Knowledge-level analysis of belief base operations. Artificial Intelligence, 82(1): 215-235.

Harel D, Kozen D, Tiuryn J. 2000. Dynamic Logic. Cambridge: The MIT Press.

Hintikka J. 1962. Knowledge and Belief. New York: Cornell University Press.

Hoek W V D, Wooldridge M. 2005. On the logic of cooperation and propositional control. Artificial Intelligence, 164 (1-2): 81-119.

Kaneko M, Nagashima T. 1996. Game logic and its applications I. Studia Logica, 57 (2): 325-354.

Konolige K. 1994. Autoepistemic logic// Gabbay D，Hogger C，Robinson J. Handbook of Logic in Artificial Intelligence and Logic Programming (Vol.3: Nonmonotonic Reasoning and Uncertain Reasoning). Oxford: Oxford University Press.

Konolige K. 1988. On the relation between default and autoepistemic logic. Artificial intelligence, 35 (3): 343-382.

Kripke S A. 1959. A completeness theorem in modal logic.The Journal of Symbolic Logic, 24（01）: 1-14.

Kripke S A. 1963. Semantical considerations on modal logics. Acta Philosophica Fennica, (24): 83-94.

Lewis D. 2002. Convention: A Philosophical Study. Hoboken: John Wiley & Sons.

Lindström S, Rabinowicz W. 1999. DDL unlimited: dynamic doxastic logic for introspective agents. Erkenntnis, 50 (2): 353-385.

Marek V W, Truszczynski M. 2013. Nonmonotonic Logic: Context-Dependent Reasoning. Berlin: Springer Science & Business Media.

Meyer J J, Wiebe V D H. 1995. Epistemic Logic for Computer Science and Artificial Intelligence. Cambridge: Cambridge University Press.

Moore R C. 1985. Semantical considerations on nonmonotonic logic. Artificial intelligence, 25 (1):

75-94.

Moore R C. 1988. Autoepistemic logic// Smets P, Mamdani E H, Dubious D (eds.).Non-Standard Logic for Automated Reasoning. London: Academic Press: 105-136.

Pacuit E, Parikh R. 2005. The logic of communication graphs. Lecture Notes in Computer Science, 3476: 256-269.

Pacuit E, Parikh R, Cogan E. 2006. The logic of knowledge based obligation. Synthese, (149): 311-341.

Parikh R. 1985. The logic of games and its applications. Annals of Discrete Math., (24): 111-140.

Parikh R. 2001. Language as social software// Floyd J, Shieh S (eds.). Future Pasts: the Analytic Tradition in Twentieth Century Philosophy, Oxford: Oxford University Press: 339-351.

Parikh R. 2002. Social software. Synthese, 132 (3): 187-211.

Parikh R. 2011. Is there a logic of society? Synthese Library, 352 (1): 19-31.

Pauly M. 2002. A modal logic for coalitional power in games. Journal of Logic and Computation, 12 (1): 149-166.

Pauly M, Parikh R. 2003. Game logic: an overview. Studia Logica, 75 (2): 165-182.

Perea A. 2012. Epistemic Game Theory. Cambridge: Cambridge University Press.

Pratt V. 1976. Semantical Considerations on Floyd-Hoare Logic. Cambridge: Massachusetts Institute of Technology.

Priest G. 2008. An Introduction to Non-Classical Logic (2nd). Cambridge: Cambridge University Press.

Rott H. 1992. Modellings for belief change: base contraction, multiple contraction, and epistemic entrenchment (preliminary report)// Pearce D, Wagner G (eds.). Logics in AI: European Workshop JELIA'92 Berlin, Germany, September 7–10, 1992 Proceedings. Berlin: Springer -Verlag.

Ryle G. 1949. The Concept of Mind.Chicago: University of Chicago Press.

Ryle G. 1971. Knowing How and Knowing That.New York: Barnes and Nobles.

Segerberg K. 1995. Belief revision from the point of view of doxastic logic. Logic Journal of IGPL, 3 (4): 535-553.

Segerberg K.1998. Irrevocable belief revision in dynamic doxastic logic. Notre Dame Journal of Formal Logic, 39 (3): 287-306.

Segerberg K. 2001. The basic dynamic doxastic logic of AGM// Williams M A, Rott H (eds.). Frontiers in Belief Revision. Dordrecht: Kluwer Academic Publishers: 57-84.

Singh M P. 1999. Know-how// Rao A, Wooldridge M (ds.) Foundations of Rational Agency. Dordrecht: Kluwer Academic Publishers: 105-132.

Stalnaker R. 1993. A note on non-monotonic modal logic. Artificial Intelligence, 64 (2): 183-196.

Stanley J, Williamson T. 2001. Knowing how. Journal of Philosophy, 98 (2): 411-444.

Tennant N. 1994. Changing the theory of theory change: towards a computational approach. British Journal for the Philosophy of Science, 45 (3): 865-897.

Tennant N. 2006. New foundations for a relational theory of theory-revision. Journal of Philosophical Logic, 35 (5): 489-528.

Tennant N. 2006. On the degeneracy of the full AGM-theory of theory-revision. The Journal of Symbolic Logic, 71 (02): 661-676.

Tennant N. 2012. Changes of Mind: An Essay on Rational Belief Revision. Oxford: Oxford University Press.

van Benthem J, Liu F. 2004. Diversity of logical agents in games. Philosophia Scientiae, 8 (2): 163-178.

van Benthem J, van Ditmarsch H, van Eijck J, Jaspars J. 2015-6-4. Logic in action. http://www.logicinaction.org/.

van Benthem J, van Eijck J, Kooi B. 2005. Logics of communication and change. Information & Computation, 204 (11): 1620-1662.

van Benthem J. 1996. Exploring Logical Dynamics. California: CSLI Publications.

van Benthem J. 2001. Games in dynamic epistemic logic. Bulletin of Economic Research, 53: 216-248.

van Benthem J. 2003. Logic games are complete for game logics. Studia Logica, 75 (2): 183-203.

van Benthem J. 2007. Dynamic logic for belief revision. Journal of Applied Non-Classical Logics, 17 (2): 129-155.

van Benthem J. 2011. Logical Dynamics of Information and Interaction. Cambridge: Cambridge University Press.

van Ditmash H, Ruan J, Verbrugge L. 2006. Sum and product in dynamic epistemic logic. Journal of Logic and Computation, 16 (6): 923-924.

von Wright G. 1951. An Assay in Modal Logic. Dutch: North-Holland Publishing Company.

Wiebe V D H, Wooldridge M. 2003. Towards a logic of rational agency. Logic Journal of the Igpl, 10 (2): 135-159.

英汉专业术语对照表

a global history	全局历史
a local history	局部历史
a System of belief logic	信念逻辑系统
abnormal history	"非正常"历史
abort	使终止，空行动
absolute duty	绝对义务
action	行为
agent interactivity	主体互动性
agents	主体
algorithm	算法
alternating-time dynamic logic	交互动态逻辑
alternating-time	交互时序逻辑
an extensive game	扩展博弈
arithmetic completeness	算术完备性
Arló Costa scheme	阿洛科斯塔方案
Arrow's theorem	阿罗定理
artificial Intelligence	人工智能
atomic program	原子程序
autonomous programming	自主性程序设计
backward Induction	后向归纳法
bafflement	障碍
base change	基改变
base contraction	基收缩
Bayes model	贝叶斯模型
behavioral knowledge	行为知识
belief change	信念改变

belief revision theory	信念修正理论
belief revision	信念修正
belief sorting	信念排序
belief	信念
BNF （Backus-Naur form）	巴科斯范式
Boolean evaluation	布尔赋值
cake cutting rule	蛋糕切割法则
canonical model	典范模型
card game	纸牌游戏
carrier	承载子
choice	选择
classical epistemic logic	经典认知逻辑
closed protocol	闭合协议
coalition action logic	联盟行动逻辑
coalition logic	联盟逻辑
coalition	联盟
coalitional announcement logic	联盟宣告逻辑
coalitional logic with trigger strategy	具有触发策略的联盟逻辑
cognition	认知
cognitive model	认知模型
collective irrationality	集体非理性
collective rationality	集体理性
combination announcement axiom	组合宣告公理
common knowledge operator	公共知识算子
common knowledge	公共知识
communication event	交流事件
communication graph	交流图
communication	交流
computation sequence	计算序列
conjunctive vacuity	合取虚空
consistency axiom	一致性公理

equivalence relation	等价关系
Euclidian	欧性的
evaluation game	赋值博弈
execution	执行
expansion	膨胀
expressive structures	可表达结构
extended coalition logic	扩展的联盟逻辑
fair distribution rule	公平分配法则
falsifier	伪造者
finite dependency network	有穷依赖网络
finite prefix	有穷前缀
first order dynamic logic	一阶动态逻辑
first-order epistemic language	一阶认知语言
first-order epistemic logic framework	一阶认知逻辑框架
first-order logic	一阶逻辑
forward -looking function	"向前看"函数
full belief	饱和信念
game logic	博弈逻辑
game theory	博弈论
game	博弈
general case	广义情况
Gibbard-Satterthwaite theorem	吉本-萨特斯韦特定理
global discrete clock	全局分离时钟
global history	全局历史
good action	好的行动
greedy algorithm	贪心算法
ground facts	基础事实
group belief	群体性信念
group coordination reaction	群体的协调反应
group knowledge	群体性知识
history based framework	基于历史的框架

knowledge update	知识更新
knowledge	知识
Kripke framework	克里普克框架
lemma	引理
Lindenbaum lemma	林登鲍姆引理
linear game logic	线性博弈逻辑
Local history	局部历史
local view function	局部视图函数
logic for social software	社会软件的逻辑
logic games	逻辑博弈
logic of communication graphs	交流图的逻辑
logic of knowing action	知道行动逻辑
logical consequence	逻辑后承
logical omniscience problem	逻辑全能问题
logical paragons	逻辑典范
logical saints	逻辑圣人
logics of public communications	公开交流的逻辑
maxi-choice contraction	极大选择收缩
mechanism design theory	机制设计理论
memory change	存储变化
method of cognitive firmness	认知牢固度方法
minimal change principle	最小改变原则
model of belief base	信念基的模型
model of communication graph	交流图模型
modification function	修正函数
monotonic	单调的
muddy children puzzle	泥孩谜题
multi-modal logic	多模态逻辑
multiple change	复合改变
negative introspection axiom	负内省公理
negative introspection	负自省性

public announcement logic	公开宣告逻辑
public announcement	公开宣告
puzzle of Mr. S and Mr.P	和积之谜
quantified coalition logic	量化联盟逻辑
quantitative dynamic logic	量化动态逻辑
Quine-Duhem problem	奎因-迪昂问题
rational agent	理性主体
rational strategy	理性决策
recovery postulate	恢复公设
recursive definition	递归定义
reduction axioms	归约公理
regular expression algebra	正则表达式代数
regular program	常规程序；正则程序
relative completeness	相对完备性
relativized common knowledge	相对化公共知识
repeated games	重复博弈
representation theorem	表示定理
restriction theorem	限制定理
revision	修正
RMSs	推理保持系统
satisfiability	可满足性
saturated sets	浸润集
secure electronic transactions	安全电子交
semantic scheme	语义方案
sequence of events	事件的序列
sequential combination	持续组合
simple assignment	简单赋值
single agent	单主体
single-agent belief	单主体的信念
skip	跳行动
social intelligence	社会智能

value function	价值函数
value	价值
verifier	验证者
voting procedure	投票程序
weak know axiom	弱知道公理
weak knowledge	弱知识
winning strategy	必胜策略
x-baffle	x-障碍
Zermelo theorem	策梅罗定理
zero-sum game	零和博弈

英汉人名对照表

Alchourrón, C.	阿尔创伦
Arló Costa, H.	阿洛科斯塔
Bavelas, A.	贝弗列斯
Blackburn, P.	布莱克本
Boolean, P.	布尔
Etherington, D. W.	爱舍灵顿
Fischer, M. J.	费舍尔
Gärdenfors, P.	嘎登福斯
Hintikka, J.	辛提卡
Kooi, B.	库伊
Kripke, S. A.	克里普克
Ladner, R. E.	拉德纳
Lewis, D.	刘易斯
Lindenbaum, A.	林登鲍姆
Lindström, S.	林斯特罗姆
Makinson, D.	马金森
Mamoru Kaneko	金子守
Moore, R. C.	摩尔
Moss, L.	莫斯
Nash, J. F.	纳什
Parikh, R.	派瑞克
Pauly, M.	波利
Plaza, J. A.	普莱赞
Pratt, V.	普拉特
Rabinowicz, W.	拉宾诺维奇
Ryle, G.	赖尔

Segerberg, K.	斯齐格伯格
Stalnaker, R.	斯塔内克
Stanley, J.	斯坦利
Tennant, N.	坦南特
van Benthem, J.	范本特姆
van Ditmarsch, H.	范迪特马什
von Neumann, J.	冯·诺依曼
von Wright, G. H.	冯·赖特
Williamson, T.	威廉姆森
Zermelo, E.	策梅罗

致　谢

因为需要感谢的人太多，所以不知道如何表达，生怕自己的疏忽和无知带来一些"不可撤销"的谬误。但自己内心实实在在想表达感激之情，趁此书稿出版之际略表一二。

首先感谢我的导师鞠实儿先生，他的全面精心得设计和指导使得资质愚钝的我有了安身立命的基础。感谢"中国人民的老朋友"范本特姆（Johan van Benthem）教授，他的慷慨帮助终于使我实现了到逻辑学圣地——阿姆斯特丹大学学习的梦想，也使得书稿的部分想法得以形成；期间，有幸与巴塔格（Alexandru Baltag）、范埃克（Jan van Eijck）、斯迈茨（Sonja Smets）、费尔特曼（Frank Veltman）等教授进行交流，并获得相关指导，在此一并感谢。

感谢匹兹堡大学的古普塔（Anil Gupta）教授，他的帮助促成了我到哲学圣地匹兹堡的访学之行；感谢已故的卡耐基梅隆大学的阿洛科斯塔（Horacio Arlo Costa）教授，2005 年春季，我在他课堂上的学习成了本书第 5 章的主要来源。

特别感谢北京师范大学吴家国教授、宋文淦教授、董志铁教授、熊立文教授等前辈对我主持的国家社科基金项目的全面指导，以及陈磊和琚凤魁两位同行的热情帮助。另外，国内逻辑学同仁的帮助也弥足珍贵，在北京、上海、广州、武汉、重庆、秦皇岛等地的各类学术会议和交流中，我们学到了很多，在此一并感谢；我们还要衷心感谢对项目进行匿名评审的五位同行专家在本项目鉴定过程中所提出的宝贵意见和建议。

最后，特别感谢科学出版社科学人文分社的编辑刘溪先生对本书的大力支持以及为书稿的编辑和最终出版所付出的艰辛努力！

郭佳宏

2017 年 2 月 16 日